承认与自由

论霍耐特对黑格尔实践哲学的"再实现化"

陈　凡◎著

辽宁人民出版社

图书在版编目（CIP）数据

　　承认与自由：论霍耐特对黑格尔实践哲学的"再实现化"／陈凡著 . -- 沈阳：辽宁人民出版社，2025.

1. -- ISBN 978-7-205-11436-7

　　Ⅰ . B516.6

　　中国国家版本馆 CIP 数据核字第 2025DW8362 号

出版发行：辽宁人民出版社

　　　　　地址：沈阳市和平区十一纬路 25 号　邮编：110003

　　　　　电话：024-23284321（邮　购）　024-23284324（发行部）

　　　　　传真：024-23284191（发行部）　024-23284304（办公室）

　　　　　http://www.lnpph.com.cn

印　　刷：辽宁新华印务有限公司

幅面尺寸：170mm×240mm

印　　张：14.75

字　　数：260千字

出版时间：2025 年 1 月第 1 版

印刷时间：2025 年 1 月第 1 次印刷

责任编辑：王　增

装帧设计：G-Design

责任校对：吴艳杰

书　　号：ISBN 978-7-205-11436-7

定　　价：89.00元

目 录

导　言…………………………………………………………………001

第一章　"再实现化"研究的理论背景与前提 ……………………008
　　第一节　黑格尔实践哲学的研究现状……………………………008
　　　　一、里特尔对黑格尔伦理思想的复兴………………………009
　　　　二、西普对黑格尔承认理论的阐释与超越…………………014
　　　　三、哈贝马斯对青年黑格尔实践哲学的研究………………024
　　第二节　"再实现化"的研究前提………………………………035
　　　　一、黑格尔与霍耐特的基本关系……………………………035
　　　　二、研究方法和理论预设……………………………………038

第二章　承认作为"再实现化"的原则……………………………045
　　第一节　黑格尔的承认思想………………………………………046
　　　　一、近代实践哲学的基本观点………………………………046
　　　　二、黑格尔对自然法权的批判………………………………048
　　　　三、体系、意识与承认………………………………………050
　　　　四、承认概念的内涵…………………………………………056
　　第二节　霍耐特的承认思想………………………………………065

一、个体间的承认问题 …………………………………………… 065

二、社会发展中的承认 …………………………………………… 072

第三节 承认思想的差别 ………………………………………… 081

第三章 正义与病态：对"再实现化"的初次尝试 …………… 088

第一节 霍耐特论客观精神 ……………………………………… 089

一、黑格尔的客观精神 …………………………………………… 090

二、霍耐特对客观精神的认识 …………………………………… 094

三、观点的差异 …………………………………………………… 099

第二节 社会病态及其克服 ……………………………………… 101

一、社会病态的表现 ……………………………………………… 101

二、伦理的解放作用 ……………………………………………… 105

第三节 伦理作为现代性的规范正义理论 ……………………… 107

一、伦理的规范意义 ……………………………………………… 108

二、伦理的现实领域 ……………………………………………… 112

三、黑格尔伦理思想的局限 ……………………………………… 117

第四节 对霍耐特观点的评价 …………………………………… 123

第四章　社会自由："再实现化"的完成……………………………………132

　　第一节　社会自由的概念历程………………………………………133

　　　一、为什么转向自由问题…………………………………………133

　　　二、否定自由………………………………………………………135

　　　三、反思自由………………………………………………………137

　　　四、社会自由………………………………………………………141

　　第二节　社会自由的实现历程………………………………………146

　　　一、法定自由的领域………………………………………………148

　　　二、道德自由的领域………………………………………………151

　　　三、社会自由的领域………………………………………………153

　　第三节　黑格尔对《自由的法权》的影响…………………………188

　　　一、社会分析的方法………………………………………………189

　　　二、自由与历史的目的……………………………………………191

第五章　"再实现化"的当代效应…………………………………………195

　　第一节　承认理论与当代政治哲学…………………………………195

　　　一、承认与社群主义………………………………………………196

　　　二、承认与自由主义………………………………………………201

第二节　社会自由与社会主义……………………………………205

　一、社会自由与公共生活………………………………………205

　二、社会主义的本质是社会自由………………………………208

　三、对早期社会主义思想的质疑………………………………212

结　语……………………………………………………………218

参考文献……………………………………………………………220

后　记……………………………………………………………226

补　记……………………………………………………………228

导 言

20 世纪后半叶以来，文明冲突、社会异化、环境危机和技术宰制等时代难题影响着人类的生存与发展。有学者将诸难题的出现归因于近代启蒙理性的发展和人的主体性精神的崛起，对此，他们希望重提古典德性伦理，以团结的共同体构想代替以抽象法权为基础的现代社会秩序。但是，团结型共同体必须与自由法权相统一，否则将因拒绝尊重与宽容他者，最终演变为文明世界的对立力量。在此意义上，黑格尔实践哲学获得了当代复兴。

长久以来，对实践哲学的讨论主要集中于以下问题：实践哲学的基础究竟是什么？如果说实践哲学包括伦理学、经济学与政治学，那么哪个方面是最重要的？复兴实践哲学的目的到底是什么，究竟需要复兴什么？从根本上说，复兴实践哲学只有一个目的，那就是抵抗自然科学对精神哲学的大举入侵。精神哲学中最核心的部分涉及对人的实践行为的规定。这些实践行为在具体的学科中又被划分为伦理学、经济学与政治学。在以黑格尔为代表的传统哲学家看来，精神哲学本身是以自由为自身的目的与发展动力，而上述一切社会行动领域本身都是实现自由理念的中介。当代自然科学的巨大发展对传统实践哲学诸领域构成了重大威胁，这表现为，利用自然科学中理论认知的态度来规定实践哲学各门类的目标与发展方向。这会给实践诸领域带来两个问题：首先，将实践哲学贬低为实践科学，将以对善的追求为目的的思想改造成单纯对现实进行描述的实证科学；其次，将实践哲学中善的目的理解为超时间性的规范，这就造成社会行动领域与行动规范之间、行动机制的时间性与规范制度的超时间性之间的断裂与对立。在这种背景之下，各路学者意图复兴传统实践哲学，特别是亚里士多德式的实践哲学。

亚里士多德选择从生活世界入手考察实践概念。"人了解各种不同的活动，这些活动中的每一个活动均具有不同的目的，如医学追求健康，战术追求取胜，经济管理追求财富。"① 如果从历时性的角度看，活动与活动之间并不是相互外在与孤立，相反，"一种活动有助于另一种活动，如同鞍工手艺有助于骑马术，而骑马术又有助于作战部队的战术，有助于整个军务"②。由此可以发现，活动与活动之间总是被一条目的链条所贯穿。在此基础上，亚里士多德区分了引领性活动的目的与从属性活动的目的，并强调前者优先于后者并对后者形成规定。面对这样一种目的链条，人们不禁想要去追问那最高的目的，只有首先回答好这个问题，我们才能对一切的活动进行规定。对此，亚里士多德区分出了两种不同的目的活动，即实践活动与创制（生产）活动。创制活动指生产某物的技术行为。更具体地说："每一种行为，若不是从产生自身，而是以所产生的东西来评价其好坏，便称之为创制。"③ 我们在日常生活中大部分的生产活动都可以被归结为创制活动。由于我们通过观察产品的质量来判断制作活动的好坏，那么，制作的过程就并不那么重要，这反映了创制活动的缺点，即它的目的不是自足的，它眼下所追求的目的必将为另一目的所取代。"创制如同一种线性的、忘却自我的追求；它是一种创制作品，在所创造的作品中实现其意义的活动。"④ 人们创制出一个作品，它的目的只在于为制作其他作品奠定基础。与之不同，实践则是讨论如何实现以自身为目的的活动。亚里士多德认为这种

① [德] 奥特弗里德·赫费：《实践哲学：亚里士多德模式》，沈国琴、励洁丹译，杭州：浙江大学出版社，2011年，第4页。

② [德] 奥特弗里德·赫费：《实践哲学：亚里士多德模式》，沈国琴、励洁丹译，杭州：浙江大学出版社，2011年，第6页。

③ [德] 奥特弗里德·赫费：《实践哲学：亚里士多德模式》，沈国琴、励洁丹译，杭州：浙江大学出版社，2011年，第8页。

④ [德] 奥特弗里德·赫费：《实践哲学：亚里士多德模式》，沈国琴、励洁丹译，杭州：浙江大学出版社，2011年，第16页。

实践以行为自身的好坏来衡量活动质量，在此意义上，实践活动就摆脱了创制活动所带来的"单调无限"。"在好的行为中，活动与目的是合二为一的。行为是一种实践活动，该活动在其完善性中实现目的。"①

亚里士多德的实践哲学不仅关涉个体生存的终极意义，更重视善与正义在城邦中的实现。伽达默尔认为，实践在亚里士多德那里主要指个体的行为以及人与人之间的相互关系，这涉及伦理和政治这两个领域。② 在亚里士多德的实践哲学中，伦理学与政治学是统一的，伦理学是政治学的目的，政治学则是伦理学的实现。伦理学考察人存在的终极意义与目的。通过道德德行使人明确了所应追求的善，而实践智慧则引导行为者趋向目标并作出正确的选择。与近代道德哲学不同，亚里士多德的伦理学中并没有关于善的第一原则。人对道德德行的认识与把握来自生活世界的教化以及行为习惯的养成，这使伦理学与政治学建立了联系。城邦不是一个松散的联合体，而是以实现最高善为目标的伦理共同体。城邦通过立法，一方面规定了公民的基本生活方式，另一方面规定了各个阶层所应追求的目标。当所有公民的善都能够得到实现时，城邦的建制就是正义的。

康德的学说最能代表近代实践哲学的特质。康德与亚里士多德实践思想的区别在于，"亚里士多德不是从行为的起源思考自由概念，而是从行为圆满的角度，从那种自我完满生活的角度对此展开思考，古代与近代意识的时代差异便体现于此"③。较之亚里士多德的观点，康德的实践理论是"反人类学"的，因为康德的批判工作已经将人们的一切偏好、兴趣与倾向从源头处剔除。康德的实践体系展示于《道德形而上学》中，它包含法权论和德性论两大部分：前者以任性的意志为自身的核心，后者以自由的意志为自身的核心。对二者的区

---

① [德] 奥特弗里德·赫费：《实践哲学：亚里士多德模式》，沈国琴、励洁丹译，杭州：浙江大学出版社，2011 年，第 16 页。

②Dostal Robert: *The Cambridge Companion to Gadamer*，Cambridge，Cambridge University Press，2002，p.78.

③ [德] 奥特弗里德·赫费：《实践哲学：亚里士多德模式》，沈国琴、励洁丹译，杭州：浙江大学出版社，2011 年，第 70 页。

分奠定了康德实践哲学中"合法性"与"道德性"的对立。在前者之中，任性的意志作为最直接、最基本的动机总是与经验性的认知与行为相关联，法权法则的目的就是调和各个不同任性之间的矛盾。自由的意志是道德性的核心原则。在德性论中，自由的意志将自身实现为伦理的法则，它的先天性确保其远离一切经验性的规定。当然，法权与德性之间不是纯然对立。"在法权论中，康德构造了一种意志（纯粹）和任性（感性的规定）之间的联系，伦理的法则被强制性的法权法则所替代，这种法权构想使伦理法则转化为人的条件，因此克服了自由与强制之间的矛盾。"[1]"法权法则与伦理法则之间的连接说明，法权概念只有与确定的自由概念相联系时才是可以理解的。"[2]

作为德国古典哲学的集大成者，黑格尔完成了对亚里士多德和康德实践哲学的综合。在伯尔尼和法兰克福期间，黑格尔还力图运用康德的道德理论来完成对宗教的批判工作。真正具有黑格尔特色的实践哲学思想主要生发于耶拿时期。黑格尔在此期间论述实践哲学的著作主要包括三部：《伦理体系》《关于自然法的论文》和《体系构想Ⅲ（1805/06）》。这一系列的著作都是为了表达这一观点：通过对以康德和费希特为首的反思哲学的批判，复兴传统的实践哲学，将先验哲学的主体性原则与亚里士多德城邦理论相统一，从而构建整个实践哲学体系。在成熟时期的精神哲学体系中，通过将实践哲学划归到客观精神之下，黑格尔才真正完成了这一工作。

黑格尔对传统实践哲学的复兴始于对反思哲学的批判。黑格尔不满于康德和费希特将纯粹意志与自然意志以及先验自由原则与经验性法权原则相互对立的态度。为了克服这种状态，黑格尔意图回到亚里士多德的实践哲学中。"黑格尔所理解的个人的自由并不是康德那种在道德意义上对个体的超越，而是在个体和民族统一的意识生成中实现超越，因此，个体必须参与到城邦的阶层与

---

[1] Elisabeth Weisser-Lohmann：*Rechtsphilosophie als praktische Philosophie*，Wilhelm Fink Verlag，2013.S.76.

[2] Elisabeth Weisser-Lohmann：*Rechtsphilosophie als praktische Philosophie*，Wilhelm Fink Verlag，2013.S.80.

机制活动中。"[①] 在《伦理体系》中，黑格尔已经把握到反思哲学在实践领域中的各种缺点。公共领域的各种规定不应该被视为对自律的限制，而应被视为实现个体自由的条件。复兴传统实践哲学的意图在《论科学地讨论自然法权的方法》中表现得尤其明显。无论是霍布斯还是康德，都以个体优先性作为自然法权理论的出发点。黑格尔反对以上两种观点，强调自然与伦理、个体与民族的统一。以此为契机，黑格尔将自然法权理论带回到亚里士多德的传统中。

在本书中，实践哲学[②] 被限定在黑格尔所理解的范围内。实践活动涵盖了家

---

①Siep Ludwig: *Anerkennung als Prinzip der praktischen Philosophie*, Hamburg, Felix Meiner Verlag, 2014, S.98.

② 在当下，对于实践哲学以及黑格尔实践哲学的概念有着不同的理解。罗伯特·皮平作为当代英美哲学界中研究黑格尔实践哲学的专家，认为在黑格尔那里，实践哲学被视为精神哲学。"时下大部分的哲学家都认为，实践哲学意味着对于不同事件的叙述，通过它，我们可以适当要求对所发生事件负责的主体给出相应的理由与辩护"（Robert B.Pippin: *Hegel's Practical Philosophy*: *Rational Agency as Ethical Life*, Cambridge University Press, 2008, p.3）。可以从广义与狭义这两个不同的角度去理解这个观点。首先，在最宽泛的意义上，实践哲学的目的只是在为各种各样的事件（包括自然性事件与精神性事件）去寻找自身得以可能的原因；其次，在狭义上，实践哲学是为事件（尤其指精神性事件）去寻找正当的（rightly）理由与辩护。这就涉及道德与伦理以及权利与正义的问题。皮平将以上两点称为行动的本体论差异（the ontological distinctness of actions）。前者更关注对事件成因的揭示，而后者更注重对事实的价值判断。由于黑格尔的实践哲学更加注重后一类问题，因而也被称为"价值理论（value theory）"。皮平认为，黑格尔的实践哲学包含两个重要的特点。第一，自由是一种理性的自我关系。在耶拿早期，黑格尔通过对当时自然法理论的考察区分出对自由的两种理解方式，即经验式的进路（以霍布斯与洛克为代表）和先验式的进路（以康德和费希特为代表）。无论是本体论还是方法论，这两种观点都坚持个体主义的原则。黑格尔反对将自由还原为以上任意一点，而是尝试赋予个体的偏好与动机以理性的形式。更具体地说，"这种观点反对对自我关系与他者关系的这样一种形式的分析，即将个体对自身的理解与社会和政治结构相互隔离，因此，较之于其他许多现代理论，这种观点与心理学之间具有更少的联系"（Robert B.Pippin: *Hegel's Practical Philosophy*: *Rational Agency as Ethical Life*, Cambridge University Press, 2008, p.4）。第二，自由的实现需要理性的社会结构。受到亚里士多德实践哲学的影响，黑格尔将主观自由与客观自由的统一视为自由精神得以实现的必要前提。在法哲学中，主观自由与客观自由在伦理中完成了统一。

当下，实践哲学开始转向为生活哲学，更准确地说是哲学式的生活指导（philosophische Lebensberatung）。按照 G.B. 阿亨巴赫（Achenbach）的观点，"在哲学的实践（Philosophische Praxis）中，我们不是被要求为哲学的教师，而是被要求为哲学家（Philosophen）"（Joachim Ritter, Karlfried Gründer: *Historisches Wörterbuch der Philosophie*, Band 7, Schwabe Basel, 1989, S.1307）。"哲学最具体的样式是哲理（Philosoph）：哲理就是哲学的实践"（同上）。"哲学的实践是一个自由的言谈（Gespraech），它不规定哲学论题，不输出哲学的观点，它只将思（Denken）置于运动中: 哲思（philosophiert）"（同上）。简单地说，哲学的实践意图复兴希腊智术师以及苏格拉底对哲学的理解，认为哲学的本职是教授生活的技艺（Lebenskunst）。在这个意义上，明智的准则（Klugheitsregel）就重新被视为伦理的基础性概念。

庭生活、经济市场和国家政治等社会交往领域。实践哲学的最高目的是在这些领域中实现个体自由与社会正义的统一。社会成员的自由权利是首要的原则，所有共同体中的制度与交往机制的建立都必须以此为前提。也只有在这个意义上，共同体的秩序才能被视为正义的。

在当代，霍耐特对黑格尔实践哲学的阐释尤为值得我们关注。我们不能仅从形式上理解黑格尔对霍耐特的影响，简单地认为后者只是借用了前者的一些概念。事实上，霍耐特对黑格尔早期和晚期的实践哲学都进行了深入的研究。霍耐特将自己的工作称为对黑格尔实践哲学的"再实现化（Reaktualisierung）"。这一工作包含三个核心诉求：

第一，理解并诠释黑格尔的实践哲学，包括其前提、方法、目的和原则；

第二，基于黑格尔的思想回应当代实践哲学中的核心问题；

第三，跳出黑格尔的文本和术语，运用原创性的概念来讨论社会正义与个体自由的统一问题。

无论是在耶拿还是在柏林，黑格尔实践哲学的最高目的一直是"如何统一近代的主观自由与古典城邦伦理"。本书认为，霍耐特的研究目的是在当下对黑格尔的实践哲学进行"再实现化"，从而对当代实践哲学领域关注的诸如个体自由权利、社会正义、社会病态等问题给出独特的回答。承认与自由是把握霍耐特研究成果的核心。[①] 承认关系囊括了社会中所有的交往活动领域，它为个体自由权利的实现提供了条件，实现自由的目的对一切社会交往领域进行了规范性重构，这为社会正义的实现奠定了基础。

总体而言，霍耐特的目标并非单纯复述黑格尔的概念和思想，而是在后形而上学的语境下，从主体间性的视角重新解读黑格尔的实践哲学，并结合当代社会现实，对理论与实践中的问题提供独特的见解。尽管本书强调黑格尔哲学

---

① 尽管在本书中，对社会正义问题的讨论占据了不小的篇幅，但它在本书中的地位低于承认与自由。第一，严格地说，黑格尔并没有正面讨论过社会正义的问题；第二，在霍耐特那里，社会机制完全以主体间关系为基础。这意味着，社会正义与否取决于它能否有效促成个体自由权利的真正实现。社会正义的问题实质上是个体自由权利的实现问题。尤其在第四章中，任何一种正义思想都以某种对自由的认识为前提。这并不是在否定正义的社会秩序对个体自由权利的实现所起到的关键作用，而只是强调自由权利的优先性。

对霍耐特的影响，但其目的并非将霍耐特塑造成黑格尔哲学的阐释者。霍耐特的首要身份始终是当代西方马克思主义的代表人物，诊断并治疗当代社会发展中的病态是他核心的学术任务，对黑格尔思想的研究始终是为了服务于这一目标。

第一章
"再实现化"研究的理论背景与前提

在当代的实践哲学领域中，霍耐特以其标志性的承认理论而受到学界的广泛重视。霍耐特的思想受到众多学者的影响，在其中，黑格尔对他的影响，或者说，他对黑格尔的研究最受人关注。在当下，随着阶层社会的瓦解，价值体系的多元化以及对于历史理性的普遍性怀疑，黑格尔的法哲学早已不再像过去那样光彩夺目，这表现为，当代政治哲学已不再重视如何将人塑造为合格的阶层成员（Standesmitglied）和国家公民。随着研究的深入，无论是受康德影响的自由主义契约论还是承接自亚里士多德思想的社群主义德性论都很难解决规范原则与社会现实的对立问题。针对这一现状，不少学者尝试从黑格尔的实践哲学中寻找超越二者的可能。

第一节　黑格尔实践哲学的研究现状

从 20 世纪下半叶开始，黑格尔实践哲学开始出现复兴的迹象。鉴于流派与观点过多过杂，这里主要围绕里特尔、西普与哈贝马斯三位学者的观点进行论述。里特尔将古希腊城邦伦理与近代的道德伦理视为黑格尔伦理思想的两大来源，他的观点规定了后世对黑格尔实践哲学的基本理解。哈贝马斯的重要贡献是从交往理论的角度理解黑格尔的精神概念,这为如何在后形而上学的背景下理解黑格尔的实践哲学定下了基调。鉴于哈贝马斯与霍耐特观点的亲缘性,二者之间的联系尤其需要我们注意。西普专注于黑格尔的承认理论,对其观点的考察可以帮助我们认清霍耐特与黑格尔承认思想的差异。

一、里特尔对黑格尔伦理思想的复兴

里特尔[①]作为当代黑格尔右派的代表人物,同时也是研究亚里士多德哲学的权威。里特尔研究路径较为传统,这表现为:他依然是在从康德到黑格尔这个线性的维度中展开对黑格尔实践哲学的讨论。与左派强调斗争与承认不同,他重视伦理这一概念,而这种伦理并不是简单的传统、习惯、风俗,相反,它以自由法权作为自身的根据。在此意义上,里特尔将黑格尔的伦理理解为近代个体自由思想与古典城邦理论的辩证统一。

(一)合法性与道德性

对合法性与道德性的区分是康德实践哲学的核心观点。"道德性仅仅与这样的法则相一致,即来自法则的义务的理念同时是行动的动力。"[②]如果人的行为不以内在的法则为基础,而仅与外在的法则相关,那就涉及合法性的领域。康德将整个《道德形而上学》划分为法权论和德性论两大部分。法权论一方面涉及人格与事物之间各种关系,包括契约、交换、占有等;另一方面涉及人格之间的关系,包括家庭社会中的婚姻、父母权限、主人权限,以及市民社会中的各种公共法权。康德的德性论已不再是传统意义上的伦理学(Ethik),或者说,康德的德性论仅仅讨论传统伦理学说(Sittenlehre)的一个部分。因此,德性论"被限定为关于义务的学说,它不受外在法则的限制"。康德认为,作为一门伦理

---

① 约阿希姆·里特尔(1903—1974),1925 年获得博士学位,导师为恩斯特·卡西尔,1932 年获得大学授课资格。从 1946 年开始至退休,里特尔都在明斯特大学工作。里特尔是《哲学历史辞典》的主要奠基者和出版者。他的代表作包括《黑格尔和法国大革命》《主体性》《形而上学与政治》等。

② Ritter Joachim: *Metaphysik und Politik*, Frankfurt am Main, Suhrkamp Verlag, 2003, S.73.

学的实践哲学，仅仅以人与人之间的道德关系为自身的内容。德性论必须从法权论中分离出来，因为，只有内在自由的义务才是道德的。

黑格尔在《法哲学原理》中接受了康德的观点。"黑格尔的法权哲学作为政治哲学和国家哲学，它从对合法性与道德性的区分这个对康德实践哲学起奠基意义的观点出发。"[1]抽象法与法权论相对应，它们都是形式性的法权，既不与个体的偏好相关，也不涉及意志的自身规定。道德与德性论相对应，它讨论意志的动力与自身规定的问题。与合法性的观点不同，道德一章突出强调个体自身的目的与意图。在里特尔看来，康德区分合法性与道德性的目的在于突出主体性地位。康德认为，自由的本质是自律而不是听命于外在法则的他律。内在的道德性高于外在的合法性。黑格尔将自由等同于意志自律的观点视为康德哲学最大的功绩。通过这一观点，主体在自身中找到了绝对的支点，借此人们认识到，无论何种法则，如果其不尊重个体的独立性，个体就不需承担对它的责任。

（二）与亚里士多德实践哲学的关联

在亚里士多德那里，实践哲学包括伦理学、经济学与政治学，Ethos（风俗、习惯）是它的基础。在最一般的意义上，Ethos 指在家庭和城邦中的个体活动，这些活动在现成的风俗与习惯中得到规定和发展。在 Ethos 中，个体的行动被理解为 Praxis（实践）。作为实践哲学的核心概念，Praxis 并不是直接性意义上的行动，而是在城邦的伦理秩序和机制秩序中获得自身的现实性。以 Praxis 为基础就发展出伦理学（Ethik）与政治学（Politik）。伦理学是一门关于善和正当的学说，个体的行动通过 Ethos 和 Nomos（约定）的中介从而得到普遍性的规定。亚里士多德的政治学以伦理学为基础，这表现为，"政治统治和宪法与法则的章程以在家庭和城邦中被规定为合伦理的 Praxis 为自身的基础和规定（目标）"[2]。黑格尔的伦理与亚里士多德的政治学有着密切的联系。从外在的形式上看，伦理包含家庭、市民社会以及国家这三个环节，政治学也是对各种社会

---

[1]Ritter Joachim: *Metaphysik und Politik*, Frankfurt am Main, Suhrkamp Verlag, 2003, S.75.
[2]Ritter Joachim: *Metaphysik und Politik*, Frankfurt am Main, Suhrkamp Verlag, 2003, S.77.

机制的讨论；从目的上看，无论伦理还是政治学都是以实现个体的特殊行动为自身的目标。

近代哲学早在沃尔夫那里就尝试对实践哲学做系统性的把握。与亚里士多德类似，沃尔夫也将其分成三大部分，包括 philosophia moralis sive ethica（道德哲学或伦理）、oeconomica（经济）和 philosophia civilis（政治哲学）。沃尔夫强调，"传统的实践哲学现在已经不与当下的现实相关，而只在思想中被保存"。依据这一观点，伦理学就与一切具体的伦理机制分离，它只与"人类行动的内在规定"相关，即来自"人类的本性（Natur des Menschen）"。换句话说，只要依据自己的内在本性，自由人就可以对他的行动进行规定。经过这一转变，伦理（Sitten）就失去了社会机制的特征，而被视为"恒定的，持续存在的对行动进行规定的方式……仅仅以内在的原则为基础"[①]。这使以亚里士多德为代表的政治伦理思想被内在的道德伦理所代替。这种将伦理限制于主观领域内的观点为康德的道德哲学所接受。康德基本同意沃尔夫的观点，认为伦理的法则（Sittengesetz）仅来自"人类情感的能力"。这种有限出身决定了它不具有道德的意义。在传统理论中，伦理学以政治学为实现自身的必要中介。康德并不认同这样的观点，他将政治学归于法权论的领域。

黑格尔法哲学的一个重要工作是克服康德的形式主义道德观。在《法哲学原理》的"伦理"一章中，黑格尔复兴了亚里士多德的政治伦理学。这种复兴并不是简单的复述，而是以主观自由为基础重构了伦理体系。"黑格尔的伦理（Sittlichkeit）概念不再与亚里士多德实践哲学中的 Ethos 相同。"[②]这意味着，作为启蒙精神的代表，黑格尔的伦理概念包含了近代道德的观点，并将其视为不可替代的基础环节。

（三）黑格尔的伦理

康德对个体主观性的重视是近代文化的产物。"主体的特殊性求获自我满

---

①Ritter Joachim：*Metaphysik und Politik*，Frankfurt am Main，Suhrkamp Verlag，2003，S.80.
②Ritter Joachim：Metaphysik und Politik，Frankfurt am Main，Suhrkamp Verlag，2003，S.82.

足的这种法权，或者这样说也一样，主观自由的法权，是划分古代和近代的转折点和中心点，这种法权首先在基督教中获得它的无限性，进而成为新世界形式的普遍而现实的原则。"[1]在古希腊伦理中，道德还没有与个体内在的主观性相联系。当康德完成对合法性与道德性的区分时，也完成了主观性与客观性之间的无限对立。由于主观的道德与客观的社会现实之间有着无法克服的鸿沟，个体与社会之间无法达到真正的统一，这使得康德不得求助于"应当"，即主观道德与客观法权"应当"能获得统一。

黑格尔接受了康德对道德性与合法性的区分，并将二者视为理念发展的两个基本环节。黑格尔并不认可这两个环节之间僵死的对立，而是将它们视为绝对理念自身发展的必要阶段。"黑格尔的法权哲学将主观性与和主观性相区分的关于社会与国家的现实性的统一视为自己的对象。"[2]黑格尔企图通过伦理完成对合法性与道德性的统一。里特尔认为，康德与黑格尔对伦理的观点存在质性差别，"伦理对康德来说完全失去了道德的意义"[3]。黑格尔则认为，伦理的各个环节都以主体性的自由为基础，它们都由道德原则所规定。可以这么说，黑格尔将道德从主观领域中释放出来，并且将一系列的社会机制视为道德的现实。康德将包括家庭、市民社会、国家在内的社会机制归于法权论的名下。在黑格尔那里，这一系列的社会机制作为伦理的各个环节，恰恰是实现主观自由的必要领域。"与主观意志的道德和由主观意志带来的抽象善不同，黑格尔将伦理视为自在自为的存在着的法则和机构、伦理的力量、风俗、习惯、是个体普遍性的行为方式、得到教化的社会性生活、阶层、公会，总的来说，伦理被视为机制（Institutionen）。"[4]黑格尔不是去寻找一种完备道德的应然状态，相反，他立足于现存世界（die vorhandene Welt）的法则与机制，并认为这些机制本身是道德的。这意味着，"在伦理机制中，个体拥有了在自我意识中的知识和欲求，

---

①Ritter Joachim: *Metaphysik und Politik*, Frankfurt am Main, Suhrkamp Verlag, 2003, S.88.

②Ritter Joachim: *Metaphysik und Politik*, Frankfurt am Main, Suhrkamp Verlag, 2003, S.101.

③Ritter Joachim: *Metaphysik und Politik*, Frankfurt am Main, Suhrkamp Verlag, 2003, S.102.

④Ritter Joachim: Metaphysik und Politik, Frankfurt am Main, Suhrkamp Verlag, 2003, S.102.

并且找到了行动的现实性和行动的自在自为的存在着的基础以及推动行为的目标"①。作为客观性的机制,伦理超越于主观的偏好。尽管如此,它们并不因为是"客观的伦理存在"就与主体相对立,相反,主体在伦理机制中并不会感到不自由,而是将其感受为"并不与自己相区分的组成要素"。在伦理生活中,主观自由才能让自身的本质与内在的普遍性获得客观的实在。总的来说,黑格尔接受了康德的德性论中关于意志自由的观点,但主观自由的实现离不开具体的伦理机制。里特尔作为黑格尔右派的代表,他并不抽象地坚持黑格尔法权哲学中保守的方面。社会机制与传统本身就具有一种合道德性,没有社会机制的中介,所谓主观的道德自由就只能是头脑中的幻象,因而无法得到具体实现。

如果说康德是通过区分合法性与道德性来突出主观自由的原则,那黑格尔就是通过区分道德与伦理来实现主观自由与社会机制的统一。里特尔认为,黑格尔对二者的区分使我们走到复兴传统伦理学的门槛。"与道德观点相对的伦理概念首先是从对希腊世界具有根本性意义的自由公民生活的伦理宪法(ethischen Verfassung)中发展而来。"②对黑格尔来说,古希腊的城邦本质上是伦理的共同体(sittlich Gemeinwesen)。在其中,"人们只须做在他的环境中所已指出的、明确的和他所熟知的事就行了"③。这并不意味着简单地回到古希腊城邦伦理中就可以统一个体自由与社会机制,因为"在古希腊的伦理中,真实意义上的道德、信念和意图的内在性都还没有出现"④。当个体对客观的伦理规范进行反思并进而质疑伦理规范的权威性时,古希腊城邦伦理就走向了毁灭。伴随城邦伦理堕落的是"无限自由人格性的更高原则"。"主体性、道德、真正的反思和内在性的元素是古希腊伦理堕落的根源,对黑格尔来说,它们被把握为继续进步的根源。"⑤黑格尔重提城邦伦理绝不是想要对古希腊进行复辟,而是想将近代的道德融入到哲学的政治学(die philosophische Politik)中,也就

①Ritter Joachim: *Metaphysik und Politik*, Frankfurt am Main, Suhrkamp Verlag, 2003, S.103.
②Ritter Joachim: *Metaphysik und Politik*, Frankfurt am Main, Suhrkamp Verlag, 2003, S.106.
③Ritter Joachim: *Metaphysik und Politik*, Frankfurt am Main, Suhrkamp Verlag, 2003, S.108.
④Ritter Joachim: *Metaphysik und Politik*, Frankfurt am Main, Suhrkamp Verlag, 2003, S.109.
⑤Ritter Joachim: *Metaphysik und Politik*, Frankfurt am Main, Suhrkamp Verlag, 2003, S.110.

是说，黑格尔复兴了"包含伦理学与政治学的亚里士多德的实践哲学"。

二、西普对黑格尔承认理论的阐释与超越

当下国内学界有一种言"承认（Anerkennung）"必称霍耐特的趋势，这在一定程度上遮蔽了路德维希·西普①对"承认"概念的卓越阐释。西普早在1979年出版的代表作《承认作为实践哲学的原则》已让当时学界深刻认识到，"承认"这一范畴对自我意识的生成以及构建良序社会的重要意义。近年来，西普致力于"随黑格尔超越黑格尔（mit Hegel ueber Hegel hinaus）"。西普希望通过这一工作跳出意识哲学的语境，针对当下社会问题重新规整"承认"概念的内涵，完成对承认理论的历史学—人类学的改造。西普的这项工作以对个体与文化组织之间承认关系的讨论为切入点。

个体基本法权与多元文化团体的和谐共处是当代政治哲学、社会哲学以及道德哲学领域中的核心问题之一。此议题内在有一张力："在不同的文化传统之中，个体的角色与法权得到不同的规定，对组织法权的尊重以及组织传统与生活方式的提升会伤害个体的法权。"②这种紧张关系亦会威胁共同体的生活秩序。如何克服与超越这一矛盾状况是亟待解决的重要问题。按照西普的思路，"承认"理论是解决这一问题的有效手段。本书根据西普的理解，首先考察历史学—人类学语境中承认理论的出场语境，并具体探究如何在历史学—人类学语境中

---

① 路德维希·西普（Ludwig Siep）于1942年出生于德国素林根市，1962—1968年于科隆和弗赖堡大学学习哲学、历史学、德意志语言学和政治学；1969年于弗赖堡大学获得哲学博士学位，论文题目为《黑格尔的费希特批判以及1804年的知识学》（Hegels Fichtekritik und die Wissenschaftslehre von 1804）；1976年西普向弗赖堡大学提交教授资格论文《承认作为实践哲学的原则——对黑格尔耶拿精神哲学的研究》（Anerkennung als Prinzip der Praktischen Philosophie.Untersuchungen zu Hegels Jenaer Philosophie des Geistes），这本著作对黑格尔早期承认思想的挖掘对学界产生重要影响，一举奠定了西普在学界中的地位。西普曾先后执教于柏林自由大学、海德堡大学和杜伊斯堡大学；1986年起至今，西普任教于明斯特大学，同时担任哲学系主任。西普主要研究领域包括德国唯心主义哲学、实践哲学史（伦理学、政治哲学和社会哲学）和应用伦理学。

② Siep Ludwig：Aktualitaet und Grenzen der praktischen Philosophie Hegels，Muechen，Wilhelm Fink Verlag，2010，S.255.

理解"承认"概念，在此基础之上，试图通过承认理论解决个体法权与组织传统之间的对立，进而揭示普遍性人权是多元文化的基础，对多元文化的肯定与包容是基本人权得以保障与发展的必要中介。

（一）传统的承认理论

历史学—人类学语境中承认理论的提出，是当代学者对德国唯心主义哲学不懈反思与挖掘的结果。因此，廓清德国唯心主义论承认思想的目的、意义及其有限性，有助于我们理解当代的承认理论。

费希特首先尝试运用承认这一概念来克服个体法权与共同体组织之间的对立状况。费希特认为："个体的自我意识仅仅在一种与他人的确定的关系中才是可能的并才能够得到发展。"[1] 对自我意识的研究在德国唯心主义哲学中占有着重要的位置，费希特的贡献在于：不再将自我意识视为单纯的认识问题，而是将其置于行动理论的场景中。"根据费希特的观点，自我意识预先设定了这样一种能力，这种能力是决定依据一个由自我所选取的意图来行动。"[2] 这种自我决断的意志不同于任性的意志。费希特认为，为了确证自我的自由意志，个体就必须尊重他人的自由意志得以发挥所必须具有的行动空间（Handlunsspielraum），这就是费希特所理解的"承认"。费希特还指出，为了保证自由意志的实现，必须依据普遍性法则建立起有组织的法权共同体。依据这一理路，具有自我意识的个体与共同体组织之间就建立起了联系，且后者并不意味着对前者的压迫，相反，组织促进了自我意识的自身确证。

作为后来者的黑格尔，对自我意识与承认关系的把握远较费希特深刻。关于自我意识的问题，黑格尔的视野已经不再局限于考察纯粹理性的自我，相反，他将情感、偏好以及习惯等一些在先验哲学看来具有自然倾向的范畴，引入到对自我意识的考察中。"法权共同体尽管是承认的必要条件，但仅有这一条件

---

①[德]费希特：《自然法权基础》，谢地坤、程志民译，北京：商务印书馆，2009年，第54页。

②Siep Ludwig: *Aktualitaet und Grenzen der praktischen Philosophie Hegels*，Muechen，Wilhelm Fink Verlag，2010，S.270.

却是不够的"①, 因为, 承认还必须包含有爱、共同的伦理习惯以及共同的世界观等。"黑格尔在承认理论中首次让人格间关系中的肉体—情感维度获得了有效性。"②

黑格尔所理解的承认理论在当下的社会哲学领域得到了长足的发展。学界对黑格尔的重视主要因为其揭示了"对个体法权的承认与某组织的成长之间的相互依赖性"③。具体地说, 没有在家庭中所获得的情感认同, 个体无法建立起最基本的自我价值观念(Selbstwertgefuehl), 同样也无法得到心灵上的安定; 没有在劳动过程中的相互教导与学习, 个体无法真正掌握职业技能。因此, 共同体组织是精神的化身, 组织所具有的文化传统与伦理风尚对个体的行为与活动形成了规定。个体只有首先在组织中获得尊重才能真正拥有对于自身尊严的充分意识。同理, 共同体组织的繁荣发展也需要组织成员对其的承认与赞同。不过,西普对黑格尔所理解的个体与组织之间的承认关系提出了两点质疑: 其一, "黑格尔不顾他关于个体与组织之间承认关系的构想, 而是给予后者, 特别是国家, 以规范性和本体论上的优先性, 这个国家是在亚里士多德传统中的完满与全面的共同体"④。其二, 黑格尔承认思想以目的论历史哲学为前提, 这与当下的多元主义诉求之间形成了尖锐的矛盾。

现代社会的一大特点就在于认可每个人都有平等的自由选择权利, 甚至将这种个体性法权视为高于一切的存在。与此相对, 黑格尔却坚守古典政治学的传统, 认为社会机制, 特别是国家的诉求高于个体的权利。例如, "黑格尔认为战争有其时代的必然性, 因为它可以明确且有意识地廓清个体的私人偏好与

---

①Siep Ludwig: *Aktualitaet und Grenzen der praktischen Philosophie Hegels*, Muechen, Wilhelm Fink Verlag, 2010, S.117.

②Siep Ludwig: *Aktualitaet und Grenzen der praktischen Philosophie Hegels*, Muechen, Wilhelm Fink Verlag, 2010, S.260.

③Siep Ludwig: *Aktualitaet und Grenzen der praktischen Philosophie Hegels*, Muechen, Wilhelm Fink Verlag, 2010, S.120.

④Siep Ludwig: *Aktualitaet und Grenzen der praktischen Philosophie Hegels*, Muechen, Wilhelm Fink Verlag, 2010, S.265.

国家主权之间的真实秩序"[1]。 不过，西普不同于人们所习惯的那样简单地视黑格尔的国家观是极权主义的。在西普看来，黑格尔关于组织优先性的观点包含了两种意义上的筹划：第一，区分了紧急状态与平常状态下的两种国家权力。在黑格尔那里国家权力只能在紧急状态下才能侵占个人财产。比如"在战争状态中，国家必须支配居民的生命以及财产，这表现为战时兵役制和对私人财产的必要占有"[2]。不能将紧急状态与平常状态下的不同政策相互混淆。第二，黑格尔是在思辨哲学的语境中看待个体与组织间关系。"较之于个别的公民，国家展现出精神的更高级形态。"国家的职责并不像个体那样专注于实现自身的能力与偏好，相反，它致力于成为实现自由精神的中介。所以，黑格尔才会将国家理解为是"地上行走着的神"，是"绝对精神在世间的定在（dasein des Absoluten in der Welt）"。

　　黑格尔承认思想的第二个缺点是其目的论的历史哲学前提。在历史哲学中，黑格尔将世界历史神秘化为理性自身发展与实现的过程。黑格尔认为，在历史发展过程中，一切社会机制、规范以及世界观都会得到改变与发展，这种转变与发展过程为一必然规律所指引与规定。此必然规律就是"（历史的）内在本质与目标的实现与自我认知"。依据历史目的论，黑格尔将历史理解为一个过程，它以亚洲的早期文化为起点，以近代欧洲为其发展的终点；以亚洲的自然宗教为起点，以欧洲的基督新教为终点。在此目的论安排下，各民族就按照相应的宗教与文化发展水平被从低到高排列。黑格尔的这种历史目的论被定义为西方中心论或者欧洲中心主义，并受到人们的广泛批评。不过，西普对黑格尔的历史目的论却持较为温和的态度。他强调："如果没有黑格尔的历史形而上学，那么解决个体法权与文化组织之间的斗争将更难。"[3]

　　根据西普的看法，若要寻找解决当今人类所面临的个体权利与文化组织间

---

　　①Jaeschke Walter: *Hegel Handbuch*，Stuttgart，J.B.METZLER，2010，S.422.

　　②Siep Ludwig: *Aktualitaet und Grenzen der praktischen Philosophie Hegels*，Muechen，Wilhelm Fink Verlag，2010，S.272.

　　③Siep Ludwig: *Aktualitaet und Grenzen der praktischen Philosophie Hegels*，Muechen，Wilhelm Fink Verlag，2010，S.275.

矛盾的办法，就必须回到德国唯心主义关于承认理论的遗产。这样做至少有两条理由："首先，在论述个体法权的认识与实现，文化组织的巩固与多样化时，承认理论仍然扮演着核心性的角色；其次，正如黑格尔分别在家庭、社会以及国家这三个不同领域中论述承认理论，在当下的语境中，我们依然需要将承认理论划分为不同的层次。"[①]当然，这并不意味着照搬德国古典唯心主义承认理论，而是要对其进行历史学—人类学语境的改造。

（二）历史学—人类学语境中的承认理论

无论费希特还是黑格尔，他们关于承认理论的构想都是以自我意识与理性从低到高的发展过程为基础。通过这个过程，独立的个体首先洞察与意识到自身，进而充分把握了属于自己的权利与义务，最终成为真正理性的存在。但是，费希特的观点可能会陷入到一种危险中，即"人将传统的生活形式与文化驱逐至人性的低级层次"。[②]与先验主义的进路相对，我们完全可以设想从纯经验主义的进路思考承认问题。这意味着我们从开端处就剔除了一切关于"理性与自我意识的规范论与目的论的概念"。因为，"越来越为所有人所分享的人类学前提与文化历史经验足够满足对相互承认及其各个阶段的需求的辩护"[③]。我们可以尝试依据人类学—文化历史学思路，去定义承认理论并揭示其丰富内容。

承认是一个开放的历史过程，此历史过程与人的社会化活动方式相契合。人总是生活在组织之中，人的一切行为活动都必须依赖于组织合作。在这一点上，动物与人有着本质上的区别。行为心理学研究成果已经充分揭示："儿童具有对于交往、相互帮助以及参与到合作活动的特殊兴趣。"[④]

---

①Siep Ludwig: *Aktualitaet und Grenzen der praktischen Philosophie Hegels*, Muechen, Wilhelm Fink Verlag, 2010, S.274.

②Siep Ludwig: *Aktualitaet und Grenzen der praktischen Philosophie Hegels*, Muechen, Wilhelm Fink Verlag, 2010, S.275.

③Siep Ludwig: *Aktualitaet und Grenzen der praktischen Philosophie Hegels*, Muechen, Wilhelm Fink Verlag, 2010, S.275.

④Siep Ludwig: *Aktualitaet und Grenzen der praktischen Philosophie Hegels*, Muechen, Wilhelm Fink Verlag, 2010, S.276.

现代人类生活已经揭示：个体若想要发展出属于自己的特殊技能，就必须参与到社会文化组织生活中，而这涉及声望（Ansehen）与等级（Rangordnung）。在传统社会，人的声望与人的自然素质密切相关，例如男人是否具有强健的体魄，女人是否拥有健康的生育能力。而在现代社会，声望更多是与人的能力（Faehigkeit）与技巧（Geschicklichkeit）相联系。西普认为，声望与意识的生成有着直接的联系，这表现为"个体通过在他者那里有效的声望而获得意识，意识的提升与降低属于独特的自信与自我形象"[①]。从这一基本关系中，不仅可以发展出尊敬与友爱的意识，也可以发展出自负与蔑视的意识。

在现代社会，生活于文化组织中的个体将声望以及地位的获得视为公共生活的重中之重。但是，在前现代社会，个体通过对他者的羞辱、压迫以及驱逐来为自身争取声望与地位。与此相应，文化组织为了保证自身的地位就将不服从者视为异端，并将其排除出组织。这样，社会组织内部就被划分为多个等级，且等级间是不平等的。

西普与黑格尔一样，将社会、宗教与文化发展视为历史过程（Lernprozess）。通过这个过程，传统的自然等级制失去了自身的价值基础。这意味着："关于神性起源以及神秘力量的虚构叙述将不被盲信。与此相反，关于人的基本平等获得了确信。"[②] 无论是宗教还是哲学都对这一观点的获得作出了贡献。首先，一般的宗教教导人们："所有人都来自同一个父母，并且所有人都平等地得到上帝的承认（爱）。"[③] 其次，哲学尝试通过概念把握宗教的成果，人与人之间在生物学意义上的差异与个体的社会权利没有任何关系。有了这些前提，被压迫的组织、阶级、民族为了自己的独立性和自决性展开斗争。但这并不表示历史的发展就如黑格尔所假设的那样是一个理性进步过程。例如，基督教的教义

[①]Siep Ludwig: *Aktualitaet und Grenzen der praktischen Philosophie Hegels*, Muechen, Wilhelm Fink Verlag, 2010, S.277.

[②]Siep Ludwig: *Aktualitaet und Grenzen der praktischen Philosophie Hegels*, Muechen, Wilhelm Fink Verlag, 2010, S.280.

[③]Siep Ludwig: *Aktualitaet und Grenzen der praktischen Philosophie Hegels*, Muechen, Wilhelm Fink Verlag, 2010, S.282.

致力于消融在社会所有领域中出现的所有压迫关系，但是，基督教同样也对意图离开宗教共同体的人采取极端化的惩罚手段。

西普认为："人们在当下可以抱有这样的希望，从上个世纪中叶以来，在大多数的规范理论与法权文化中，旧秩序复辟以及理论自相矛盾的问题已经逐渐得到克服。"① 因此，当我们在跨文化的语境中谈起"人权""社会正义"等一系列概念时，我们不是将它们作为僵死的抽象概念，而是将其理解为历史发展的结果。"人们将这个发展的过程理解为法权与社会要求趋于平等的过程。"② 这个过程并不是所谓的内在目的论体系运动，相反，它"建立于令人痛苦的共同经验和不稳定的学习过程"③。在现代社会，人权与公正的意识已经深入人心，重点表现在反对任何形式的特权，而对特权的反对就揭示出"哪一种人权应当得到承认"的规范性共识。换言之，"人权包含有如下的内容，在组织和生活形式中找到自己的家"④。

"在组织和生活形式中找到自己的家"，这种对基本人权的定义与传统的观点有很大差别。传统对人权的定义总是笼统地谈生命权、财产权、选举权等，但是，这样的回答仅仅揭示出人权的个体维度，并没有彰显出人权的整体性维度。西普对人权的定义看似是一种浪漫化的表述，但是他将组织整体比喻成"家"，将人权的实现视为"在家"，这无疑同时把握了个体与整体这两条维度。

在现实生活中，并不是每个人都能够对他者产生一种情感上的肯定或承认，相反，很大一部分人不仅对他者不同情，甚至与他者为敌并且与之斗争。不过，在现代法权文化中，这种斗争与争论有一基本前提：人们总是先将他者视为一个严肃的对象（einer ernsthafte Gegner），或者换言之，将他者置于与自己相平

---

①Siep Ludwig: *Aktualitaet und Grenzen der praktischen Philosophie Hegels*, Muechen, Wilhelm Fink Verlag, 2010, S.282.

②Siep Ludwig: *Aktualitaet und Grenzen der praktischen Philosophie Hegels*, Muechen, Wilhelm Fink Verlag, 2010, S.282.

③Siep Ludwig: *Aktualitaet und Grenzen der praktischen Philosophie Hegels*, Muechen, Wilhelm Fink Verlag, 2010, S.285.

④Siep Ludwig: *Aktualitaet und Grenzen der praktischen Philosophie Hegels*, Muechen, Wilhelm Fink Verlag, 2010, S.285.

等的层次。这意味着，人们必须首先尊重他者对于自身意愿的选择。以这一原则为基础，就可以区分出一系列的承认范式。当然，这些承认范式同时也是对人权概念的具体规定。在历史学—人类学语境中，"承认"是由尊重、非歧视、宽容、团结、友谊五个基本内容或环节构成的整体。

第一，"承认首先意味着尊重他人的完整性，将他者视为具有同样情感与需求的人"[①]。具体地说，无论是他者的精神还是肉体，都不能随意伤害。在多元文化中，这种对完整性的尊重必须上升到文化组织间的关系。比如，某一个民族文化组织的极端分子会将非该文化组织中的成员定义为某种恶的势力，从而无视他们对完整性的诉求。这种无视差异化现实而武断地将异见者定义为恶的观点，充当了将他者排除出承认过程的手段。

第二，"承认在第二个层次上意味着，不贬低与歧视他者"[②]。从肯定的意义上说，必须保证每个人都有参与到组织、法权以及善中的权利。在公共领域中，人们有平等使用公共设施以及参与到公共活动中的权利。前者可以指代对交通工具等的使用，而后者可以理解为对选举权的使用。在家庭、社团以及友谊关系等私人领域中，私人组织一方面不像公共组织那样给予每个人平等参与的权利，相反，它具有合法的进入限制（Zugangsbeschraenkung）；另一方面，一个人可以被排除出组织，但这种排除是以他进入到另外一个私人性组织为前提。总之，无论是私人领域还是公共领域，都必须避免将任何人孤立。

第三，"承认的更进一步阶段就在于，任何人都不可以从开始——例如，基于他的出身，所处的环境或者所信奉的信仰，所归属的组织——就被划归于一个独特的范围中"[③]。这是一种尊重多样性与差异性的宽容。宽容意味着对多样化的个人与组织的容忍与肯定。宽容本身也包含消极与积极两个方面的含义，

---

①Siep Ludwig: *Aktualitaet und Grenzen der praktischen Philosophie Hegels*，Muechen，Wilhelm Fink Verlag，2010，S.292.

②Siep Ludwig: *Aktualitaet und Grenzen der praktischen Philosophie Hegels*，Muechen，Wilhelm Fink Verlag，2010，S.292.

③Siep Ludwig: *Aktualitaet und Grenzen der praktischen Philosophie Hegels*，Muechen，Wilhelm Fink Verlag，2010，S.293.

即，"从单纯的承认到（对他者）积极的兴趣"。

第四，"在积极的宽容阶段中，我就必须支持他者，帮助他者去实现他们的欲求并且展现出他者的可能"[1]。西普提醒我们必须在更宽泛的意义上去理解这种积极的宽容，必须将一些"匿名"的行为列入其中。例如，国家提高税收、广泛发展教育机构、落实各种援助措施等。

第五，"如果支持与相互敬重和爱慕相连接，那么支持就成了友谊"[2]。这里的友谊并不是单纯指私人之间的友爱，也指公共领域中的友爱，具体地说就是公民的友谊（Buergerfreudschaft）。这种观念在亚里士多德的政治学中已有提及。亚里士多德将公民间的友谊或友爱视为城邦团结的必要条件。

在历史学—人类学语境中所理解的承认理论的上述五个基本内容或基本环节，表明这种理解方式本身有两个鲜明特点：第一，从抽象承认到具体承认。例如，在尊重这一环节中，人们相互之间仅仅是坚持最基本的道义，即，尊重他人拥有保持自身完整性不受干涉的权利。而其后的一系列环节都是对前者的进一步阐释。到了友谊这一最后环节，人们不再是简单地尊重他人选择的权利，而是积极地参与实现他人愿望的活动中，在他者的基本自由受到威胁时，人们也会毫不犹豫地伸出援助之手帮助他人渡过难关。第二，总是从组织与个体的双重维度理解承认问题。无论是最基本的尊重环节，还是最具体的友谊环节，西普都强调不能仅仅从私人领域来理解。可以设想，如果单纯从私人间的关系来理解尊重，那么，这种尊重就不具有普遍性效力，因为它终究会受个人偏好的影响。正是上述这两个鲜明特点，使历史学—人类学语境中的承认理论在当今具有独特的理论价值与思想活力。

---

[1]Siep Ludwig: *Aktualitaet und Grenzen der praktischen Philosophie Hegels*, Muechen, Wilhelm Fink Verlag, 2010, S.294.

[2]Siep Ludwig: *Aktualitaet und Grenzen der praktischen Philosophie Hegels*, Muechen, Wilhelm Fink Verlag, 2010, S.295.

（三）与霍耐特观点的差异

承认理论自身之中也包含各式各样的分支。那么，西普的历史学—人类学语境中的承认理论，与国内学界熟悉的霍耐特承认理论究竟有何联系与区别？就本书所论论述范围，可以概要地说，霍耐特专注于对个体间承认关系的考察，而对于个体与组织（特别是国家）之间的关系保持一种审慎的态度。

正如本书开始所指出的，西普所理解的承认理论包含两个环节，一方面是个体之间的承认关系，另一方面是个体与共同体之间的承认关系。西普与黑格尔一样，强调组织机制在承认理论中的地位与作用。"最重要的不是个体在其不可被替代的个体性中的承认与自身发现，而是个体将自身承认为民族的成员"[1]，"每个人都可以在他者那里发现普遍意识，但是个体之间只能通过客观化在风俗（Sitten）、规则、机制与民族精神中的普遍意识才能达到统一与承认"[2]。"如果没有超主体的伦理生活，为承认的斗争就在一种绝境中终结：对立主体中一方或者双方都死亡。"[3] 相比较于西普对组织机制的强调，霍耐特的理解则"表现为将机制的环节还原为所有主体在根本性上相互依赖的一个方面"[4]，因而，相比较于个体与组织之间的关系，个体之间的承认关系更基础、更本源。

具体言之，首先，尽管霍耐特也强调主体间性、社会机制以及公共生活对个体完整性塑造的必要作用，但个体的"蔑视体验"以及对蔑视的反抗，才是其承认理论的核心。他比西普更加重视斗争的地位与作用。这也是为什么霍耐特将承认理解为"为承认而斗争"的基本缘由。其次，西普认为，在多元文化并存的当下社会，每个文化共同体都有其不可以被还原的基本社会事实。霍耐

---

①Deranty Jean-Philippe: *Beyond Communication.A Critical Study of Axel Honneth's Social Philosophy*, Boston, BRILL, 2009, p.249.

②Deranty Jean-Philippe: *Beyond Communication.A Critical Study of Axel Honneth's Social Philosophy*, Boston, BRILL, 2009, p.250.

③Deranty Jean-Philippe: *Beyond Communication.A Critical Study of Axel Honneth's Social Philosophy*, Boston, BRILL, 2009, p.256.

④Deranty Jean-Philippe: *Beyond Communication.A Critical Study of Axel Honneth's Social Philosophy*, Boston, BRILL, 2009, p.257.

特的承认理论似乎并没有对这种社会基本事实进行讨论。主要原因可能在于，霍耐特意图完成的是一种"伦理生活的形式化构想（The formal conception of ethical life）"，这种构想"有益于讨论良善生活的问题——就对阻碍与威胁人实现良善生活的机会而言，特别是以一种否定性的形式——而不与任何一种特殊的生活文化形式相联系"①。

三、哈贝马斯对青年黑格尔实践哲学的研究

哈贝马斯于 1973 年出版的著作《理论与实践》中收录了一篇名为《劳动与互动——对黑格尔耶拿精神哲学的评论》的论文。在这篇论文中，哈贝马斯集中讨论了黑格尔耶拿时期的实践哲学思想。它主要包含两个成果：首先，纠正了从格尔奥格·拉松（Georg Lasson）以来对黑格尔耶拿作品的错误理解，奠定了之后的研究基调；其次，突出主体间性、交往与承认等一系列概念，为后来者的研究确定了基本范畴。

哈贝马斯在文章的开端处就指出："黑格尔的这些著作（耶拿时期的精神哲学著作）受到他当时所研究的政治经济学的影响。"② 据此，哈贝马斯认为，以拉松为代表的传统诠释者没有把握到耶拿时期黑格尔著作的精髓，他们将这些著作仅仅视为"现象学的准备阶段"，而哈贝马斯认为，此时的黑格尔"为精神的展示过程提出了一个有特色的，系统性的基础"。哈贝马斯着重强调著作中所包含的"语言""工具"以及"家庭"等范畴，这些范畴分别指代了"符号表示""劳动过程"与"以交往为基础的互动"。此举意图说明，在黑格尔耶拿时期的作品中，"并不是精神在自我反思的运动中将自身显示在语言、劳动以及道德关系中，相反，语言学的符号、劳动和互动决定了精神的概念。"③

---

①Zurn Christopher: *Axel Honneth.A Critical Theory of the Social*, Cambridge, Polity Press, 2015, p.18.

②Habermas Juergen: *Theory and Practice*, Boston, Beacon Press, 1973, p.142.

③Habermas Juergen: *Theory and Practice*, Boston, Beacon Press, 1973, p.143.

（一）自我与他者

近代哲学又被称为"主体哲学"，顾名思义，它的核心是"我思""自我意识"，而"他者""为他存在"等概念都被置于一个相对次要的地位。在康德的实践哲学中，纯粹实践理性的核心是作为绝对能动性的自由意志，这种自发性可以追溯至纯粹理性批判中作为先验自我意识的统觉。在纯粹哲学中，"为他存在"基本被视为对主体能动性的外在限制，因此一般被规定为消极的方面。在当代哲学中，特别是主体理性的神话破灭之后，不是主体性而是主体间性，在存在论中被视为具有更基础的地位。值得注意的是，哈贝马斯并不是以交往理论去外在地批判主体性哲学，而是力图揭示出主体性哲学的主体间性根基。

康德将"统觉的原初综合统一"视为自我概念的基础，这个自我是一个纯粹与自身相联结的统一体，它类似于笛卡尔的"我思"。康德认为，这个"我思"必须伴随我的一切表象，也就是说，能从任何一个表象中先天地分析出一个"我思"。哈贝马斯指出，"我思"构成了先验哲学的基础。费希特继承了康德哲学的思路，但他认识到先验哲学的缺陷，即无法解决自我奠基的问题。由于费希特还是将自我奠基归于"自我认知的主体性"中，他就没能真正解决这一问题。依照哈贝马斯的观点，黑格尔将自我的根源限定在"精神的主体间性的框架"中，这意味着黑格尔不是将自我视为自我的对象，而是在共同体中，将另一个自我视为自我的对象。"自我意识的经验不再涉及原初的那个自我意识，相反，对黑格尔来说，自我意识来自交往的经验，我通过另一个主体的眼睛来观看我自身。"[1] "自我意识仅在相互承认的基础上被表达。"[2] 黑格尔意图在精神的层面来回答主体的奠基问题。"精神并不是在自身中的自我意识的主体性的基础，相反，它是一个中介，这个中介位于自我与另一个自我的交往中，通过作为一个绝对性中介的精神，两个自我相互将对方塑造为主体。"[3] 由此可见，自我

---

①Habermas Juergen: *Theory and Practice*, Boston, Beacon Press, 1973, p.150.

②Habermas Juergen: *Theory and Practice*, Boston, Beacon Press, 1973, p.151.

③Habermas Juergen: *Theory and Practice*, Boston, Beacon Press, 1973, p.151.

意识本身并不是被预先确定的, 它必须以个体之间的相互照面为前提。其实费希特也已经认识到了实践的重要作用, 比如, 他尝试用本源行动 (Tathandlung) 来代替康德统觉原初的综合统一。黑格尔尝试的则是另一条道路。哈贝马斯认为, 黑格尔保留了康德"自我的无规定的同一", 但是却将他降格为了一个环节, 准确地说, 将空泛的自我归为普遍性的环节。"我作为自我意识是普遍性, 因为普遍性是抽象的自我, 这意味着它来自对一切内容的抽象。"① 这个空泛的、普遍的自我在黑格尔那里同时又是一切个体性的基础, 这意味着, 任何一个特殊的自我本身都以普遍的自我为前提, 所以, 自我的同一性并不意味着自我意识本身的抽象普遍性, 自我同时也是个别性范畴。当费希特将自我的概念理解为自我与非我的同一时, 黑格尔从开端处就将自我理解为普遍与特殊的统一。在早期作品中, 黑格尔将精神视为整体与特殊相统一之自我的辩证展开运动, 这就是伦理总体 (sittlich totalitaet)。哈贝马斯特别强调, 黑格尔会选用精神这一概念并非偶然, 一方面, 看中这一概念超越个体自我意识的意义; 另一方面, "自我作为普遍与特殊的同一仅能在精神的统一体中被理解, 在这个统一体中包含了同一的自我和与他并不同一的他者"②。精神是"在普遍性中介中的个体的交往"。对于说话的个体来说, 精神就是语言的语法; 对行动的个体来说, 精神就是被承认的规范体系。"黑格尔在自我概念发展中的辩证的基本经验, 并不是来自理论意识的经验领域, 而是来自实践领域。"③

康德所理解的实践与黑格尔有很大的区别。黑格尔在互补行动的交往结构中构建了自我意识, 也就是说, 自我意识是为承认而斗争的结果, 康德认为, 实践活动在这里指自律的意志活动。哈贝马斯明确指出: "黑格尔认识到, 自律意志的概念是一个来自于交往个体的伦理关系的独特抽象"④。而自律意志作为实践哲学中的一个前提预设, 它本身来自理论哲学中的纯粹自我, 因此, 康

---

①Habermas Juergen: *Theory and Practice*, Boston, Beacon Press, 1973, p.152.

②Habermas Juergen: *Theory and Practice*, Boston, Beacon Press, 1973, p.158.

③Habermas Juergen: *Theory and Practice*, Boston, Beacon Press, 1973, p.158.

④Habermas Juergen: *Theory and Practice*, Boston, Beacon Press, 1973, p.160.

德的实践哲学是理论哲学意义上的实践哲学，也就并没有回到真正的社会交往实践活动中去考察实践，从而就没有讨论道德规范的真正来源。面对这一情况，哈贝马斯不无担忧地指出，道德法则的主体间性基础被纯粹实践理性所代替，这将道德行动推向独白的领域（monologic domain），这可能将道德行为误解为策略性行为。

（二）语言与劳动

黑格尔并不是在反思哲学的立场理解自我这一概念，而是将"交往行动视为自我意识精神发展过程的中介"。例如，家庭就是这样一种中介，它以爱作为原则来联系家庭成员。在这里，哈贝马斯尤其重视语言与劳动这两个概念。

"语言并没有包含主体共同生活与行动的交往，相反，这里仅意味着单独个体面对自然以及给予某物以名称时对符号的使用。"[1] 当语言出现之后，意识通过语言的帮助就与自然对象相区分。黑格尔将动物性无区分的精神视为"梦中的精神"，它处于"映像的领域"，而梦醒之后的状态被称为"苏醒的精神"，从而就进入了"名称的领域"。苏醒的状态包含记忆的能力，即"做出区分并同时认识到这一区分的能力"。接着，黑格尔将语言与记忆联系起来，"意识实存的观念是记忆，意识实存本身是语言"。对某事物进行标记，给予其名称包含两个方面的功能：首先，通过命名，原来在直观中直接被给予我们的某物在符号中得到保存，并且被意识所表象；其次，通过符号的保存，意识与对象之间又产生了距离，因为直观的对象总是有限且短暂的。通过符号和语言，意识认识到，只有在意识本身中才能获得普遍性，自我通过符号产生出它的对象，这个对象就不再单纯来自直观的给予。在这个经过符号中介了的对象中，既包含直接的环节也包含间接的环节。据此，哈贝马斯认为："语言是这样的一个范畴，在这个范畴中，精神第一次不是作为某种内在的东西而是一种中介，作为这个中介，精神既不是内在的也不是外在的。在语言中，精神是世界的逻各

---

① Habermas Juergen: *Theory and Practice*，Boston，Beacon Press，1973，p.166.

斯并且不是一个孤立的自我意识。"①

黑格尔将劳动定义为满足驱动的特殊模式，通过它，实存的精神与自然相区分。在语言中，意识打破了直观对象对自身的控制，将一系列感性的杂多规整为可以被确认的事物对象。在劳动中，"通过工具，劳动的主体性被提升到某种普遍性，每个人都可以模仿这种普遍性，并且以同样的方式工作，因此，这个普遍性就是劳动的持续性规则"②。语言中所呈现出的"表象的辩证法"与"劳动辩证法"有着重要的区别。哈贝马斯认为，二者的开端就是不同的，在前者中，自然屈从于产生自身的符号，而在后者那里，主体却屈从于外在自然的力量。这里产生了一个非常重要的问题，如果主体的行动从开端处就一直受到外在自然力量的压制，那么何以能够从这种关系中摆脱出来呢？在这里，黑格尔提出了其著名的狡计意识。"狡计意识在它的器械活动中，让自然过程的经验反对过程本身。"③也就是说，通过被自然的控制来控制自然。和语言所起的中介作用一样，工具也是一个中介性的范畴，通过这个范畴，精神获得了实存。

黑格尔提出的这些模式都立足于主体与客体之间的辩证运动，这个运动将主客体间的同一性视为自身的目标。这一过程包含命名意识、狡计意识和承认意识。这一系列的环节不仅从知识论上解决了自我的起源问题，它更解决了意志自律如何实现的问题。哈贝马斯认为，康德对道德的批判本质一种文化批判。"文化是技术控制自然的缩影。"④道德是以纯粹法则规定自身的目的，而一旦道德主体被置于到偶然发生的交往活动中时，康德就认为主体的活动处于特定的文化中，"康德认为文化作为一个目的性活动依据技术性的原则（有条件的命令）是从人所从事的生产活动中抽象出的"⑤。这样康德就与黑格尔产生了巨大的区别。黑格尔认为，人是在劳动过程中得到教化，更进一步说，人也是在劳动过程中改造历史。人们在从事技术性的生产劳动，却又在劳动中完成了对

①Habermas Juergen: *Theory and Practice*, Boston, Beacon Press, 1973, p.168.

②Habermas Juergen: *Theory and Practice*, Boston, Beacon Press, 1973, p.170.

③Habermas Juergen: *Theory and Practice*, Boston, Beacon Press, 1973, p.168

④Habermas Juergen: *Theory and Practice*, Boston, Beacon Press, 1973, p.169.

⑤Habermas Juergen: *Theory and Practice*, Boston, Beacon Press, 1973, p.169.

自身的改造。在对工具的使用中，自然意识将自身消解。

在劳动领域中产生了劳动的相互关系（interrelation of labor）与互动（interaction）。这两种交往方式都与普遍性的规范相关。在劳动者的相互关系中，规范仅是"技术性的规则（technical rules）"，因而是"有条件的命令"。与之相对，合作的规范必须以承认为自身的基础。这样，"黑格尔力图构建合法规范与劳动过程之间的相互联系，并且以相互承认为基础，社会交往才首次形式上获得了稳定"①。此时的精神已经克服了自然状态下的无序性。在现实精神中出现的交往活动是以合法性规范为基础。"处于合法状态下的人格被相互承认的机制所明确规定"。②这里的承认活动"并不直接涉及与他者的同一，而只是涉及被我们的权力所控制的物"③。人的其他一些需要得到承认的特性，例如，荣誉，生命等，也都是以承认财产的不被伤害为前提。通过商品间的交换，交往活动上升到契约的高度，这促成了货币的流通。哈贝马斯认为，黑格尔在这里无非都是要强调，在交往活动中所产生的自我意识的同一性是劳动和承认的结果。

（三）霍耐特对哈贝马斯的批判

霍耐特承认理论有很多出场线索，例如，米德的社会心理学、福柯的权力理论以及以詹姆士为代表的美国实用主义哲学。尽管如此，最直接的线索依然是哈贝马斯的交往理论。只有澄清这一批判的前因后果与核心要点才能真正理解霍耐特承认理论的基本诉求。哈贝马斯的交往理论主要受惠于马克思的劳动概念，在重构历史唯物主义的过程中，哈贝马斯详细论述了以语言为中介的交往理论，并将其视为对历史唯物主义的必要补充。但是，"哈贝马斯交往范式是从知识人类学框架出发，片面地从语言规范角度研究主体间性基本结构，从

---

①Habermas Juergen: *Theory and Practice*, Boston, Beacon Press, 1973, p.170.

②Habermas Juergen: *Theory and Practice*, Boston, Beacon Press, 1973, p.169.

③Habermas Juergen: *Theory and Practice*, Boston, Beacon Press, 1973, p.159.

而只看到了社会行为的语言交往维度，而没有看到社会行为的肉体维度"①。霍耐特指出，个体所受到的蔑视体验以及对其的反抗是社会规范的核心来源。

哈贝马斯的交往理论与马克思的劳动理论有着密切的联系。为了更充分地理解哈贝马斯的思想，首先需要对哈贝马斯眼中的马克思作出一番描述。我们知道，不仅是哈贝马斯，几乎所有的社会批判理论家都将社会整合视为头等重要的问题。社会整合本质上是一个关于规范性的问题。经过近代启蒙运动的洗礼，社会的有机运转不再单纯依赖于个体的自然偏好以及强制性的公权力，相反，整个社会的正常运转建立在可以获得普遍认同的规范性原则之上。规范性原则的确立为社会批判理论奠定了理论基石，通过它才能对具体的社会病态现象展开批判。无论是在青年时期还是成熟时期，马克思的文本都包含有规范性的逻辑。在《1844 年经济学哲学手稿》中，马克思本质上仍是一个深受费尔巴哈哲学影响的人本主义者。在这一时期，马克思理论中的规范性逻辑表现为，首先确定一个理想型的规范标准，接着以此为基准展开对当下社会的道德批判。不能简单地将马克思这一时期的思想理解为对康德与费希特先验哲学的简单复述，因为，此时的马克思已经将自由人的生命活动与人的具体劳动结合起来，也就是说，赋予劳动以规范性的意义。马克思的劳动具有双重意义，它不仅是改造自然界的必要手段，同时也致力于对人类社会自身的改造。通过对自然界的改造，人超越了一般的自然物，不再简单地顺应于自身的自然天性，通过有计划的改造活动，人类就进入到社会化的生活中。从自然状态进入社会状态本身就意味着从相对无序的状态进入到规范性的法权状态中。马克思认为，在资本主义时期，劳动不仅表现为自身的对象化，同时也表现为自身的异化。"异化劳动从人那里夺取了他的生产的对象，也就是从人那里夺取了他的类生活。"②马克思分析了异化劳动所带来的四种表现形式，从人与物的异化上升到人与自

---

①Deranty Jean-Philippe：*Beyond Communication.A Critical Study of Axel Honneth's Social Philosophy*，Boston，BRILL，2009，p.120.

②Deranty Jean-Philippe：*Beyond Communication.A Critical Study of Axel Honneth's Social Philosophy*，Boston，BRILL，2009，p.123.

身的异化。面对如何克服异化劳动的问题时，马克思从理想型的人类劳动出发，展开对异化劳动的道德批判。尽管这种批判很高尚，但它并不具有科学性的含义，或者说，这种来自个体善良意志的道德性规范至多具有道德性，但不具有科学性。《资本论》时期的马克思就尝试从科学的角度展开对资本主义异化劳动的批判。在这一时期，马克思已经充分把握历史唯物主义的思想，他不再从抽象人性出发，而是以资本的自身运动为主线考察生产力与生产关系之间的互动。从而揭示出资本家对无产阶级的剥削本质上是对剩余价值的榨取，只能通过无产阶级革命才能改变这一现状，在根本上消灭商品拜物教，从而实现人的真正自由。

哈贝马斯对马克思历史唯物主义批判的关键就在于，马克思将人与人之间的互动关系简单地归于人与自然之间的生产关系。在哈贝马斯看来，尽管劳动可以将人从被自然压迫的状态中解放出来，但是，它不足以使人从各种社会压迫关系中获得自由。总的来说，哈贝马斯并不同意马克思生产力决定生产关系的观点。他认为，人改造自然的活动本身是一种工具性的行为，但是，"马克思是按照生产模式来理解反思的。因为他悄悄地以这种前提为出发点，所以人们也就得出马克思没有把自然科学的逻辑状况同批判的逻辑状况加以区分的结论"①。因此，必须明确区分人与人之间的关系和人与自然之间的关系。人与人之间的关系本质上就是社会规范性的领域，因此，在哈贝马斯看来，社会规范不能由人与自然之间的工具性关系所决定。

哈贝马斯认为，只有互动这一概念才能解释社会规范的起源与发展的问题。马克思的文本中其实已经包含互动的要素，但是这些要素在哈贝马斯看来都被工具性意义上的劳动概念所遮蔽。"马克思的社会理论基础，除了工具活动聚积其中的生产力外，也容纳了制度的框架——生产关系；他的社会理论没有抹杀实践中的以符号为中介的相互作用的联系，以及统治和意识形态可以从中得

---

①Deranty Jean-Philippe: *Beyond Communication.A Critical Study of Axel Honneth's Social Philosophy*, Boston, BRILL, 2009, p.130.

到理解的文化传统。"①在启蒙辩证法中，阿多尔诺与霍克海默就认为，近代的启蒙精神神话了工具理性，而马克思意图通过发展生产力解放生产关系的观点本身就是工具理性泛滥的结果。这并不意味着哈贝马斯完全放弃工具理性，相反，"他将工具行为而非交往行为当作社会发展的动力"②。哈贝马斯意图让普通语用学成为互动领域的规范性基础，它包含真实性、公正性、真诚性与可理解性这四个方面的特点。以此为基础，哈贝马斯就开辟出互动理论的语言分析方向。哈贝马斯同时将社会行动领域划分为生活世界与系统，前者的主要作用是促成人与人之间的相互交往，因此，生活世界是交往行为的发生场所，"它是由文化传统和语言组织起来的解释模式的宝库"③。生活世界既关涉社会文化资源的传承，也服务于社会整合的建立，更为个体的自我认同与自身发展提供必要的条件。系统主要指经济与行政子系统，以金钱和权力作为制约，协调人们行为的媒介。随着生活世界的合理化，系统本身也在实现着合理化的过程，哈贝马斯认同卢曼社会系统理论的观点，即系统合理化必将伴随着社会制度与结构的复杂，以及社会分工的细化。哈贝马斯认为，社会规范的确立首先依靠生活世界的努力，在生活世界中，人与人通过交往能够获得最基本的社会共识。系统首先是使得社会规范得以可能的外围保障，使生活世界更好地发挥出自身的作用，但是，由于系统是依靠金钱与权力来调节人与人之间的关系，因此，系统就有可能通过金钱与权力渗透并控制生活世界的领域，这导致可以获得公共理解的社会基本共识难以被达成，从而产生"生活世界的殖民化"。哈贝马斯认为，克服这种病态状况的关键在于发挥生活世界对社会系统的规范作用，坚持交往理性对于工具理性的优先地位。通过批判性的反思，解除社会系统对生活领域带来的压力，从而建立以自由讨论为基础的社会机制。

---

①Deranty Jean-Philippe: *Beyond Communication.A Critical Study of Axel Honneth's Social Philosophy*, Boston, BRILL, 2009, p.131.

②Deranty Jean-Philippe: *Beyond Communication.A Critical Study of Axel Honneth's Social Philosophy*, Boston, BRILL, 2009, p.133.

③Deranty Jean-Philippe: *Beyond Communication.A Critical Study of Axel Honneth's Social Philosophy*, Boston, BRILL, 2009, p.139.

关于社会规范的起源问题，霍耐特与哈贝马斯有着根本性的分歧，有学者指出，这种分歧本质上源于二人不同的人类学立场。早期哈贝马斯的一个主要工作就是解构先验主体，他采用的方法是将先验主体置于社会历史文化之中。哈贝马斯对人的语言能力给予了很高的评价，并强调"人只有通过语言才能从自然状态中走出"①。自然状态仅仅是人的"第一天性"，而语言是实现人之"第二天性"的核心手段。因此，语言就被哈贝马斯视为社会行动的本质。借此，以语言为中介的交往活动就得以对社会行为与活动进行规定，社会规范由此而生。以卡西尔为首的现当代哲学家不再将人笼统地视为理性的动物，而是将符号视为人与动物之间本质性的区分。哈贝马斯对"符号论"作了更进一步的规定。在某种意义上，哈贝马斯将语言视为人的本质。霍耐特并不同意这样的观点，他认为，哈贝马斯不应该将人的本质仅限定在语言的范围中，这种做法在一定程度上缩减了人类学所包含的内容。霍耐特认为，"事实上，社会行动的能力植根于人类有机的（器官的）天赋与限度"②。从人类学意义上看，人的身体、偏好与兴趣等优先于语言能力。这一观点为交往理论向承认理论的转向奠定了基础。在霍耐特看来，蔑视与反抗是承认理论的核心，个体自身无论身体或是人格被伤害的体验都会成为反抗的道德动机。

霍耐特不仅对哈贝马斯简化人类学内涵的观点不满，同样对哈贝马斯的自然观③也持怀疑的态度。这里的关键依然是揭示出哈贝马斯语言哲学的抽象性，从而将对社会规范的考察重新转向身体、直观与感性的层面。哈贝马斯对马克思劳动理论批判的主要成果就在于对劳动行为与互动行为的区分。前者本质上是工具性行动，它是物质再生产的必要条件；后者关涉社会整合与社会行动的规范问题，它是社会再生产的必要前提。哈贝马斯不仅在处理人类社会与自然之间的关系上坚持二元论的观点，他同时也将二元论的观点沿用到社会规范性

---

①Deranty Jean-Philippe: *Beyond Communication.A Critical Study of Axel Honneth's Social Philosophy*, Boston, BRILL, 2009, p.140.

②Honneth Axel: *A Critique of Power: Reflective Stages in a Critical Social Theory*.trans.Kenneth Baynes.Cambridge: The MIT Press, 1985, p.12.

③ 这里的自然不单纯指物理世界中的自然概念，同时也指人类的各种自然属性。

的领域。这表现为，坚持将语言视为社会整合的唯一中介，因此，肉体、感性与直观的方面就被排除出社会规范的领域。霍耐特认为，尽管哈贝马斯的这种划分在一定程度上澄清了社会交往活动与劳动之间的功能性区分，但是，他并不同意这种二元论的观点。早在青年时期，马克思就已经为劳动概念赋予了规范性的含义。"马克思把他颇有原创意义的人类学建立在一种劳动概念上，这一劳动概念具有规范的内涵，以至于他可能把生产活动解释成主体间的承认过程。"[1]与哈贝马斯重视形式化的语用学观点不同，霍耐特注重社会斗争中的道德逻辑。马克思在后期思想中坚持阶级斗争的观点，但是，马克思的"阶级斗争是沿着为经济的自我肯定而斗争的传统模式"[2]。霍耐特意图揭示出社会斗争中所包含的道德逻辑，是为承认而斗争，而不是为私利而斗争。

　　针对哈贝马斯理论中的问题，霍耐特提出了如下的观点：第一，将社会斗争纳入到对社会整合问题的考察中。哈贝马斯对于劳动与互动、系统与生活世界的二元论区分本质上希望清理出一个理想的交往场所以利于社会规范的产生，但在霍耐特看来，这种观念完全无法实现，原因就在于，一旦将对规范的公共商谈活动与人的一般生活经验相脱离，就会导致缺少追求行动规范的动机，为了克服这个问题，霍耐特就将社会斗争纳入到对规范问题的讨论中。劳动过程作为一种以工具性和技术性为指向的活动，在哈贝马斯看来，它的作用就是满足人的控制欲望。在社会领域中，劳动所带来的工具理性必将导致社会矛盾与斗争，这也是为什么哈贝马斯意图将劳动排除出社会交往领域。与之相对，霍耐特认为，社会的规范性整合必须在斗争语境中才能得以完成。第二，将对蔑视的反抗与社会斗争相联系。霍耐特所说的社会斗争并不是一般所理解的人与人之间为利益的斗争。对蔑视的体验不仅包含肉体的层面也包含精神的层面，例如，对身体的伤害会损害个体的自信心，而限制个体平等参与社会活动的机

---

①Deranty Jean-Philippe: *Beyond Communication.A Critical Study of Axel Honneth's Social Philosophy*, Boston, BRILL, 2009, p.149.

②Deranty Jean-Philippe: *Beyond Communication.A Critical Study of Axel Honneth's Social Philosophy*, Boston, BRILL, 2009, p.150.

会, 将导致个体自尊心受挫。社会斗争的目的就是对蔑视体验的反抗, 也就是说, 社会斗争本质上包含规范性的道德逻辑, 目的是维护人的自身完整性, 不仅包括人格的完整也包括肉体的完整。

单就与黑格尔相关的问题而论, 哈贝马斯与霍耐特的关系相当复杂。首先, 哈贝马斯对黑格尔早期思想的解读规定了霍耐特的基本观点和看法, 甚至可以说, 霍耐特对黑格尔的研究始终依赖主体间的交往范式。在之后的论述中将看到, 霍耐特也尝试从主体间性的角度去理解黑格尔的《法哲学原理》。其次, 霍耐特对哈贝马斯观点的批判体现了他对黑格尔思想的独特理解。霍耐特认为, 社会整合并非建立于主体间的理性交流, 而是以对蔑视和病态的否定为前提。社会整合依赖于理性、合法的行为准则与规范, 而它们是社会反抗与斗争的结果。这种否定主义的方法将贯穿整个"再实现化"的过程。

第二节　"再实现化"的研究前提

在之前的部分中, 对黑格尔实践哲学在当下的研究情况作了介绍, 这些研究成果对霍耐特的工作产生了直接或间接的影响。在这一部分中, 将专注于霍耐特对黑格尔实践哲学进行"再实现化"研究所包含的理论前提。这包括两个部分的内容: 第一, 概述黑格尔与霍耐特之间的基本关系, 这有助于理清"再实现化"研究的基本思路; 第二, 详细讨论"再实现化"研究所运用的研究方法和理论预设。

一、黑格尔与霍耐特的基本关系

与很多思想家一样, 霍耐特思想的形成与发展也受到诸多学者的影响。首先, 作为法兰克福学派的成员, 霍耐特深受霍克海默、阿多尔诺等前辈的影响, 他们规定了霍耐特研究的基本方向。其次, 在早期对马克思社会劳动概念的分析与批判中, 费尔巴哈以及哈贝马斯的观点激发了霍耐特的灵感。再次, 以罗尔斯、诺齐克为代表的当代政治哲学家对正义理论的反思甚至促成了霍耐特研究论题的转变。最后,以福柯为代表的法国社会哲学、以弗洛伊德为代表的精神分析学以及以米德为代表的社会心理学都对霍耐特思想的形成与完善作出了贡献。尽管如此,对霍耐特影响最深的还是黑格尔。这表现为以下几个方面。

第一,黑格尔对霍耐特的影响时间跨度长。无论是早期《为承认而斗争》还是近年来出版的《自由的法权》与《社会主义的理念》都可以看出黑格尔对霍耐特的影响。《为承认而斗争》向我们展示出,霍耐特对承认概念的理解与阐释在很大程度上依赖于黑格尔在耶拿时期的作品。在《不确定性的痛苦》中,霍耐特对黑格尔的《法哲学原理》作了创造性的阐释,将客观精神解释为社会正义论。在《自由的法权》前言中,霍耐特就表态,希望将这本书写成现代版的《法哲学原理》。除此之外,在这部书中着重讨论的社会自由的问题也有着黑格尔的痕迹。与之相反,其他学者对霍耐特的影响都是阶段性的。例如,在《为承认而斗争》中,凭借米德的社会心理学,霍耐特实现了对黑格尔承认学说的改造,但在之后的作品中,却已鲜见米德思想的踪迹。这里还有必要强调一点,霍耐特对黑格尔的研究总是围绕着一个核心主题,即实现个体自由与社会正义的统一。无论是承认、社会正义还是社会自由,无一例外都是在讨论这个问题。

第二,黑格尔规定霍耐特基本的研究范式。笼统地说,康德与黑格尔都对霍耐特产生了重要的影响,这表现为他们所推崇的自由、理性、进步、平等、民主、团结、正义等启蒙价值都为霍耐特所继承。霍耐特更亲近黑格尔的原因在于,他接受了黑格尔的基本研究范式。这表现为,从主体间性与社会性(黑格尔)而不是主体性与个体性(康德)的角度研究启蒙理想。很难描述这一观点对霍耐特到底产生多么重要的影响。无论是早期对承认理论的讨论还是之后对社会病态的考察或者最近对社会自由的阐释,这一研究范式都对霍耐特的思考构成了基本的规定。本书依照德朗蒂和朱恩的观点,将这种基本的研究范式称为"社会本体论",它将伴随"再实现化"研究的始终。

第三,黑格尔与霍耐特有着相同的理论诉求。在常识看来,由于黑格尔与霍耐特并不处于同一时代,他们面对的社会状况与问题也不尽相同,相应地,他们的理论诉求也一定不相同。事实并非如此。尽管所处时代并不相同,但他们却有着共同的理论诉求，即批判抽象的形式主义，复兴传统的实践哲学。无论是康德的"绝对命令"还是哈贝马斯的"商谈伦理"都内含了形式主义的问题。这表现为，他们都对精神与自然、形式与内容、理想与历史进行明确划分。康德认为，经济学与政治学都不应被纳入到实践哲学的领域。由于它们与具体的社会历史相关，从而不能保证自身的纯粹性。由于伦理学可以满足这种纯形式化的需求，实践哲学就被限定在伦理学的范围内。对此，黑格尔认为，康德的纯粹哲学是以精神与自然的二元对立为基本的理论前提，自然需求与自由精神、主观自由与伦理实体之间有着无法被克服的裂痕。这种区分是由主体的抽象观念所造成。理想与现实、自然与精神并不是外在对立的，相反，自然是精神的外化，精神是自然的完成。在哈贝马斯那里也存在着类似的问题。在霍耐特看来，哈贝马斯企图单纯通过语言来构建符号世界的做法是有问题的。由于它抛弃了整个自然世界，这使它又回到了传统二元论哲学的矛盾中。霍耐特将人的自然属性纳入到对道德规范的构建过程中。社会整合与社会规范并不是理性商谈的结果，而是立足于争取承认的斗争。个体的道德意识与社会的普遍规范并非来自理性的对话，而是以对蔑视体验的反抗为条件。

第四，黑格尔与霍耐特需要解决相似的问题。黑格尔实践哲学所解决的最重要问题就是近代自由观念的抽象性，霍布斯与康德的自由观是其中的代表。霍布斯反对亚里士多德的观点，将自然权利还原为人的自然冲动。由于社会制度只是为了保障每个个体的自然权利不受他人的干涉，因而只起到工具性的作用。康德将这些全都划到法权论的领域，认为在自然的意志之外还存在着道德的、自由的意志。由于道德意志超出一切他物的限制，因而只能作为彼岸的理想而存在。由于道德的纯粹自发性，因而无法对它作更具体的规定，只能重复它所规定的道德律令。黑格尔伦理思想的核心旨趣就是扬弃道德律令的抽象性。区分道德和伦理的目的不是计划用后者代替前者，而是将伦理视为道德的根基。这一方面可以展示出道德理想的社会起源；另一方面，将主观的道德自由与客观的社会伦理相统一，最终，在鲜活的伦理生活中实现道德自由。霍耐特也面对和黑格尔相似的问题。无论是早期的《为承认而斗争》还是近期的《自由的法权》，他的研究都是指向当下政治哲学与道德哲学领域中所包含的问题。在霍耐特看来，它们最重要的问题是执着于建立纯粹的规范性原则，从而与具体的社会现实相脱节。在当下的政治哲学界，占支配地位的是以罗尔斯和哈贝马斯为代表的程序主义正义论。它的核心目的是寻找一种合理的规范性原则，并以此为基础去构建社会正义的制度。与康德的道德自由观相似，他们也只关注制度规范是否符合道德理性，而不关注它是否具有社会现实性。霍耐特对黑格尔实践哲学进行"再实现化"研究的主要目的就是克服这种理想与现实的对立。

与黑格尔相同，霍耐特的工作不只是为自由、道德、正义与善这些价值诉求去寻找一个理性的基础，更是在追问，它们如何得到实现。以自由为例，康德已经揭示出，自由与自然不同，它超越外在他物的限制，而纯然是自发的，但这只是为自由寻找了一个先天的根据，换句话说，这只是回答了自由何以可能的问题。若想实现自由就必须重新理解自由与自然的关系。自然并不是绝对的恶，自由的实现需要自然的中介。在现实性的意义上，自由意味着，面对自然它依然能保持自身。通过自然的中介，自由否定了自身的抽象性，让自己获得了具体的内容。在实践哲学中，自由意志与自然意志也是相互中介的。在家庭关系中，夫妻关系以自然的性爱为基础，在经济市场中，个体以追求物质利益的最大化为己任。尽管自然需要的满足是自由意志的表现，但自由的实现不能还原为自然需要的满足，自由必须超越自然。在家庭中，自由的超越性表现为家庭成员之间的相互尊重；在经济关系中，自由表现为对于法律与制度的遵守。通过这些社会机制，自由意志得到了具体的规定，从而获得了真正实现。由此可见，黑格尔统一主观自由与社会机制的目的是去实现自由。霍耐特对黑格尔思想的"再实现化"也是为了在当下去实现整个社会的自由。无论是黑格尔还是霍耐特，尽管都重视个体的自由权利，但他们都选择从社会整体的角度去理解自由权利如何得以实现，这就在主观的自由权利与客观的社会正义间建立了必然性的联系。如何在当下的社会现实下统一二者，是"再实现化"研究关注的核心问题。

二、研究方法和理论预设

霍耐特对黑格尔的"再实现化"研究以否定主义为方法、以社会本体论为前提。它们贯穿了"再实现化"研究的整个过程。鉴于它们的重要性，必须对其作专门考察。[①]

（一）否定主义的方法

霍耐特承认思想的重要特色是采用了一种否定主义的方法。当代的实践哲学，特别是道德哲学与政治哲学都强调规范性的构建，它们以普遍性的原则为基础发展出一套社会正义理论。由于这种研究方法主要来自康德，因而无法避免规范原则的形式性与空洞性。与之相对，霍耐特坚持社会批判理论的传统，将规范性建构与对社会机制的描述相统一，这意味着，社会规范并非来自理性的抽象规定，而是源自对社会现状的批判。霍耐特将当下社会所暴露的问题称为社会病态，因此，所谓社会的道德规范就来自对社会病态的克服。这种否定性的观点在承认理论中同样成立。承认并不是主体之间、文化团体之间在静态意义上的相互认同。承认在本质上是为承认的斗争。个体对承认的诉求来自内心所遭受的蔑视体验。通过对蔑视的反抗，主体明确了对道德的期待与诉求。

德朗蒂认为，否定主义的方法是霍耐特超越哈贝马斯商谈伦理的关键。进入霍耐特实践哲学最好的办法是阅读哈贝马斯的思想。"对承认道德的最好的定义是将其理解为对商谈伦理的批判性发展。"[②]哈贝马斯提出商谈伦理的目

---

① 依照常识的观点，对某问题的研究总需要采用一众全新的视角、方法等，但霍耐特对黑格尔思想的"再实现化"却并非如此。霍耐特基本接受了黑格尔对实践哲学的研究方法、前提、目的与原则。在上一部分中，文章已经对二者研究目的的相同之处作了说明。霍耐特所运用的否定主义方法也明显受到黑格尔的影响。在黑格尔哲学中，否定扮演了重要的角色，它促成了精神自身发展的过程。对自我的否定同时是对自身的肯定。在耶拿的著作中（尤其是体系3），否定性促成了精神与意识的发展。例如犯罪与强制是一种否定行为，但黑格尔从中看到了个体自由意识的起源。在法律面前，个体任性的意志在被否定的同时获得了普遍性的教化。霍耐特将否定视为一种研究方法，通过它可以探寻和确立当下社会所具有的规范期待。同样的情况也出现在社会本体论的预设中。这并不是说，霍耐特直接照搬黑格尔的观点，二者之间有着本质性的区别，这些区别使得霍耐特的研究得以被称为"再实现化"。首先，霍耐特将否定理解为一种研究方法，而黑格尔更强调否定所具有的客观性含义。无论是《为承认而斗争》中的"争取承认的斗争"，还是《自由的法权》中的"社会分析"，或是《社会主义的理念》中的"社会实验主义"，霍耐特总是在实用主义的背景下理解否定主义的方法。否定总是针对当下社会发展中所暴露出的问题。他反对通过否定给出某种抽象的理念。其次，反对将社会本体论为形而上学式的预设。

②Deranty Jean-Philippe: *Beyond Communication.A Critical Study of Axel Honneth's Social Philosophy*, Boston, BRILL, 2009, p.354.

的是为了说明，任何一种行动，只有在得到所有主体赞同的情况下才能被视为是道德的。这个核心观念也为承认伦理所继承。例如，在承认理论的第二个层次中，每个个体都拥有平等的法权，这意味着，每个个体的自由权利都必须获得平等的尊重。哈贝马斯的商谈伦理包含有一个核心的问题：它过分强调商谈的普遍性原则。商谈伦理的一大目的就是在后形而上学的语境中去重新构建起具有客观效力的社会规范和个人行为准则。在康德的道德哲学中，个体行为必须依从于理性自身的立法。哈贝马斯意图对理性自身进行结构。他将先验的理性法则视为主体间通过语言进行沟通与商谈所获得的产物。形式上看，每个社会个体都可以通过参与商讨交流去表达自己的诉求以求得社会规范的认同。哈贝马斯认为，在参与社会交往之前，每个个体必须对自身的观念进行一种"纯化"，因而要将个体的兴趣与偏好排除出商谈的领域。商谈领域只要求个体保留最基本的对"公共道德的前见"，并以此为基础对公共规范进行商讨。尽管商谈伦理声称要拒绝先验的原则，实际上在论证的过程中又将先验的条件偷偷塞了进来。因为它预先对参与者所提出的要求进行筛选，从而保证通过商谈可以达到有效的共识。商谈伦理并没有注意到不同阶层的个体都有不同的道德经验。这些经验不能被移除或者悬置，相反，它们必须被带入到商谈活动中。

霍耐特采用否定主义方法的主要原因就是为了在规范问题上超越哈贝马斯商谈伦理的缺陷。道德规范并非来自理性个体之间的商谈，商谈伦理只是通过主体间的交往重新论证了先验的实践原则，它并没有考虑具体个人的道德体验，也就是说，个体在商谈中并不能完整地表达自身对道德规范的诉求。霍耐特认为，个体的道德经验特别是负面的经验是确定道德秩序的关键。道德秩序并不是来自理性个体的商谈，而是来自对非正义状况的否定。"道德伤害和非正义的感受是道德理论的基本准则。"[1]正义的社会秩序来自对非正义的否定与克服。个体并不是无缘由地追求追求平等权利、道德人格和正义的秩序，只是他们认为，这些价值诉求可以克服之前所遭受到的非公正对待。

---

[1]Deranty Jean-Philippe: *Beyond Communication.A Critical Study of Axel Honneth's Social Philosophy*, Boston, BRILL, 2009, p.356.

　　为什么霍耐特会格外重视对道德的消极体验？说到底，霍耐特是从否定意义上去理解道德。与哈贝马斯一样，霍耐特认为，无论是道德行为还是正义的社会秩序，它们的根本目的都是为了保障个体人格的同一性与完整性，从而避免他者对自身的伤害。主体总是关系中的主体，这意味着，主体都是与其他主体相互联系。更进一步说，主体对自身同一性与完整性的认识与规定都离不开他者的认同与承认。"只有通过整合他人对自己的规范期待与态度，主体才能学会与自身相关。"① 这并不是说，交往行为本身就是一种道德行为从而能够促进与保障每个个体人格的同一与完整。相反，"在道德理论的核心处，最基础的概念是易受伤害性"②。如果我们将主体间的承认行为视为保障个体自身完整性的必要条件，那么，我们就可以将这种承认的活动理解为道德行为。但是，从现实来看，个体之间的交往行为总是伴随着摩擦与相互伤害。面对这种情况，道德行为就是指对主体间易伤性的克服。"当一个行为可以免除或者避免一种伤害，而这种伤害可能降临到以主体间的相互依赖为基础的人的身上时，它就是道德的。"③ 对主体来说，这种道德行为不仅具有规范论的含义和具有认识论的内涵。"将他人视为不应该遭受痛苦的同时就意味着在规范的意义上去承认他（或她）。"④ 尽管强调道德行为的否定性内涵，但是霍耐特并不拒绝从积极意义上去理解道德。"如果一个行为可以使受其影响的主体能够实现自身的同一性，它就是道德的。"⑤

　　①Deranty Jean-Philippe: *Beyond Communication.A Critical Study of Axel Honneth's Social Philosophy*, Boston, BRILL, 2009, p.357.

　　②Deranty Jean-Philippe: *Beyond Communication.A Critical Study of Axel Honneth's Social Philosophy*, Boston, BRILL, 2009, p.358.

　　③Deranty Jean-Philippe: *Beyond Communication.A Critical Study of Axel Honneth's Social Philosophy*, Boston, BRILL, 2009, p.358.

　　④Deranty Jean-Philippe: *Beyond Communication.A Critical Study of Axel Honneth's Social Philosophy*, Boston, BRILL, 2009, p.358.

　　⑤Deranty Jean-Philippe: *Beyond Communication.A Critical Study of Axel Honneth's Social Philosophy*, Boston, BRILL, 2009, p.359.

（二）社会本体论

与研究方法相同，研究前提同样重要。当代自由主义与社群主义的首要差异就在于坚持不同的理论前提。要么将人视为理性的个体，要么将人视为共同体中的成员。在对黑格尔实践哲学的"再实现化"研究中，霍耐特将"社会本体论"视为研究前提。这个观点也受到黑格尔的影响。

在古希腊城邦中，伦理总体是城邦秩序的核心，个体并没有独立自我的观念，而总是将自身视为城邦的一部分。这个观念在近代社会得到了本质性的颠覆，根本原因在于个体对自身独立价值的确认。与古希腊伦理秩序不同，在近代的观念中，国家的合法性来自个体对其的认同。契约论代替了城邦伦理。总的来说，个体主义是近代以来实践哲学的主要特色。耶拿时期的黑格尔是一个例外。哈贝马斯重视黑格尔在耶拿时期思想的重要原因在于，此时的黑格尔还坚持从主体间的交往关系去理解一切社会伦理机制。霍耐特接受了哈贝马斯的理解思路，并将其理解为一种社会本体论（social ontology）。简单地说，社会本体论就是将社会作为本体。这包含两个方面的含义：第一，突出了个体的社会属性，从主体间交往活动的立场去审视个体；第二，肯定个体行为的社会化前提。个体主义认为，每个个体都有不同的行为偏好与兴趣，问题就在于如何调节个体之间行为的冲突，但个体主义的前提使得这个问题难以被解决。在社会本体论看来，并没有一种纯粹的个体偏好与兴趣，因为，人的行为总是社会化的，这意味着，行为的目的总是为理性所中介。关于道德行为，个体主义与社会本体论之间也有巨大的差别。自康德以来，人们普遍赞同将道德行为等同于主体的意志自律，个体主义的立场却无法克服道德意志与自然意志之间的矛盾。社会本体论不仅关涉"个体自身同一性的最基本条件"，也被视为"自律行为的基本前提"。与其说社会本体论与个体主义之间并不是相互对立的关系，毋宁说社会本体论澄清了被个体主义所忽视的前提。个体主义者没有看到，在现实的生活中并没有绝对孤立的个体，任何一个人都为他者所中介。这就是社会本体论意图说明的问题。

这里还需要解决一个重要的问题，即青年黑格尔的社会理论究竟如何帮助霍耐特确立社会本体论的思想。在《为承认而斗争》中，霍耐特认为，青年黑格尔的社会学理论介于亚里士多德与霍布斯之间。黑格尔从霍布斯那里吸收了个体间的斗争概念，并将其视为构成社会生活的必要条件。霍布斯是个体主义最著名的代表，他坚持人的自然权利，鼓励将人类社会描述为人与人之间相互角逐的战场。从亚里士多德那里，黑格尔吸收了主体间性的前提。当然，在亚里士多德那里还没有主体间性这种说法，但霍耐特认为，亚里士多德已经明确表明："依据自然的观点，民众（Volk）先于个体。"这两个观点对霍耐特的社会本体论，甚至承认思想的确立都产生了重要的影响。没有个体间的对立与斗争就没有个体对蔑视的体验，没有负面的道德经验也就不会有争取承认的斗争。没有主体间性作为基本的社会前提，个体之间只会是无止境的斗争，因为人一旦被视为抽象的原子就没有对社会协作的需要。在亚里士多德和霍布斯之间，黑格尔更倾向于前者，这表现为，他将主体间性视为人最本源的生存方式。德朗蒂认为，霍耐特喜欢用"总是已经（always already）"这个词来说明黑格尔对主体间性的理解与使用。无论是理论认知还是行为实践，个体"总是已经"受到主体间性的中介。"只要一个人认识到个体之间总是已经通过分享基本的超主体（trans-subjective）要素从而相互联系，他就不会再对社会实践以及社会整合感到神秘。"[1] 对个体主义来说，社会整合很神秘。如果每个人都专注于自身的权利，社会领域只会充斥着各种对抗与斗争，这就需要国家动用强制权力去推动社会的统一。如果从主体间性的角度出发就会发现"社会连结（social bond）总是已经将那些后来成为独立个体的成员相互统一，这些个体已经忘记了，是公共的基础在支撑他们的个体化"[2]。这也就是说，社会本来就是一个整体。尽管可以从实证科学的角度对其进行证成，但作为整体的社会还只是一个本体论的预设。社会整合的目的是构建一种良好的社会秩序，在其中，个体之间能

---

①Deranty Jean-Philippe: *Beyond Communication.A Critical Study of Axel Honneth's Social Philosophy*, Boston, BRILL, 2009, p.193.

②Deranty Jean-Philippe: *Beyond Communication.A Critical Study of Axel Honneth's Social Philosophy*, Boston, BRILL, 2009, p.194.

够建立起团结有序的关系。为了构建这种和谐的关系就必须克服现实社会中所出现的矛盾与对抗。霍耐特将这个对抗的状态称为"病态的社会（pathological social）"，造成这一状况的原因还在于社会成员忽视了支撑他的社会交往基础。由以主体间性为基础所构建的社会本体论是社会最一般的状态，它并不是要排除一切社会的具体样式从而试图展示出一种理想性的社会模态。"主体间的并存意味着，无论如何，社会成员之间的联系总是先于任何一种特殊，甚至是极坏的，即那些在表面上就否定'可共享性'的社会关系。"① 总的来说，社会本体论思考的是最基本的社会结构，任何一种特殊的社会形式都由这个基本样式发展而来。"这是关于社会胚胎的理念，以此为基础发展出了更复杂的社会整合过程。"② 以这种社会本体论为基础才能去谈承认的问题。

---

① Deranty Jean-Philippe：*Beyond Communication.A Critical Study of Axel Honneth's Social Philosophy*，Boston，BRILL，2009，p.194

② Deranty Jean-Philippe：*Beyond Communication.A Critical Study of Axel Honneth's Social Philosophy*，Boston，BRILL，2009，p.194.

第二章
承认作为"再实现化"的原则

在《为承认而斗争》中，霍耐特对黑格尔在耶拿时期的承认思想作了仔细的研究，主要目的是将承认确立为实践哲学的基本原则。通过承认，个体自由与社会的制度正义就建立起必然性的联系。这使得黑格尔实践哲学的"再实现化"成为可能。

在这一部分中，除了对黑格尔与霍耐特的承认思想进行展示之外，还有两个核心问题需要解决：第一，霍耐特对黑格尔承认理论的阐释与黑格尔的思想原象之间究竟有何差异；第二，承认理论与霍耐特之后的研究课题有着怎样的联系。根据西普的观点，黑格尔与霍耐特承认理论的主要差异在于，是否存在个体与整体之间的承认关系。霍耐特否认存在这种关系，更准确地说，在后形而上学的背景下，个体与整体之间的关系可以被还原为主体间的承认。在《为承认而斗争》的导言中，霍耐特就明言，这本书的"目的是要根据黑格尔的'为承认而斗争'模式，阐明一种具有规范内容的社会理论"①。也就是以承认为基础去论述个体自由与社会正义的关系。正义与自由正是之后两章的核心概念。

---

① [德] 阿克塞尔·霍耐特：《为承认而斗争》，胡继华译，上海：上海人民出版社，2005年，第5页。

第一节 黑格尔的承认思想

20 世纪中后期，随着黑格尔全集历史批判版的出版与发行，学界对黑格尔耶拿时期的思想有了更清晰的认识。通过对这些文本的解读，学界普遍认为，黑格尔在青年时期的作品与其成熟时期的作品有着本质的区别。这表现为，在青年时期，黑格尔的实践哲学以个体之间的交往活动为基础，而这一观点中所包含的革命性的力量与冲动是黑格尔晚期哲学所不具有的。较之于晚期黑格尔，青年黑格尔的作品更应受到我们的重视。哈贝马斯是这一观点的坚定支持者。西普却认为，青年时期的黑格尔与晚年黑格尔之间虽然有着一种转向，但是这种转向并不表示二者之间就有着无法被调和的矛盾与背离，相反，在早期作品中就已经包含产生转变的因素。比较有代表性的例子是，在体系 3 中，黑格尔就已经基本完成了对精神概念的总体把握，这又在《精神现象学》中得到充分的展现。尽管前后期的黑格尔在方法论与本体论上有着巨大的区别，但仅就实践哲学这一方面来说，前后期黑格尔的目标并没有改变。它们都以统一古典城邦理论和近代主观自由理论为终极目的。这意味着，黑格尔意图复兴以亚里士多德为代表的传统实践哲学。为了完成这一目的，黑格尔在耶拿时期做了两次尝试。第一次尝试以失败告终，因为"黑格尔并没有把握这样一条原则，使自我的自由与公共行动的机制得到必然性的联结"[①]。而在第二次尝试中，黑格尔以承认原则为基础基本完成了这个目标。

一、近代实践哲学的基本观点

近代以来，对实践哲学的研究主要包含两条路径：以霍布斯为代表的经验

[①]Siep Ludwig: *Anerkennung als Prinzip der praktischen Philosophie*, Hamburg, Felix Meiner Verlag, 2014, S.70.

主义方向和以斯宾诺莎、康德以及费希特为代表的先验主义方向。二者都坚持个体主义的基本原则，从而将实践哲学建立在个体性的自然法权①基础上。霍布斯认为，保存自身的本能是个体无法被撼动的自然权利，以这一原则为基础，霍布斯就建构出一套独特的国家理论。与传统实践哲学不同，他将一系列社会机制视为保存个体自然权利的必要手段，因此，社会机制与个体之间保持着无张力的工具性关系。黑格尔实践哲学的主要批判对象是以康德和费希特为代表的先验论者。先验主义进路与传统实践哲学的对立主要表现在以下两个方面。

第一，认为伦理学独立于所有的社会机制。亚里士多德认为，伦理学归属于"政治科学（Politische Wissenschaft）"。除了伦理学，政治科学还包含经济学（关于家庭的学说）②和城邦理论。依据康德对实践哲学的观点，经济学和政治学只能被视为经验性学科从而与实践哲学的先验部分相分离。因此，"康德法权哲学的先天部分并不被尊重为伦理学的必然后果或者实现"。这具体表现为，在康德那里，合法性与道德性之间是不可调和的对立关系。这种对立在亚里士多德那里是不存在的，在古希腊伦理中并没有个体自身的内在生活，个体与伦理实体本质上是一致的。当主体开始对自身进行反思，对传统伦理秩序的合法性进行质疑时，古希腊伦理整体就开始走向覆灭。依据古希腊的城邦伦理，善被理解为德行与幸福，它们也只有在公共生活中才能实现。尽管在康德那里，最高的善也被理解为德福一致，但它完全奠基在个体先验自由的基础上。康德实践哲学对亚里士多德理论的颠覆与破坏本质上是近代自由精神对古希腊伦理实体的反叛。

第二，将实践哲学奠基于先验的原则。先验哲学的前提与方法带来了一个自身无法克服的问题，即"在先验的原则与从其中所推导出的内容必然产生无

---

①自然法权（Naturrecht）中包含有两个维度：一是具有客观性的自然法；二是强调主观性的自然权利。自然法更注重对实践义务的规定。在古希腊时期，自然法超越于实定法，它将善与正义视为客观的理念，进而对人的行为进行规定。在近代，由于主观自由的兴起，人们更强调自然权利的维度。在本书中，无论是自然法还是自然权利都被称为自然法权。

②Riedel Manfred: *Materialien zu Hegels Rechtsphilosophie* band 2, Frankfurt am Main, Suhrkamp Verlag, 1974, S.198.

条件者与有条件者之间不能被调和的对立"①。亚里士多德的实践哲学本质上是一门体系哲学，它以善的概念和对善的实现为核心，将伦理学、经济学和政治学组成为实践哲学体系，在他那里不存在现实与理想之间的对立问题。康德的实践哲学以无条件的先验原则为基础，这就使"共同体的生活形式不是把握为主观自由的扩展与实现，而仅仅作为对主观自由的限制"②。

总的来说，古希腊与近代关于实践哲学的理解有着重大的差别。造成这一状况的主要原因在于对自然法权认识的转变。近代学者更强调自然法权中主体性的维度，这割裂了主观自由与客观机制之间的联系。对近代自然法权观念的批判构成了黑格尔实践哲学研究的开端。

二、黑格尔对自然法权的批判

西普认为，黑格尔对自然法权批判的目的是"复兴传统政治哲学"。这也可以被视为黑格尔复兴传统实践哲学的第一次尝试。这一阶段的代表著作包括《伦理体系》③和《论科学地讨论自然法权的方法》④（以下简称"论自然法权"）。必须注意，此时的黑格尔还没有将承认视为统一古典与近代实践哲学的基本原

---

① Siep Ludwig: *Anerkennung als Prinzip der praktischen Philosophie*, Hamburg, Felix Meiner Verlag, 2014, S.75.

② Riedel Manfred: *Materialien zu Hegels Rechtsphilosophie* band 2, Frankfurt am Main, Suhrkamp Verlag, 1974, S.199.

③《伦理体系》（*System der Sittlichkeit*）写就于 1802—1803 年间。它的核心目的是对费希特的自然法权理论进行批判。"《伦理的体系》已经认识到，伦理学并不是与对社会关系的描述有系统性的区分。法权论和德行论（康德）以及自然法权的基础和伦理学体系（System des Sittenlehre）的二重性都区别于之前统一的自然法理论，在这里（伦理的体系），它们再次回到了内在区分的统一性中。"（Jaeschke Walter: *Hegel Handbuch*, Stuttgart, J.B.METZLER, 2010, S, 153.）与传统的二元论不同，黑格尔以伦理（Sittlichkeit）为核心，描述了自然伦理向绝对伦理的发展过程。在自然伦理中，他讨论了劳动、工具、机器、承认、交换、契约、货币、交易、主人与奴隶、犯罪；在绝对伦理中，他考察了民族、国家宪法、政府、司法、国体与宗教等问题。

④《论科学地讨论自然法权的方法》（*Ueber die Wissenschaftlichen Behandlungsarten des Naturrechts*）是黑格尔于 1802—1803 年间公开发表的一篇论文。在这篇文章中，黑格尔对当时流行的自然法权观念展开了批判。他认为，无论是以霍布斯和洛克为代表的经验主义进路还是以康德和费希特为代表的先验主义进路都错误地从个体主义的角度出发去。自然法权必须被奠基在伦理总体的基础上。伦理总体并非外在于个体的自由权利，相反，它使后者得以可能。

则。在耶拿早期，关于实践哲学，黑格尔主要持有以下两个基本观点：第一，将对康德道德哲学的批判与对反思哲学（Reflexionsphilosophie）的批判相结合。"这个批判的对象不仅是纯粹意志与自然意志之间的对立，也包含先验自由理论与法权哲学之间的对立。"① 第二，个体自由与共同体的自由必须与伦理、机制和宪法相联系。在这一时期，黑格尔专注追问现代社会产生的根基是什么。对此，他并不像康德那样，将个体的主观自由视为现成的，而是竭力挖掘出使这一观念得以产生的社会历史因素。

在《论自然法权》中，黑格尔开始尝试重提传统实践哲学。这篇文章的核心重点在于，"对黑格尔来说，道德哲学与自然法权，自由和德性的理论与关于习俗、宪法和法规之间的分离必须被超越"②。近代自然法理论所坚持的个体自由是不纯粹的，因为它将个体从多样性的社会现实中抽象出来，使其成为孤立的个体，这样的自由并不能获得客观性的实在。"自然法权既不能以自然状态下的无法则自由，也不能以不依赖自然的纯粹自由意识为基础，相反，必须从开始就重视自然与伦理、自然状态和崇高、个体性和民族的统一。"③ 康德与费希特都认为，在"自然法权"与"道德"之间，后者占有优先的地位。在《论自然法权》中，黑格尔接受了亚里士多德的观点，将道德视为自然法权的一个环节。这一观点一直被延续到成熟时期的《法哲学原理》。黑格尔认为，自然法权讨论一个民族的道德本质，这意味着，它必须与该民族各阶层的行为原则相联系。道德仅仅讨论属于个体的"伦理品质（die sittlichen Eigenschaften）"，它是使普遍性伦理（allgemeinen Sittlichkeit）得以实现的可能性环节。个体性的环节只能通过"否定"才能使自身与民族相一致。由于道德只是自然法权中的一个环节，与"绝对伦理性在个体中的反映（Reflex）相关"，

---

①Siep Ludwig: *Anerkennung als Prinzip der praktischen Philosophie*，Hamburg，Felix Meiner Verlag，2014，S.75.

②Siep Ludwig: *Anerkennung als Prinzip der praktischen Philosophie*，Hamburg，Felix Meiner Verlag，2014，S.77.

③Siep Ludwig: *Anerkennung als Prinzip der praktischen Philosophie*，Hamburg，Felix Meiner Verlag，2014，S.77.

道德必须在自然法权中得到扬弃。为了让否定的环节与绝对伦理的真实形态相统一，黑格尔就从柏拉图和亚里士多德那里引入了关于阶层的学说。古典城邦包含两个阶层，即自由人的阶层和非自由人的阶层。前者主要包括战士、政治家和哲学家，"他们为整个民族而生存"；后者主要包含工商业者，他们的工作被限制于个体的领域中，因此是不自由的。在《论自然法权》中，黑格尔力图完成对这二者的统一。他认为，以个体性原则为基础的伦理（道德）只能在阶层学说（Staendelehre）中与绝对伦理相统一。

总的来说，在耶拿早期的著作中，黑格尔已经确定统一古典城邦理论与近代主观自由的观点。西普认为，此时的黑格尔需要一个原则，通过它可以使得从自然伦理向绝对伦理的过渡成为一个必然的过程。其实黑格尔已经注意到了这个问题，他将绝对（Absolute）视为这一基本原则。在《伦理体系》中，绝对被视为绝对伦理，它自身否定的反思就被落实在自然伦理的领域和纯粹自由的领域。由于它们仅仅是绝对伦理自身否定性的环节，所以必将被扬弃。但在这一阶段，黑格尔并没有将"扬弃展现为必然的发展"。"《伦理体系》的方法是直观与概念的相互归纳，因此，并不是自然伦理或者纯粹自由的运动法则。"①黑格尔接下来的主要工作是确定一条基本原则，通过这一原则，"个体性的自由与展现在民族机制中的伦理相互之间得到必然性的中介"②。

三、体系、意识与承认

黑格尔通过复兴传统实践哲学来对抗近代自然法理论。在这一复兴过程中，体系、意识与承认这三个概念占据了核心的位置。具体地说，黑格尔希望像亚里士多德的政治学一样，将实践哲学发展为体系性学说。体系的发展与意识的

---

①Siep Ludwig: *Anerkennung als Prinzip der praktischen Philosophie*, Hamburg, Felix Meiner Verlag, 2014, S.80.

②Siep Ludwig: *Anerkennung als Prinzip der praktischen Philosophie*, Hamburg, Felix Meiner Verlag, 2014, S.80.

提升过程相互统一。承认被确认为这一发展过程的基本原则。

早在近代哲学的开端处，笛卡尔就筹划将全部科学构建为一个体系。尽管康德的批判哲学在一定程度上对这一构想作出了限制，但依然无法压制后来者构建体系的欲望。黑格尔认为，绝对必须被理解为总体或者整体。在总体中的任何一条原则都可以通过"直观"被视为绝对中被规定的现象（eine bestimmte Erscheinung des Absoluten）。任何一条企图先于整个体系的原则都被黑格尔视为是形式性的。

黑格尔在体系 1① 中将整个哲学体系划分为四大部分。第一部分是关于理念的科学。在这一部分中，黑格尔考察了对绝对的"形式的规定性"，并指出，只有通过思辨的方式（反思与直观的统一）才能把握真实的绝对。第二部分是自然哲学，它考察的是处于实在（Realitaet）中的理念。在第三部分中，自然哲学过渡到精神哲学，精神在这一部分被视为"绝对伦理"，它的最高阶段就是"自由民族（das freye Volk）"。第四部分是宗教哲学与美学。通过这一阶段，理念又返回到纯粹的自身。可以看出，黑格尔在耶拿时期的体系已经具有了其成熟时期思想的基本雏形，除了成熟时期将早期的第四部分纳入到精神哲学中之外，二者的基本框架是一致的，都从理念本身过渡到外在性的自身（自然哲学）再返回到理念本身（精神哲学）。

体系哲学有一个无法回避的问题，即促成环节之间过渡的原则是什么？黑格尔认为，"绝对"是整个体系的基本原则。绝对不是僵死的存在，而是一种努力向前的运动。通过将自身落实于各个具体的环节中，绝对就被理解为总体。"在终点，自身的关系不仅展示为结果，同时也展示为这个运动的起源。"② 但这只涉及整体的构想，或者说，它仅指出了运动的方向，我们依然不清楚，

① 即 Systementwurf Ⅰ（1803/04），它并不是一份完整的手稿。黑格尔认为，哲学体系应该包含：a. 逻辑学和形而上学；b. 自然哲学；c. 精神（mentis）。在体系 1 中，第一部分并没有得到保存，它超过 3/4 的部分论述的是自然哲学的内容。1804—1805 年的体系 2 主要包含逻辑学、形而上学与自然哲学。1805—1806 年的体系 3 仅涉及自然哲学与精神哲学的内容。

②Siep Ludwig: *Anerkennung als Prinzip der praktischen Philosophie*，Hamburg，Felix Meiner Verlag，2014，S.81.

环节之间是如何过渡的。在耶拿早期，黑格尔主要通过统一直观（特殊）与概念（普遍）的方法来促成体系的运动。依据这一思路，体系中的所有环节都来自直观与概念的综合。这一综合并不是内在的统一，而是将一方归属于另一方。例如，自然伦理就意味着将直观归属于概念。除此之外，黑格尔又提到了另一种方式，即将体系中的各个环节视为"反思的进步（Reflexionsfortschritt）"，这意味着，精神作为绝对意识必须从经验意识中发展而来，而意识被摆在核心的位置上。

如果说体系是绝对的自身认知的过程，那么它与个体的意识有什么样的关系？"对黑格尔的实践哲学来说，承认原则的意义明显与意识理论的发展相关联。"[1]早在1801年发表的《论费希特和谢林哲学体系的差异》一文中，黑格尔就指出，费希特哲学的重要问题在于，将纯粹意识与经验意识相割离。这导致纯粹与自我相关联的意识自身与有限的经验性意识之间就有着无法被跨越的鸿沟。对黑格尔来说，二者间的对立建立在一个更原初的基础上。在《论自然法权》中，黑格尔发展了这一观点。不是将纯粹意识与经验意识之间的外在对立作为一个前提来接受，而是在开端处存有一个智性（Intelligenz），它本身作为"绝对的否定"，从自身中产出对立。智性的本质就是"它自身的对立面（Gegenteil seiner Selbst）"。具体地说，在简单的自身关系中就包含自身差异化的可能，从而将自身关系扩展为多样性的环节。自身相关与多样性的规定并不是僵死的对立，多样性的规定终将回到自身中。

以智性为基础，我们依然不能回答构建实践哲学体系的重要问题，即自然伦理向绝对伦理的过渡如何被理解为必然的过程。在《伦理体系》中，黑格尔首先设定了自然伦理与真实伦理之间的区分。自然状态下的伦理以个体意识为自身的基础，而个体意识仅具有相对的同一性。在真实伦理中，黑格尔预先设定"对相对同一性和特殊性的完全取消"。"只要黑格尔还没有说明，如何在实践的形式中表现这种扬弃（纯粹意识对经验意识、真实伦理对自然伦理）以

---

[1]Siep Ludwig: *Anerkennung als Prinzip der praktischen Philosophie*, Hamburg, Felix Meiner Verlag, 2014, S.90.

及不能将这个过渡展示为内在于经验意识的过程，那么，经验意识与绝对意识的统一就不是在体系中被证实，而只是被预设的。"①

在体系 3 中，黑格尔尝试运用新的思路来克服体系如何运动的问题。较之于之前的著作，体系 3 具有如下三个特点：第一，不再以"绝对"而是以"精神"作为整个体系的出发点。这篇手稿的第一部分是"作为理念的精神（der Geist als Idee）"；第二部分依然是自然哲学，讨论理念在自身之外的关系；第三部分是精神哲学，展示了理念返回自身的过程。黑格尔主要在精神哲学部分讨论意识、承认等问题。第二，精神的理念是存在与生成的统一。意识不再被限制于主观的领域，从而与外在世界僵死对立，意识自身中包含有"生成"与"运动"的环节。从这里可以看出，黑格尔在体系 3 中已不再单纯从理论哲学的视角来看待环节之间的过渡，更强调从实践的、运动的角度来看待体系的构建。意识作为运动是"主动性"与"被动性"的对立；作为存在，就是二者之间的统一。第三，早期对智性的理解被整合到对精神概念的规定中。总的来说，在体系 3 中，意识取代了智性，成为实践哲学的核心概念。

在体系 1 中，黑格尔并不像先验哲学那样，将意识局限在主观的领域中，而是将意识规定为"关于所有中点的组织（Organisation von Mitten）"。中点意味着主动性与被动性、单一性与差异性在得到区分的同时也获得了同一。包括劳动、家庭、工具、语言等环节都是意识发展的产物。在耶拿早期的作品中，为了超越先验哲学的桎梏，黑格尔采用谢林将直观与概念相统一的方式。这种统一仍然坚持有限与无限、主体与客体之间的对立，因此体系中的一切环节都是二者之间的相互归纳，即要么将直观归于概念，要么将概念归于直观。在体系 3 中，黑格尔将体系中的一系列环节都视为"意识自身的发展"，这个过程同时也是意识认识自身的过程。随着发展的深入，意识对自身的把握就愈加充分，直至达到个体性与无限性的统一。此时的黑格尔已经不再将意识简单视为理论主体，从而与客体形成僵死的对立。意识除了包含理论的环节还包含实践的冲动，

---

①Siep Ludwig: *Anerkennung als Prinzip der praktischen Philosophie*, Hamburg, Felix Meiner Verlag, 2014, S.96.

后者赋予意识以否定性的意义。

实践的意识与承认有着密切的联系。这主要表现在两个方面：首先是个体的自身确认，这主要指个体的"为承认而斗争"；其次是从个体意识向民族精神的过渡。实践意识总是与它的对象相关，否定总是表现为对于某物的否定，例如，欲望作为一种否定形式必须与被欲求的对象相联系，通过否定对象使自身得到满足。在《为承认而斗争》中，意识对自身还抱有一种误解，认为将自身的个体性确定为总体性必须以对他者的否定为前提，只有通过排斥他者，意识的自为存在才能得到保存。西普认为，黑格尔那里的承认以个体的实践意识与民族精神的必然性统一为自身的前提。意识为了将自身的对立面统一在自身之中也必须以承认原则为基本的手段。"从承认原则出发，意识被规定为一个过程，通过在他者中的自身直观就将自己经验为个体，同时将自己教化为普遍意识。"[1]在体系 3 中，黑格尔不再将这意识视为"关于所有中点的组织"，而是将其视为自我意识，"它被运动所规定，在他者中将自身直观为个体性与普遍性的统一"[2]。

在体系 3 中，黑格尔将意识的本质规定为自我意识。自我意识不再被视为连接自身与他者的关系，相反，它被把握为行动（Tun），它也不被视为名词意义上组织（Organisation），而是被视为动词意义上的组织（Organisieren）。自我意识作为行动意味着：第一，它自身既是分裂又是统一；第二，自我意识发展出的任何环节既是分裂着的统一也是统一着的分裂。黑格尔认为，自我意识的各个环节必须被视为推论（Schluss）。任何一个推论都来自自我意识自身的运动，它从自身中产生出对立与对对立的扬弃。黑格尔将"不仅与自身相关，同时能够将自身客体化的意识的行动视为意志"[3]。意志本身包含两个方面的含

---

①Siep Ludwig: *Anerkennung als Prinzip der praktischen Philosophie*, Hamburg, Felix Meiner Verlag, 2014, S.106.

②Siep Ludwig: *Anerkennung als Prinzip der praktischen Philosophie*, Hamburg, Felix Meiner Verlag, 2014, S.107.

③Siep Ludwig: *Anerkennung als Prinzip der praktischen Philosophie*, Hamburg, Felix Meiner Verlag, 2014, S.110.

义：首先，由于意志以自我意识为根据，它只具有自身相关的普遍性；其次，由于意志本身还没有经过任何的中介，它仅是抽象的个体意志。在黑格尔看来，个体的意志必须被实现为普遍的意志，这需要将意志与承认紧密联系。"抽象的普遍意志在相互分离与统一的过程中（简言之，通过相互承认）实现自身。"[1]通过承认原则，黑格尔就将自我意识、个体自由、普遍意志的实现与各种精神性组织联系在一起。"承认是黑格尔复兴实践哲学所必须的原则：以这一原则为基础，意识的自身联系就被展开为对立面的统一，即总体，同时克服了个别意识的束缚。"[2]简而言之，通过承认，自由才得以实现。如果说，承认必须在一切社会机制中才能执行，那就意味着，自由只有在民族精神中才能得以实现。

这样我们就可以回答之前提出的问题，即黑格尔为什么要以承认为基本原则复兴传统实践哲学。首先，对传统的复兴是以对近代自然法理论的批判为前提。因为自由的意识不能在近代自然法所坚持的个体主义语境中得以实现，它只能在黑格尔所理解的精神性共同体（国家）中得到完成。其次，坚持承认原则可以有效防止对"复兴实践哲学"观点的误解。复兴传统理论并不是完全否定近代的成果，无条件回到古典。"依靠承认理论，共同体和它的机制从自由的自我意识概念本身中得到发展，这才是黑格尔所说的对亚里士多德传统与先验哲学原则的统一。"[3]

---

①Siep Ludwig: *Anerkennung als Prinzip der praktischen Philosophie*, Hamburg, Felix Meiner Verlag, 2014, S.111.

②Siep Ludwig: *Anerkennung als Prinzip der praktischen Philosophie, Hamburg*, Felix Meiner Verlag, 2014, S.77.

③Siep Ludwig: *Anerkennung als Prinzip der praktischen Philosophie*, Hamburg, Felix Meiner Verlag, 2014, S.77.

四、承认概念的内涵

在耶拿时期，黑格尔对承认概念①的理解与运用集中于体系3。在体系3中，承认的运动与精神概念的结构有着本质性的联系。"从自我意识在互动中的教化来看，承认是精神。"②精神的发展要经历一个辩证的过程，它以直接性的同一为开端，接着将自身分裂为相互对立的极端，最终又扬弃二者的孤立性，从而将其重新统一。承认运动也包含这样的过程。承认也是一种互动，西普对承认中所包含的互动环节作了一个区分："承认一方面是个体间的相互关系，另一方面是个体意志和普遍意志，得到教化的、已超越排他性的自我，民族精神之间的相互关系。"③必须注意的是，这种区分并不是抽象的，在个体之间的承认关系中就包含第二层次的关系。"在第一层次中就已经包含个别性与普遍性的关系——但在此时，承认在第一层次上还只是意味着在他者中直观自身的个别的意识。在这种直观中，个体才首次体验到自己属于一个共同的、普遍的意识或意志。"④

（一）承认作为"爱"和"斗争"的综合

个体之间的关系包括爱和斗争这两个环节。爱的本质是同一，更具体地说

---

① 在德语中，Anerkennung 主要包含两个方面含义：一是承认，二是肯定。必须注意的是，不能因为正在从事承认问题的研究就将 Anerkennung 简单等同于承认。例如在《哲学历史辞典》关于 Anerkennungstheorie 的词条中，编者将其理解为"肯定理论"。Anerkennungstheorie 最早与逻辑学密切相关（在这个意义上，Anerkennung 更适合被理解为"肯定"）。"在传统的逻辑学中，Anerkennungstheorie 是一种判断理论（Urteilstheorie），它被视为判断的关键性特征（属性），对一个陈述表示肯定（Anerkennung），断言或者赞成。"亚里士多德将希腊语（Apophansis）解释为陈述，或者讲话方式（Redeweise），它肯定或者否定某物。肯定（Bejahung）就是对某一陈述内容的 Anerkennung，而否定就是指对某种陈述内容的否认。无论是斯多亚学派还是奥卡姆或是笛卡尔都认同这种观点。这种用法甚至能在布伦塔诺的作品中找到踪迹。

②Siep Ludwig: *Anerkennung als Prinzip der praktischen Philosophie*, Hamburg, Felix Meiner Verlag, 2014, S.127.

③Siep Ludwig: *Anerkennung als Prinzip der praktischen Philosophie*, Hamburg, Felix Meiner Verlag, 2014, S.97.

④Siep Ludwig: *Anerkennung als Prinzip der praktischen Philosophie*, Hamburg, Felix Meiner Verlag, 2014, S.97.

是"意志的无对立的承认（Anerkanntsein ohne Gegensatz des Willens）"。早在伯尔尼和法兰克福时期，黑格尔就已经在宗教和伦理的领域中讨论过爱的问题。作为一种超越性的力量，爱能够克服理想与现实以及此岸与彼岸之间的对立。但是，在体系 3 中，爱的作用主要是统一主体之间的关系。与爱相反，斗争的本质是分离。通过为承认的斗争，主体希望将自身塑造为自由的自我（freies Selbst）。

爱构成了个体间承认的第一个环节。承认的本质是统一个体与整体、个别意志与普遍意志之间的对立。作为自我认识，爱在他者中认出了自身，也就是说，获得了他者的承认。必须注意的是，作为一种承认关系，爱必须立足于平等、独立的个体间关系。爱不是强迫他者去认同自己的独特个性，而是在肯定他者具有独立性的前提下去获得自我直观与认知。

具体来说，爱包含四个方面的内容。第一，"爱是主体之间有意识的同一"[①]。在体系 3 中，黑格尔是在自然的意义上理解与讨论爱的问题。这并不是说，爱被等同于肉体上的刺激与满足，与之相对，黑格尔更强调在爱中所包含的认知（Erkennen）和直观（Anschauen）的意义。"认知意味着，在他者中重新找到自我。在他者中的自我直观是承认运动的开端，这包含两层含义：一方面是在自身外的存在（Aussersichsein），依赖于被爱者的独特意识；另一方面是在对他者的爱中获得承认。"[②] 如果纯粹在自然冲动的意义上去理解爱，那么，主体就会依附于所爱的对象，从而失去自身的独立性。爱作为承认的关系，将主体所爱的对象视为主体在自身之外的存在。自我与对象之间并没有区分，相互将对方视为自身。第二，"爱是同一，它的成员在爱的关系中扬弃了自己的独立性，也就是说，爱是无对立的同一"[③]。这里的独立性还不是指自由意志的自律，

---

①Siep Ludwig: *Anerkennung als Prinzip der praktischen Philosophie*, Hamburg, Felix Meiner Verlag, 2014, S.99.

②Siep Ludwig: *Anerkennung als Prinzip der praktischen Philosophie*, Hamburg, Felix Meiner Verlag, 2014, S.99.

③Siep Ludwig: *Anerkennung als Prinzip der praktischen Philosophie*, Hamburg, Felix Meiner Verlag, 2014, S.99.

而只是表述自然个体的独立性存在。每个独立的个体都坚持自为存在的原则，爱的作用就是扬弃这种相互区分。在体系 2 中，通过爱，个体超越了自然的区分而上升为同一的存在（Einssein）。体系 3 延续了此观点。"爱是自为存在的提升，这需要在一种与他者相区分的意义上放弃自为存在。"① 放弃不能等同于绝对否定。当个体放弃自为存在与他者结成爱的关系时，他同时完成了一种自我直观，换句话说，他者与自我之间是无对立的同一。第三，"爱是未得到教化的、自然个体之间的关系"②。爱所针对的不是独立的法权人格，而是拥有各种冲动欲望的自然个体。西普强调，爱并没有教化的意义，它的作用并不是对个体的各种自然需求进行否定，"在爱中，每个个体都能够展示出他不能被替代的个体性"③。爱中所包含的自我直观同样能够发挥作用。个体认识到自己为他者所具有的自然个别性所吸引，同时，个体所具有的个别性也为他者所认同，双方相互接受对方所具有的独特个性，这种无对立的统一就是自我直观。第四，"爱是自为存在与为他者存在，自我与对象的同一"。在开端处，个体的意识与他者是相互对立的，更准确地说，个体是与他者相对立的存在者。正如之前所提到的，个体与他者之间并不是外在的关系，必须通过他者来完成自我的直观。"在他者中的自我丧失（Selbstverlust）同时就是在他者中的自我发现。在爱中，自为存在和为他存在被扬弃了。"④ 无论是"在他者中的自身认知"还是"为他者的存在"都是发现自身的活动，爱是一种认知，通过它，个体能够在看似与他对立的他者中发现自己的存在。

如果说爱指的是个体间无对立的统一，那么，斗争指的是二者间的对立。在耶拿时期，黑格尔对于斗争概念的理解包含一个发展的过程。在《伦理体系》

①Siep Ludwig: *Anerkennung als Prinzip der praktischen Philosophie*，Hamburg，Felix Meiner Verlag，2014，S.100.

②Siep Ludwig: *Anerkennung als Prinzip der praktischen Philosophie*，Hamburg，Felix Meiner Verlag，2014，S.99.

③Siep Ludwig: *Anerkennung als Prinzip der praktischen Philosophie*，Hamburg，Felix Meiner Verlag，2014，S.100.

④Siep Ludwig: *Anerkennung als Prinzip der praktischen Philosophie*，Hamburg，Felix Meiner Verlag，2014，S.101.

中，黑格尔同意霍布斯的观点，将斗争理解为"为荣誉的斗争"。从体系2开始，黑格尔将斗争理解为"为承认的斗争"，它关系到社会整合与对特殊意识的扬弃。这意味着，斗争作为承认活动中否定的环节需要从积极意义上来理解。爱只是对自然需求的满足，它并没有教化的功能，也就是说，自然的意识或意志必须依赖斗争才能上升为自由的意志。"依据黑格尔的观点，个别意识和普遍意识的教化不是通过爱这种无对立的关系和家庭的直接性团结所达到的，而需要预先设定一个区分的环节，独立性的强制的环节和个别性的差异。"① 在斗争的环节中，个体之间的相互区分得到了实现，这使每个个体都将自身视为绝对独立的存在。当个体通过行动去表现绝对的自为存在时，就产生了冲突与伤害。黑格尔从斗争中看到了个体意识的自我扬弃，以及法权状态的确立。

为承认而斗争的运动在开端处表现为两个特点。首先是排他性。最直接的表现是对财产的占有，我对于某物的占有同时就否定了他者对其的可能占有。更进一步说，意识首先总是为我的意识，他总是与对象相对立。其次是包容性。为了获得他者的承认，需要从肯定的意义上对待他者。"必须将我的自为存在置于他者的自为存在中。"在财产关系中，这就表现为，我对某物的占有同时需要他人的承认与认同。在这里，二者还没有达到统一，也就是说，在斗争的环节中，排他性才是第一位的。"斗争的目标并不是在他者那里将自身视为被扬弃的，而是将自身视为绝对的。"② 究竟如何将自身展示为绝对的呢？西普认为，针对这个问题，体系2和体系3的观点有着本质性的区别。在体系2中，"我的存在和财产的个别性"被视为具有排他性的总体。个体为了表现出自身的绝对排他性，就需要与他者进行生死搏斗。"一个完全的排他必须走向他者的死亡，同时将自身置于死亡。"③ 这里包含了一个矛盾、一方面，个体希望拥有财产并

---

① Siep Ludwig: *Anerkennung als Prinzip der praktischen Philosophie*，Hamburg，Felix Meiner Verlag，2014，S.104.

② Siep Ludwig: *Anerkennung als Prinzip der praktischen Philosophie*，Hamburg，Felix Meiner Verlag，2014，S.104.

③ Siep Ludwig: *Anerkennung als Prinzip der praktischen Philosophie*，Hamburg，Felix Meiner Verlag，2014，S.104.

享用财产给他所带来的满足;另一方面,他却要将生命置于赌桌。在体系 3 中,自我并不是通过对财产和存在的占有来表现自己的绝对性,自我的绝对性表现为一种对自身的认知,这需要自我扬弃。斗争的根本目的不是个体之间的相互对抗与伤害,而是一种自尽(Selbstmord)。自尽并不是对生命的绝对否定,而是对自身有限性的扬弃,从而实现对自身更进一步的认识。这里很能展现出黑格尔哲学的特色,即将个体间斗争所导致的自我扬弃视为自我认识的结果,因此,"与他者之间不再是排他的关系,而是对于同一性的认知,这种同一性来自在纯洁性中与自身相关的意志"[①]。通过为承认的斗争就产生了普遍的意志。在体系 3 中,普遍意志就是法权。个体成为人格并将普遍意志视为自己的现实(Wirklichkeit)。总的来说,斗争的关键性结果是,意识在这个运动中完全得到改变,从而获得了一种新的实存(Existenz),它存在于自身扬弃中,并且在自身转变中并没有离开自身而是发现了自身的同一性。

在承认的第一层次中,以爱和斗争为中介,个体之间通过相互认知与行动就产生了共同的、普遍的意识和意志。爱是无对立的认同,这意味着双方都肯定对方的自然独特性,并且从这种独特性中相互直观与认识到自身。和谐的两性关系和团结的家庭关系都以爱为基础。在家庭中也产生了斗争的环节。通过斗争,个体之间的直接同一被打破,在家庭中就表现为财产和孩子的出现。在斗争的开端,"意识总体的独立性与另一个独立的意识相对立,这是为了确认,意识在自身中拥有本质(Wesen)并且与他者处于否定的关系"[②]。斗争运动的结果与它在开端时的诉求正好相反。"只有放弃排他的个体性总体才能获得被他者(同样也进行自我放弃)认可、证实与承认的可能性。"[③]斗争实现的是自我扬弃。

---

①Siep Ludwig: *Anerkennung als Prinzip der praktischen Philosophie*, Hamburg, Felix Meiner Verlag, 2014, S.106.

②Siep Ludwig: *Anerkennung als Prinzip der praktischen Philosophie*, Hamburg, Felix Meiner Verlag, 2014, S.114.

③Siep Ludwig: *Anerkennung als Prinzip der praktischen Philosophie*, Hamburg, Felix Meiner Verlag, 2014, S.114.

（二）"我"在"我们"中的承认

按照西普的观点，黑格尔在体系 3 中才对承认的两个层次进行区分。在体系 2 中，除了个体之间的承认关系外，民族精神与普遍精神中也存在着承认的运动，但是，它并没有超出"为承认而斗争的反思"，也就是说，精神层面的自我扬弃依然沿用了个体间相互承认的原则。"在 1805—1806 年的精神哲学中，另外一种经验过程是必不可少的，它使个体的直接普遍的意志成为真正的普遍性，即与民族精神相同一。"[1] 在承认的第一个层次中还只是处理个体之间的相互关系，而在第二个层次中就要讨论个体与整体之间的关系，即个体如何与整体之间完成统一。西普将这种承认关系称为"我们"中的"我"。从中可以看出，个体与整体之间的关系不是后者对前者的统摄，而是相互映现，普遍意志必须表现为个体的行动与生活，而作为个体的我需要融入到社会生活中去完成自我扬弃。承认的第二个层次同样包含两个环节：第一，个体意志与普遍意志之间的对立与统一；第二，承认在绝对精神中得到完成。

承认的第二个层次主要涉及体系 3 中的"现实的精神（wirklicher Geist）"。这一章包含两部分的内容，分别是"被承认的存在（Anerkanntsein）"和"有权力的法则（das gewalthabend Gesetz）"。前者主要讨论各种社会机制，其在内容上与法哲学中的抽象法和市民社会相似。尽管以"被承认的存在"为题，但对承认问题的讨论并没有在此结束。这一部分主要考察法权状态下的各种社会关系。法权状态与充斥着相互斗争与伤害的自然状态相对立。由于自然状态被定义为承认的运动，法权状态作为一种被承认的存在就是由它所产生。

在法权状态下，每个个体都拥有普遍性的人格。与爱的关系相类似，个体人格与普遍法权在一开始也是直接且无对立的一致。"在法权中，个体与普遍意志的自在存在还是没有相互中介的，二者在每个意志中都相互对立的关系在这里被忘记了。这也就是说，普遍的意志只认同人格的自在存在，现实精神的

---

[1]Siep Ludwig: *Anerkennung als Prinzip der praktischen Philosophie*, Hamburg, Felix Meiner Verlag, 2014, S.122.

机制展示出与爱相似的关系。"①法权共同体涵盖了社会中主要的劳动与交往方式。通过这些关系的中介，个体意志与普遍意志建立了最直接的联系。在黑格尔所处的时代中，传统以家庭为基础的劳作方式基本已经被社会化生产所取代，社会化生产又被称为"抽象的劳动（abstrakte Arbeit）"。黑格尔并不是强调这种生产方式对个别生产者的剥削，而试图去说明，通过社会化生产，个体通过劳动不再只是满足自身的需求，而是与所有人的需求相关联，更进一步说，在生产活动中，个体直观到自身的普遍性。劳动之后就进入到交换的环节。由于在交换中出现了行为者间的区分，因而包含了斗争的因素，即通过交换，我对某物的占有是对他人的排除。与为承认而斗争的观点相似，"交换不是一个有意识的区分的运动，而仅仅是在无对立的基础上对斗争环节重提"②。在这里，斗争也并不带来相互否定与伤害，毋宁说，以交换为中介，个体又完成了对自身的扬弃。与个体间的斗争关系不同，在法权状态下，个体的行为必须通过所有人的中介，即获得所有人的认同。通过劳动与交换的环节，个体与普遍意志之间就达到了一种新的关系。个体意志通过对外在某物的占有表现出他所具有的自由，也就是说，个体将自己被普遍承认的意志置于到外在的某物中。这使得个体与普遍之间不再是直接的、无自我的统一，而是"绝对差异者的统一"。在交换关系中，意志之间的联系还是以物为中介。契约是一种说明的交换（Tausch des Erklaerens），在其中，个体间的关系已经摆脱了物的限制而成为纯粹意志之间的联系。契约中同样包含斗争的环节，这表现为对契约的违背（Vertragsbruch）。"意志对'存在与时间'的独立性与不相关性在对契约的违背中得到了实现。"③对契约的违背同时是意志回到自身的运动。由于契约本身体现了普遍性的意志，它强迫个体遵守已签订的契约。这里就出现了个体意志

①Siep Ludwig: *Anerkennung als Prinzip der praktischen Philosophie*, Hamburg, Felix Meiner Verlag, 2014, S.123.

②Siep Ludwig: *Anerkennung als Prinzip der praktischen Philosophie*, Hamburg, Felix Meiner Verlag, 2014, S.122.

③Siep Ludwig: *Anerkennung als Prinzip der praktischen Philosophie*, Hamburg, Felix Meiner Verlag, 2014, S.124.

与普遍意志的对立与斗争。西普认为，意志双方在此时的斗争仍属于"承认的运动"，换句话说，是在自然状态下的对抗。在法权状态下，这种对抗就表现为犯罪与惩罚。"惩罚是对犯罪者行为的颠倒，即对个体意志的扬弃。普遍意志在惩罚中将自身展现为个体的主人。"[1] 个体与普遍之间的对立构成了法权状态下的"抽象的被承认的存在"。尽管个体已经认识到他的行为必须获得所有人的认可，但普遍意志仍然独立于他，并将他视为自己的奴隶。接下来，普遍意志被机制化为权力，它是个体的实体与必然性。在"有权力的法则"中，个体成为"智性的被承认的存在"。这意味着，"法则对个体来说是一个主体，它是个体的本质和自为存在，它与个体并不陌生"[2]。最终，作为纯粹自为存在和普遍意志的统一，法则就成了精神。

在体系 3 的最后一章——宪法（Konstitution）中，承认运动得到了完成。宪法承接自真实的精神，首先从肯定与否定两个方面讨论个体自我与普遍之间的关系。二者之间的肯定关系是指，个体认识到自身对普遍性具有积极的意义，即普遍的意志是由个体所设立的。从另一方面看，普遍只有在个体性的自我中才拥有生命，这种积极的关系一方面表现为对个体权利的保障；表现为普遍性的自我牺牲（Selbstaufopferung）和自我扬弃。否定的关系主要指普遍意志对个体的教化。在普遍中，个体意志既得到了保存也遭到了惩罚。这里的惩罚是一种教化，它使个体摆脱了直接性的自我。

在宪法中，黑格尔立足于古希腊的城邦理论，将不同的意识层次与具体的社会阶层相结合，这使个体与普遍的统一获得现实性的存在。"通过普遍，我的生命得到保护，普遍是超越我生命的力量，普遍是纯粹意志和定在，纯粹意志和我的自我的直接统一。当我与它是直接统一，我向它表现出信赖；当它只是我的否定性的本质时，我表现出恐惧；当它直接是我的意志时，我不仅与它

---

[1]Siep Ludwig: *Anerkennung als Prinzip der praktischen Philosophie*, Hamburg, Felix Meiner Verlag, 2014, S.125.

[2]Siep Ludwig: *Anerkennung als Prinzip der praktischen Philosophie*, Hamburg, Felix Meiner Verlag, 2014, S.125.

相一致，而且它是我现实的自我，我是统治者。依据这三个与我相对立的方面，它分别是主人（Herr）、公共权力（oeffentliche Gewalt）和统治者（Regent）。"① 更具体地说，信赖对应于农民阶级，公职人员和军人被归为统治者，而恐惧的关系被归于国家权力（Staatsmacht）。西普认为，"所有这些关系都在宪法学说中扮演了一个角色，尽管它不是严格按照一个划分原则来被处理"②。例如，由于国家能够保障所有社会成员的权利，每一个社会成员对国家都应保持信赖的关系。这里还必须注意，从形式上看，黑格尔是以古希腊城邦理论为基础去运用统治权（Regentschaft）的概念，在实质上，这个概念中已经包含有近代化的要素，这表现为，对公职人员的选举必须以城镇领域为基础③。接下来，黑格尔以国家政体形式的转变为线索，对世界历史进行了简单的考察。在他看来，近代君主制超越古希腊民主制的关键点在于，近代国家建立在一个更高的原则之上，即以"个体对自我的绝对认知"为法权的基础。这意味着个体对自身的认知以及他所具有的品格（Gesinnung）在国家中获得了自由的承认。"自由是这样被界定的，合伦理的自由对黑格尔来说仅是一种品格，这种品格与一个民族或者一个特定阶层的风尚相一致。"④ 每个社会阶层都由一个特定的原则所构成，所有的阶层都是国家整体中的自由环节。尽管在国家中，个体通过融入特定的社会阶层完成了现实的自由，但在国家与个体之间仍有着对立，这种对立只有在宗教与哲学中才能得到克服。"在宗教中，每个人都通过宗教直观将自身提升为普遍自我，个人的本性和阶层都像梦境一样逝去，这就是将自身认识为精神的知识。"⑤ 国家现实与彼岸的宗教在哲学中完成了统一。

与承认的第一层次相似，个体与普遍之间的承认关系同样包含肯定与否定

---

① G.W.F.HEGEL: *Jeaenaer Systementwuerfe III*, Hamburg, Felix Meiner Verlag, 1987, S.240.

② Siep Ludwig: *Anerkennung als Prinzip der praktischen Philosophie*, Hamburg, Felix Meiner Verlag, 2014, S.129.

③ G.W.F.HEGEL: *Jeaenaer Systementwuerfe III*, Hamburg, Felix Meiner Verlag, 1987, S.240.

④ Siep Ludwig: *Anerkennung als Prinzip der praktischen Philosophie*, Hamburg, Felix Meiner Verlag, 2014, S.130.

⑤ G.W.F.HEGEL: *Jeaenaer Systementwuerfe III*, Hamburg, Felix Meiner Verlag, 1987, S.256.

两个环节。从否定方面看：个体意志必须对自身进行扬弃，以克服自然和孤立的属性；普遍意志同样需要自我扬弃，它必须为个体意志所贯穿从而成为普遍的自我。个体意志与普遍的自我达到了最终的统一。从肯定方面看：两个层次的承认有着本质的区别，意志之间不再是无中介的、直接的统一，而是在教化基础上完成的相互协调。这种关系在国家中获得了实现。"人只有在法则中才拥有他的定在、存在和思想——国家是所有人的事业，它的生命与意志是个体自身。"①

第二节 霍耐特的承认思想

目前，学术圈介绍霍耐特承认理论的著作与文章数量巨大，这些作品让我们对霍耐特的承认理论有了总体性的把握。本书不满足于对这些观点的复述，而尝试从新的视角重新梳理霍耐特的承认思想。西普已经揭示出，黑格尔在耶拿时期的承认思想包含两个步骤：首先是个体之间的承认关系，其次是个体与社会机制之间的关系。这里将尝试从上述两个维度讨论霍耐特的承认思想。②

一、个体间的承认问题

个体间的承认主要指涉爱、法权和团结这三种范式。霍耐特认为，这三种承认范式是构建个体自身完整性的必要条件。个体自身完整性也包含三个环节，即自信、自尊与自重，它们分别与爱、法权和团结相互对应。三种积极的承认关系又对应三种负面关系，包括对身体完整性的伤害（强暴与折磨）、对法权的否定（法律排斥）以及对文化多样性的压制。在这里，需要对三个承认范式

①G.W.F.HEGEL: *Jeaenaer Systementwuerfe III* , Hamburg, Felix Meiner Verlag, 1987, S.257.
②Zurn Christopher: *Axel Honneth.A Critical Theory of the Social*, Cambridge, Polity Press, 2015, p.5.

及其所带来的积极与消极的影响作详细论述。①

（一）爱与自信

与黑格尔类似，霍耐特反对将爱等同于男女之间的爱情关系。"应该把爱的关系理解为一种本源关系。当少数人之间的强烈情感依恋以友谊关系、父母（子女）关系和情侣之间的爱欲关系模式构成爱的关系时，就出现了这种本源关系。"② 爱是亲密主体之间相互承认的关系。通过在爱中的承认，亲密关系中的双方都获得了自身的独立。

青年黑格尔将爱视为第一个承认范式，在爱中个体相互之间维持着"无差别的同一性"。霍耐特对爱的讨论也始于原初的共生（original symbiosis）。以母亲与孩子之间的关系为例，在开端处，任何一方都无法在自身中与对方相区分，对方的需求、欲望、失落与快乐都与自身紧密联系。对方的开心就是自己的开心，对方的失落就是自己的失落。爱以超越这种原初共生、实现承认双方的相互独立为主要目的。个体化的过程不是要求双方完全放弃与他者的互动关系，相反，它依赖于双方对情感的全力投入。霍耐特认为，情感的全力投入并不意味着将自身的情感强加于对方，这不利于各自独立性的实现，而需要"有意识地放弃一些自尊，以便承认以及支持他者对需求、情感等的表达"③。在个体化的过程，爱不仅表现为情感上的全力投入，也表现为自我牺牲。我们依然以母亲与孩子间的亲密关系为例说明这一问题。一方面，在肉体上，母亲给予孩子以精心照料，霍耐特认为，母亲无条件的付出让孩子开始区分自身的感受与母亲的感受，这意味着，孩子开始具有自身独立性；另一方面，孩子必须向母亲表现出一种

---

① 在霍耐特看来，每一种积极的承认关系都对应一种消极的状况，后者会使行为者感到自身的完整性遭到了蔑视。"蔑视，作为对应于承认关系的否定等价物，可能迫使社会行为者认识到他们被拒绝承认。"（霍耐特：《为承认而斗争》，胡继华 译，上海，上海人民出版社，2005 年，第 101 页。）依据霍耐特的观点，对蔑视体验的反抗与斗争是获得承认的必要条件。蔑视体验同时作为社会压力与矛盾的表现，推动社会历史向更理性的方法发展。霍耐特认为，青年黑格尔的承认理论并没有认真思考蔑视的问题。

② [德] 阿克塞尔·霍耐特：《为承认而斗争》，胡继华译，上海：上海人民出版社，2005 年，第 48 页。

③ Zurn Christopher：Axel Honneth.*A Critical Theory of the Social*，Cambridge，Polity Press，2015，p.48.

情感依恋，它可以给母亲提供一个空间，依靠这个空间，母亲可以将自己的需求与偏好与孩子的要求区分开，这使母亲获得独立性。无论母亲还是孩子都为爱作出了牺牲。母亲放弃了自身的独立性，全心全意为孩子提供肉体与情感上的支持，孩子也放弃了对母亲的本能依赖，使母亲重新获得了独立。在这种爱的关系中，就包含了相互承认的关系。通过它，母亲与孩子就从最初共生的状态中走向相互独立。

霍耐特继承了黑格尔的观点，即认为，爱与自信之间有着必然的联系。朱恩认为，霍耐特将自信以及自尊与自豪定义为实践的自身关系（pratical relation-to-self），自信不仅先于后两者，同时也成为后者的基础性环节。由此可见，爱与自信是社会活动与政治参与的基础。霍耐特所理解的自信与传统观点有着很大的不同。传统观点认为，自信就是"对自身能力、特质、表现等方面的积极态度"。霍耐特认为，"自信指一个非常基础的意识，这个意识涉及一个人将自身视为具有特殊需求与情感的有差别的个体的稳定性与持续性"[1]。自信的获得与社会关系密切相关。首先，稳定与持续的自信要求主体必须遵守社会基本规范，合理且有效地控制自身的各种偏好；其次，自信离不开人与人之间情感关系的支持，我们已经以母子关系为例说明了这一问题。

从对自信的理解可以看出霍耐特与传统自由主义观点的区别。传统自由主义都将人视为原子式的个体，他有着各式各样的具体偏好与兴趣，这些都被视为无可置疑的前提。但是，他们并没有考虑个体的自信究竟来自哪里，在霍耐特看来，他们并没有对自信做一种"现象学"式的思考，即没有追问自信是如何被呈现的。我们知道，个体的自信离不开亲密关系中的情感支持，更笼统地说，社会交往关系优先于原子式个体。

（二）法权与自尊

主体间的第二种承认关系是法权，在法权关系中，主体的自身同一性表现

---

① [德]阿克塞尔·霍耐特：《为承认而斗争》，胡继华译，上海：上海人民出版社，2005年，第52页。

为自尊。成熟的社会法权体系可以使每个个体的权利都获得保障，这一方面让他们将自身理解为平等的社会成员，另一方面将自身理解为有能力、有责任作出行动判断的自律主体。

与自信不同，自尊并非来自于人与人之间的亲密关系，相反，自尊的实现是以"合法共同体中人与人之间的间隔（distant）与匿名（anonymous）的关系为中介"①。在这一阶段中，人与人之间的关系已经摆脱了情感的联系，从而相互将对方视为普遍性的个体。个体法权包含有两个方面的内容：首先，个体有能力控制对他人的行为，并且能够为自己的行为负责；其次，个体对他人具有规范性的义务，这项义务为法律机制所强制。总的来说，"法律将每个个体都视为道德自律的行动者"。由此可见，法权本质上是对普遍性人格的无差别的尊重。这一成果来自康德，他让人们认识到，尊重一个人的理由并不来自他的特质、能力与成就，相反，人格本身就具有不可代替的价值，"尊重的对象，并不在于某人与他者之间的差别，更准确地说，某人与他者平等享有的人格（personhood）才是尊重的对象"②。

可以对法权关系和爱的关系进行一些比较。首先，爱的关系更专注于主体间的情感联系，而法权关系首先将对方视为一个独立的人格。由于情感关系以特定的人际关系为基础，主体之间的关系更加亲密。相对而言，法权关系具有一种无限性。这表现为，法权是一种普遍性的权利，它并不因为人种、地位与成就的不同而被改变。我们也必须注意，这种区别以近代以来的政治文化与社会文化为基础。因为天赋人权、人人平等是近代启蒙运动之后才得以确定的普世理念。

在霍耐特看来，法权关系作为承认的第二种形式，它构建起了个体的自尊。霍耐特认为，自尊意味着个体认识到自身具有不可替代的道德价值，具体地说，个体将自身表现为一个道德自律的行动者。这里最重要的问题是，个体何以能

---

①Zurn Christopher: *Axel Honneth.A Critical Theory of the Social*, Cambridge, Polity Press, 2015, p.72.

②Zurn Christopher: *Axel Honneth.A Critical Theory of the Social*, Cambridge, Polity Press, 2015, p.72.

够将自身视为自律的行动者。对这一问题的回答离不开两个方面的承认，即满足社会规范的要求与他人的道德期待。道德自律表现为个体能够运用理性对自己的行为作出选择并且承担其所带来的责任，这就要求个体首先作为一个独立的主体。社会给予每个人以平等的自由权利是独立人格得以落实的必要条件。独立性并不意味着可以恣意妄为。一方面，主体的一切行为必须获得社会规范的承认；另一方面，"主体的行为必须能够满足他人对于规范性的期待"[1]。由此可见，个体的自尊并非来自其自身宣称，而必须依靠社会法权机制的承认与认可。在现代社会中，个体的自尊是"应得的"，但前提是，个体遵守一切社会规范，并且尊重他人的自尊，将他人视为独立的道德主体。

从承认理论的角度看，自尊的获得一方面来自社会规范的承认，另一方面通过对他者期待的满足来获得他者的承认。那如果一个地方没有平等的法权，是否还具有自尊的存在？换句话说，尽管人与人之间相互都具有着良好的意愿，但却并没有普遍性的法权给予每一个人，个体的自尊能否被实现？也就是说，主观的善良意志能否代替客观的法权。霍耐特对此持否定态度。因为善良意志毕竟属于主观性的范畴，它并不是无条件地将他者视为道德主体，相反，它总是抱有主观的偏好与兴趣去对待他者。社会规范性力量的介入可以有效地克服这一问题。因此，"公共性的承认是我们的自尊得以实现的基础，它可以保证我与他人具有一样的权利"[2]。"我对个体权利的个人宣称是无效的，必须以社会的承认为前提。"[3]

对法权的蔑视主要表现为个体人格所应获得的普遍性权利被无故剥夺。这带来了一系列的负面后果。首先，个体无法将自身视为一个道德自律的主体。因为，只有获得普遍性法权的承认，个体的人格才是独立自由的，才能理性地

---

①Zurn Christopher: *Axel Honneth.A Critical Theory of the Social*, Cambridge, Polity Press, 2015, p.56.

②Zurn Christopher: *Axel Honneth.A Critical Theory of the Social*, Cambridge, Polity Press, 2015, p.58.

③Zurn Christopher: *Axel Honneth.A Critical Theory of the Social*, Cambridge, Polity Press, 2015, p.58.

对自身的行为进行规定，并能够为自身的行为负责。对个体权利的不敬恰恰压制了个体的自由意志。其次，个体对社交完整性（social interity）的要求无法得到满足。在霍耐特看来，个体对自身完整体的诉求是推动承认运动发展的主要动力。"对法权的否认以及合法的排斥（legal ostracism）阻碍了一个将自身理解为在法律上是平等主体，且应获得自由与平等人格之尊严的实践理性能力。"①

（三）团结与自豪

以上两种承认形式还不能完全涵盖个体自身完整性的全部内容。尽管在法权关系中，个体获得了普遍平等的权利，但个体所包含的个别性环节并没有得到社会的认可。第三种承认关系就与个体独特的特征、能力与成就相关。霍耐特将第三种承认关系称为团结。在社会团结中，社会成员的自豪感得到满足。

团结与爱和法权有很大的区别。爱的关系可以提供一种无条件的支持，可以使个体"熟知自己所拥有的需求和情感"。法权关系具有普遍性的意义，它将每个个体都平等地视为道德自律的主体。团结关系的主要目的在于，尊重每个个体自身独特的特征、能力与成就。在某种意义上，我们甚至可以说，团结是爱与法权相统一的结果。在团结中，情感关系的私密空间性被打破，法权关系的抽象普遍性也被克服。

霍耐特承认理论最核心的观点就是"社会承认的获得与健康的自身领会的发展之间有着本质性的联系"②。人与人之间总是有各式各样的不同，这些不同中有很大一部分是自然意义上的，例如，头发的颜色、身体的肤色等，尽管在历史上，这种自然性的差别也会导致人种歧视等一系列问题，但是，我们在这里论述的社会团结更侧重于阐释对个体独特的实践行为的承认。个体的独特行为与成就是否能得到承认关键在于它们是否符合社会的价值标准，这种价值标

---

①Zurn Christopher: *Axel Honneth.A Critical Theory of the Social*，Cambridge，Polity Press，2015，p.59.

②Zurn Christopher: *Axel Honneth.A Critical Theory of the Social*，Cambridge，Polity Press，2015，p.60.

准与当下的社会期待与愿望紧密联系。自豪作为一种实践性的自身关系，它以社会团结为实现自身的手段，而社会团结作为一种承认形式必须以当下的社会期待与需求为基本标准。“社会背景提供了一个适当的和合适的主体间承认的形式。”①

社会团结的建立、个体自豪的获得必须以一定的社会背景为基础。换句话说，正是由于分享了相同的社会价值与目标，个体相互之间才能决定是否承认对方的个性与成就。霍耐特这里所理解的社会是一个价值的共同体（community of value）。对于个体独特个性与成就的不同考量与评价都必须依赖于“它对于实现被广泛分享的社会目标所作出的贡献”②。这其实又是在强调这样一种观点，即“在一种特定的、为参与到价值共同体中的成员所持有的团结关系中，自豪才能获得”③。

为了更充分地理解团结与自豪，在这里有必要对其与另外两种承认形式做一番简单的比较。第一，三者分别有不同的所指。例如，爱关涉“人的特殊需求和情感”，合法权利专注于人的道德自律，而社会团结的目标是对个体独特的能力，个性与成就的尊重。在黑格尔那里，爱的关系直接对应人的特殊性环节，这种特殊性主要指代人的各种自然需求；法权关系对应人的普遍性环节，尤指可以为每个人所共享的权利与义务；团结的关系对应人的个别性环节，个别性并非单纯的特殊性，它是特殊性与普遍性的统一。第二，三种承认形式分别涉及不同类型的团体。我们知道，对承认的需求本身就是一种对规范性的期待，每种规范性需求的满足总是在一个具体的交往境遇中得到实现。例如，对爱和友谊的期待与需求只能在一个私密的团体中得到满足，法权作为一种普遍性意义上的承认，必须以全部人格作为自己的对象。由于团结是对以上二者观点的统一，人们对团结关系的需求与期待就在一个具有共同价值的共同体中得以实

①[德]阿克塞尔·霍耐特：《为承认而斗争》，胡继华译，上海：上海人民出版社，2005年，第72页。
②Zurn Christopher：*Axel Honneth.A Critical Theory of the Social*，Cambridge，Polity Press，2015，p.80.
③Zurn Christopher：*Axel Honneth.A Critical Theory of the Social*，Cambridge，Polity Press，2015，p.80.

现。第三，三种承认分别对应不同的蔑视体验。爱的关系对应情感和身体上的虐待与伤害，对法权的不敬表现为剥夺他人共享权利的机会，对团结关系的否定与伤害表现为文化诋毁（cultural denigration），即共同体不认可某种文化价值取向，并对其进行孤立。

对团结关系的蔑视主要表现为文化诋毁，这具体表现为，"侮辱以及贬低某种特殊的使个体得以自身实现的方式"①。这里已经涉及文化多样性的问题。在一个社会共同体中一定包含有各种各样的价值取向。尽管社会文化会被某种主流价值所引领，但这不能掩饰非主流的价值取向所具有的作用。它能使社会特定群体的个性、能力与成就获得承认。一旦他们所拥护的价值文化受到主流文化的排挤、贬低与诋毁，他们就无法"获得对于他们个性以及成就的积极承认"。这里的关键就在于，是否每种价值文化、每个社会个体都有平等参与到社会互动中的机会。

以上，我们就对霍耐特承认理论的第一个环节，即个体间的承认关系做了结构性展示。霍耐特承认理论一方面讨论主体的构成问题，另一方面考察社会整合何以实现。在个体自身相关的三个领域中，除了情感关系所带来的自信，无论是自尊或是自豪，个体对它们的获得都必须依赖于整个社会的支持。在传统的等级制社会中，由于社会制度文化并没有给予每个个体以平等的权利，个体对承认的期待就无法得到实现，相应地，他就无法建立起真正的自尊感。同样在传统等级制社会中，社会的价值规范是被给定的，个体的个性无法得到有效的表达，更无法获得相应的承认。只有在多元文化的语境中，个体的自豪感才能真正得到满足。

二、社会发展中的承认

霍耐特主要从主体间的角度去论述承认关系，但这并不意味着他将承认只

---

①Zurn Christopher: *Axel Honneth.A Critical Theory of the Social*, Cambridge, Polity Press, 2015, p.80.

是限定在主体间的领域。个体总是处于具体的社会关系中，他的行为与决断总是为已有的社会背景所规定。当个体对自身完整性的合理诉求无法得到满足时，就有必要在个体与社会的关系中去寻找造成这一状况的原因。这也就是说，必须关注个体与社会组织甚至组织与组织之间的关系。依据霍耐特的思路，考察个体与社会组织之间关系的同时也就是在回答，社会发展的基本原则是什么。传统自由主义将社会发展的基础与动力建立在个体与组织的兴趣与偏好之上，与之相对，霍耐特坚持社会发展的道德逻辑，也就是将对个体完整性的相互承认视为社会发展的动力与目标。这里有一个问题需要我们预先澄清。之前已经谈到，霍耐特与黑格尔承认理论之间最大的区别在于，前者只关注主体间的承认关系而不重视主体与组织或共同体之间的关系，既然如此，为什么在这里，霍耐特又开始讨论个体与组织之间的承认关系？实质上，这里的观点并不存在冲突。个体的自身完整性是理解霍耐特承认思想的关键。为了实现这个目标，主体就必须克服主体之间一系列不完整的承认形式。从形式上看，在这些不完整的承认关系中，既包含有直接的主体间的关系，例如，友谊、情爱关系和家庭等，又包含主体与经济和政治组织之间的关系。前者自不必说，关键是如何看待后面两种关系。笔者认为，霍耐特是将形式上的个体与组织间的关系还原为主体间的关系。也就是说，个体与组织之间依然沿用了主体间"为承认而斗争"的关系。霍耐特从没有否认各种社会组织与机制是实现个体自身完整性的必要条件，但他更强调通过否定个体与组织之间的矛盾来促成个体自身的实现。在黑格尔看来，个体与组织之间并不是矛盾的关系，他更强调社会组织与机制的优先性，即各种社会原则与规范对个体行为的规定。

（一）社会发展的道德逻辑

如果说主体间的承认关系是在讨论个体的自我实现问题，那这里就是在讨论社会发展的问题。必须注意的是，在霍耐特那里，这两个问题是相互联系的，即社会的目的就是为了实现每个个体对自身完整性的诉求。与主体间关系类似，个体与社会组织之间的关系也包含着斗争的状况，可以说，正是它推动了社会的进步与发展。常识的观点总是将社会进步与经济状况相联系，与之相反，霍耐特意图揭示出社会发展的道德逻辑。社会发展的目的是满足所有成员对承认的需求。

从为承认而斗争的角度看，社会发展史也就是社会斗争史。若想讨论社会发展的逻辑，首先必须确定社会斗争的目的。一个比较主流的观点认为，社会斗争的根源在于个体间争取利益的斗争。个体为了满足自身的偏好与兴趣而与他人争夺有限的社会资源。这个观点起始于马基雅维利，在霍布斯的社会契约论中达到了自身的顶点。每个个体都有自己不同的偏好与需求。在自然状态下，个体使用理性去满足自身的需求。依据霍布斯的观点，这里的理性指的是一种计算与谋划的能力，它以自身的需要为核心去制定行为的原则，因而并没有考量其他个体的需求与感受。客观的自然界与人类社会所能够提供的资源都是有限的，它不能满足所有人的需求，这就导致个体为了求得自身利益的满足而与他人发生冲突。这种斗争模式就被称为"利益的冲突（conflicts of interest）"。这也可以用来解释组织与组织之间、国家与国家之间的关系。这种观点在当下依然有着很强的生命力。例如，组织之间的竞争关系被描述为"零和博弈（zero-sum game）"。无论是个体还是组织只是关注自身利益是否得到最大实现，而根本不关注他者的基本利益需求能否得到满足。与这一观点相对，霍耐特意图从道德冲突的角度去理解组织之间的斗争。"当隐含在社会的道德语法中的理念与当下社会关系的现实不匹配时，社会冲突就出现了。"[①]造成冲突的原因是个体对道德感受的期待受到了伤害。在霍耐特看来，个体的道德期待只有通过他人的承认才能得到真正的满足，与之相应，道德期待的受挫意味着没有得到完整的承认。这种伤害不仅发生于个体之间，更出现在个体与组织以及组织之间的关系中。为了反抗对道德期待的伤害，个体与组织就采取了斗争的手段，以期克服既有的社会问题与缺陷。这种以争取道德认同为基础的斗争被称为社会发展中的"道德冲突（moral conflict）"。从道德逻辑的角度去阐释社会发展不是霍耐特首创，青年马克思关于异化劳动的思想中就包含这种观点。对异化

---

① ［德］阿克塞尔·霍耐特：《为承认而斗争》，胡继华译，上海：上海人民出版社，2005年，第72页。

劳动的克服预先设定了社会发展的道德逻辑。底层劳动者对自由与平等的诉求无法得到满足时，他们就会通过斗争的形式反抗现有社会的经济与政治机制，这同时也就推动了社会向更理性的方向发展。甚至可以说，异化劳动的产生也是由道德逻辑所决定，产生异化劳动的前提是对个体平等自由权利的形式化承认，而这建立在反抗封建身份等级制的基础之上。在当下，人们已经渐渐遗忘了社会发展的道德逻辑，造成的后果是"将客观的物质利益作为社会斗争的动力，社会科学没有认识到，很多社会冲突来自受到干扰的主体间关系的道德反应"[①]。

可以对利益冲突和道德冲突作出如下的区分。首先，利益冲突的基础是个体寻求自保的本能。客观世界资源的有限性决定了并不是每个人的需求都能够得到平等的满足，为了保障自身的利益就必须与他者相对抗。道德冲突的基础是规范性的自我认同（normative self-identity）。与对物质利益的追求不同，造成道德冲突的原因是个体对自由平等权利的诉求遭到了损害。其次，由于利益冲突与个体的自然需求有关，它的目标就是物质资源，而道德斗争的目标涉及社会的规范与制度，例如，要求平等的公民权利等。总的来说，"利益的斗争与物质产品的分配模式有关，而道德冲突与社会的承认秩序有关"[②]。更进一步说，社会发展的利益冲突模式坚持原子主义的立场。个体总是将自身视为独立于人类社会与自然环境的个人，他只通过工具理性的方式与他者交往，换句话说，无论是他人还是他物，都只是他实现自身目的的手段。道德冲突模式坚持主体间性的立场，"承认的主体可以参与到包含有对规范行为期待的互动中去，这种期待构造了一个相互间正当要求的基础，只有另一个道德主体才能给予某人以保证他实践的自我认同所必需的承认"[③]。依据这两点也能对国家职能作出区别。在利益冲突模式看来，国家是一个权力机关，它只是为某些特定群体服务，

①Zurn Christopher: *Axel Honneth.A Critical Theory of the Social*，Cambridge，Polity Press，2015，p.57

②Zurn Christopher: *Axel Honneth.A Critical Theory of the Social*，Cambridge，Polity Press，2015，p.58.

③Zurn Christopher: *Axel Honneth.A Critical Theory of the Social*，Cambridge，Polity Press，2015，p.58.

对道德冲突来说，国家是一个中介，它提供了使得个体自由与自我实现所必须的社会条件。必须注意的是，利益冲突与道德冲突之间并不是纯然的对立，也就是说，不能将道德冲突模式视为社会发展的唯一动力。在现实生活中，有太多的实例能证明为利益而斗争的存在，毕竟，对物质资源的需求是人的最基本需要，每个人都有权利得到相应的份额，所以，不能完全排除为利益而斗争的合理性。此外，不能将任意一种观点还原为另一种观点，简单地说，在分析社会事件时必须同时考虑两种冲突模式所带来的不同影响。这类似于黑格尔的"理性的狡计"。从形式上看，某次社会斗争的目的是自身争取物质利益，但不能忽视这个行为所包含的道德诉求，因此，对于该问题的研究不能浮于表面。

造成道德冲突的主要原因在于，个体或组织对道德的期待受到了伤害，从而通过斗争的方式反抗这一状况。社会发展的道德逻辑总有其目的指向，例如，必须满足所有人的道德诉求。霍耐特将这个目的定义为"伦理生活的形式化构想"，它包含了"一系列未受扭曲和健康的社会关系的规范标准"，从而能够为个体的自身实现提供必须要的主体间条件。朱恩认为，"霍耐特的形式化构想专注于，是否所有的个体在社会中都能够具有平等的机会在非强制和未扭曲的相互承认的关系中实现自身"[1]。在这里，霍耐特所讨论的是一种正义的社会理论，或者说社会哲学，它与一般的道德哲学和政治哲学有着本质的区别。如果说道德哲学是在回答个体行为的义务与规范，而政治哲学是讨论国家的合法性与职责，那么社会哲学就是在讨论一切推动个体自我实现的社会条件。霍耐特认同康德关于普遍自由的观点，与康德不同，他将一切社会交往条件都视为个体自我实现的必要条件。这使得他的观点更加接近于亚里士多德与黑格尔。伦理生活就是社会生活。在其中，个体对道德的诉求都是具体的，例如，在家庭生活中能够得到爱和情感的支持，个体的劳动成果能够得到普遍的尊重。伦理生活也是善的生活。通过它，每个个体都能够获得自身的繁荣发展。必须注意伦理生活的形式化前提，这意味着，霍耐特只是想展示出"个人发展的各种

---

①Zurn Christopher: *Axel Honneth.A Critical Theory of the Social*，Cambridge，Polity Press，2015，p.75.

潜在途径所必需的一般社会条件，而不是推荐任何一种特定的自我实现的形式"①。这里的形式化不能等同于康德式的形式化道德理论。在后者看来，形式化的道德理想必须与人的各种自然偏好与需求相分离，而依据伦理生活的形式化构想，形式化表现为对文化多样性的认同，它只是提出一种形式化的社会交往形式，即对个体自我实现来说必要的社会条件，而对于具体内容总是保持开放的态度。这种形式化的构想也包含了否定主义的因素。它要求个体的自我实现能够免于任何外在强制的威胁。这条原则适用于任何一种文化传统。伦理生活的形式构想是对亚里士多德与康德思想的统一，即将社会生活与自由的原则相统一。

如果社会发展中的道德冲突指向一种良善的伦理生活，究竟应该如何实现这一理想？主要包含两种实现方式：第一，社会包容（social inclusion）。简单地说，让尽可能多的社会成员能够平等参与到各种社会交往领域中，使得他们的承认需求得到满足。这里的包容在中世纪甚至近代早期，社会阶层与身份的差异使得很大一部分社会成员的需求无法得到充分的满足。例如，包括农民、工人、手工业者等社会底层群体的自主权利无法得到法律的保障，而在当下，尽管还有着各种不平等的状况，但仅仅从立法的角度看，每个社会成员的自由权利都得到了平等的认同。第二，个体与组织的个别化。与社会融入相类似，个别化也是开放社会的一种表现，它代表了社会价值的多样化趋势。不同个体与组织的理性需求都能够得到社会的公开承认。在中世纪社会中，某人的社会身份与地位决定了他能够获得他者的承认，也就是说，他者并不是敬重他的劳动成果或者对整个社会的贡献，而是他的身份与血统。"中世纪的公爵由于所处的社会地位而获得尊重，但是这个社会地位并不是由他的成就，而是由出生的偶然性这种非自愿的归属状态所决定。"②在当下的社会中，个体依靠他对社

①Zurn Christopher: *Axel Honneth.A Critical Theory of the Social*, Cambridge, Polity Press, 2015, p.76.
②Zurn Christopher: *Axel Honneth.A Critical Theory of the Social*, Cambridge, Polity Press, 2015, p.78.

会的贡献来获得他人的承认。个体可以通过各种方式表达自身的价值，只要他们的成就能够合理促进社会本身的发展，就能够被他人所尊重。社会融入与个别化是历史进步的两个标志，它们也决定了承认关系的转变。

（二）历史过程中的承认

依据霍耐特的观点，社会历史以道德冲突为基本的发展逻辑，以"形式化的伦理生活"为目标，以社会融入和个别化为具体表现。这一系列观点都与个体争取承认的斗争密切相关，甚至可以说，社会发展的目的就是为了更好地满足个体寻求自身实现的诉求。社会斗争的原因在于已有的社会机制并没有为个体提供发展所需要的条件，个体或组织对现有社会机制的反抗只是为了建立理想的社会交往关系。由此可见，只有明确社会领域中的承认理论才能弄清社会发展中的道德逻辑。霍耐特以个体的承认需求为基础去阐释社会领域中的为承认的斗争。完整的人格包含自信、自尊和自豪。这三个方面的需求只能通过他人的承认才能得到满足。这里同样需要强调承认中所包含的否定性环节，也就是说，承认并非直接就是肯定的关系，而是以斗争为前提。在个体与社会组织之间的承认关系中，就是有限的社会机制阻碍个体实现自身的完整性，而个体通过斗争对其进行反抗。

与自信相对的是，为现实社会规范所接受的暴力与虐待。"特定形式的暴力或虐待的目标破坏了个人对社会世界的信任以及对自身的信心，它导致了一个对于个体人格完整性的特别残酷的攻击。"[1] 暴力与虐待不仅给人带来肉体上的痛苦，更重要的是破坏个体的自我的同一性。以强奸为例来说明这一问题。尽管在当下的主流语境中，强奸已经被视为一种违法的行为，但在很长一段时间里，婚内强奸并不会得到法律的制裁。对这个问题的克服依赖于妇女的反抗斗争。反抗的成果不仅兑现在对法律条文的修改之上，它同时也促使社会文化向尊重女性的方向发展。类似的情况还包括种族歧视。以美国社会为例，白人

---

[1]Zurn Christopher: *Axel Honneth.A Critical Theory of the Social*，Cambridge，Polity Press，2015，p.78.

对有色人种的歧视包含有道德的意义，即"有色人种不值得享有人之为人所应有的尊重，以及维持基本自信所需要的身体与情感的完整性"①。各个群体对这些社会暴力与歧视的反抗与斗争都包含道德的意义，或者说，社会反抗是由道德诉求所推动。

与自尊相对的是不平等的自由权利。较之于反暴力与虐待，对社会权利的诉求更为广泛。社会权利首先表现为对个体对财产的占有，之后就扩展为在政治与法律层面的平等。资本主义确立之后，个体的财产权就获得了法律的保障。启蒙运动之后，人们对于自我价值的认识已经超出了对财产的占有，因而不再满足于基本的财产权而寻求平等的政治与信仰的权利，这些权利首先只为部分社会成员所拥有，这就激起了一系列的社会反抗与斗争。这种社会斗争也包含道德的意义。个体的尊严就表现为能够平等地参与到社会与政治活动中。斗争使社会资源进一步向弱势群体开放，在政治权利方面，从拥有财产的男性到所有成年男性与女性，信仰自由对所有宗教少数民族保持开放。除了政治权利与信仰自由之外，在当下出现了争取社会权利的斗争。与政治权利强调言论自由和选举自由不同，社会权利保证个体能够免于饥饿与恐惧。20世纪初全球经济大萧条以及极权主义和法西斯主义都是对于个体社会权利的巨大威胁，它们对个体尊严带来了巨大的伤害。在当下，人们更关注普遍人权的实施状况。每个国家都必须承担起相应的责任，不仅保障本国公民的人权，更要为普遍人权在世界范围内的实现贡献力量。在以上的这些权利中，理想与现实并没有达到真正的统一，例如，宗教冲突时有发生，政治权利总是受到国家机器的干扰，普遍人权充满了政治色彩，但是，这些问题都不能阻碍人们对自由权利的追求。我们也必须承认，通过各领域的斗争，自由权利愈来愈广泛地得到落实。"所有这些不同的权利斗争可以被理解为争取恰当承认的斗争，尤其是为必要社会条件的斗争。这些社会条件促成了自尊的发展，通过法律上尊重人们自由和平

---

①Zurn Christopher: *Axel Honneth.A Critical Theory of the Social*, Cambridge, Polity Press, 2015, p.60.

等的固有自主权。"①

与自豪相对应的是多元文化的冲突。在霍耐特看来，自豪意味着个体独特的行为与成就能够获得整个社会的承认。自豪与之前的两种承认形式有着本质性的区别，这表现为，无论是形式还是内容，自信与自尊都是普遍性的诉求，尽管从形式上看，自豪也需要普遍性的满足，但由于个体的自豪感总是与某种具体的组织文化相联系，这使得自豪的内容有着各式各样的差别。现代社会的一个核心标志是文化的多样性与异质性，这会带来不同文化之前的冲突与对立。文化间的冲突影响了个体自豪感的满足，因为，个体自豪感的满足必须与特定的社会文化相对应，当某种文化传统受到其他文化的压制时，个体对自豪感的需求就无法获得承认。文化冲突及对其的克服都具有道德的意义。文化冲突的本质是不同文化团体争取承认的斗争。斗争是为了保存自身的独立地位与价值。但是，反抗与斗争的结果不是文化间的相互对立，而是相互承认对方具有独立的价值，因此，也可以说，文化冲突的目的是建构一种多元的国家政体。"为政治、民族、宗教和国家多样性在政治上的协调而进行的斗争，一方面可以被解释为打击侮辱和诋毁等有害形式的方式；另一方面可以为现存的非正统的或少数派的价值框架提供一个空间，使得个体能够有平等的机会实现自豪。"②

以上这些社会斗争都具有道德的意义，也就是说，斗争不是单纯去满足物质需求，更重要的是去实现个体对自身完整性的诉求。在严格的意义上，霍耐特并没有对社会发展中的道德逻辑进行证明，他只是通过对事实的分析揭示出这一原则。在社会斗争的背景下，个体的各种承认要求就转变为对正义的社会制度的要求，换句话说，就是要建立起一种正义且良善的伦理生活秩序。之前已经说明，霍耐特将这种理想的社会秩序称为形式化的伦理生活，它包含社会融入和个体化这两个特点，二者都被纳入到为承认而斗争的目的中。自信与自

---

①Zurn Christopher: *Axel Honneth.A Critical Theory of the Social*，Cambridge，Polity Press，2015，p.63.

②Zurn Christopher: *Axel Honneth.A Critical Theory of the Social*，Cambridge，Polity Press，2015，p.64.

尊更注重社会融入，因为它们都要求一种否定性的权利，即免于外力的限制，社会融入的目的是让社会资源向一些社会成员平等的开放，使他们能够不受干涉地行使自身的权利。自豪更强调个体化的特点。个体自豪感的满足依赖于自身独特的个性与成就得到整个文化共同体的认同。只有在一个开放的社会中才能让自豪得到实现。社会融入与个体化分别对应于正义与自由，它们将成为以下两章讨论的核心概念。

第三节 承认思想的差别

霍耐特与黑格尔承认思想的差异既是一个关键性的问题，也是一个复杂的问题。关于该问题，国内的研究成果普遍认为，霍耐特吸收了米德社会心理学的观点，对黑格尔的承认理论做了经验性的改造，从而将承认区分为爱、法权和团结这三个环节。这种观点过于笼统，它并没有对以下问题作出回答。第一，在霍耐特那里，承认本质上是为承认的斗争，黑格尔能够在多大程度上接受这一观点？第二，之前已经指出，黑格尔与霍耐特同样从两个层次（方面）去规定承认的内涵，二者之间有何异同？本书认为，黑格尔并不同意霍耐特将承认等同于为承认而斗争。在前者那里，斗争仅是承认的一个环节。霍耐特反对将承认区分为两个不同的层次，他将个体与实体之间的承认关系还原为个体间的承认关系。

关于斗争的问题，无论是西普还是耶施克都认为，在黑格尔那里，不能将承认等同于为承认的斗争。西普指出："承认和承认概念在黑格尔那里是一个复杂的概念，包含了许多有待揭示的要素，这与费希特将此概念限定于法权关系中不同。这一概念中的一个片段即'承认的斗争'概念。"[①]之前已经说明，在西普看来，黑格尔主要在承认的第一个层次（个体间的承认关系）中讨论斗

---

① [德]路德维希·西普：《"为承认而斗争"——从黑格尔到霍耐特》，罗亚玲译，载《马克思主义与现实》2010年第6期，第143页。

争问题。这并不是说，在法权状态下（个体与伦理实体的承认关系）就不存在斗争的问题，只是它不再作为核心性的概念。"黑格尔本人在更高的阶段上对隶属于这种斗争的相互否定和自我克服的意愿的要素做了抽象理解。但自我否定和他人否定的要素结构性地隶属于自我意识通向自主性和整合到理性国家的共同体中的目标的发展，这一点还是根本性的。"① 耶施克将斗争限定在自然状态下，即法权状态之前。"斗争无疑是一个重要的要素，但只是建构自我意识和社会的要素之———如果人们看不到其他要素，那人们就把这一单一的要素绝对化了，确切地说，在此意义上绝对化了，在其中绝对的东西乃是抽象的东西。"② 在法权状态下，承认关系在法律上得到确认，自然状态下的斗争已经被消除。这并不是说当下的社会已不再有对立与冲突，而是说，任何一种斗争都无法动摇"在原则层面和世界潮流层面上对人类权利主体地位的承认"。关于第一点，霍耐特认为，无论是个体层面还是社会层面，斗争都被理解为承认理论的核心。个体或者文化共同体对承认的追求总伴随着对蔑视与宰制的反抗。关于第二点，霍耐特强调持续斗争的目的并不是去推翻当下社会所坚持的价值理念，而是对其进行完善与深化。

霍耐特与黑格尔之间另一个重要差别在于，前者总是尝试从主体互动的角度去阐释承认问题，也就是说，他将承认定义为主体间的关系。与之相对，在黑格尔的观念中，除了个体间的承认关系还有个体与普遍之间的承认关系。西普对这两种承认形式作了明确的区分。个体间的承认关系又被称为个体间的"水平（horizontal）关系"；个体与整体之间的承认关系又被称为"垂直的（vertical）关系"。

尽管深受前辈学者，特别是哈贝马斯交往理论的影响，但霍耐特对青年黑格尔思想的解读依然具有强烈的个人特色。在选取材料方面，尽管都是研究青

---

① [德]路德维希·西普：《"为承认而斗争"——从黑格尔到霍耐特》，罗亚玲译，载《马克思主义与现实》2010年第6期，第143页。

② [德]瓦尔特·耶施克：《"承认"作为国家秩序与国际秩序的原则》，徐龙飞译，载《求是学刊》2010年第1期，第44页。

年黑格尔的思想，但霍耐特与西普和哈贝马斯不同，霍耐特主要关注黑格尔在1802年写作的《伦理体系》。他认为，在这本著作中，黑格尔仍然坚持主体间性的观点。相比之下，西普与哈贝马斯对青年黑格尔的研究更加全面。哈贝马斯从黑格尔1802—1805年间的作品中去挖掘主体间性的思想，而西普对承认理论的研究甚至延伸到黑格尔的《精神现象学》。从这里可以看出，霍耐特对黑格尔思想研究的基本态度，他并不是要完整地阐释黑格尔的所思所想，而是在开端处就抱着"再实现化"的姿态去审视黑格尔的作品。与其他学者不同，青年黑格尔思想的变化、同时代人对黑格尔思想的影响一概不在霍耐特的考察范围中。"霍耐特唯一关心的是黑格尔独特论点的概念性内容，及其对当下社会理论目标的作用。"[1]

对研究文本的主观选择仅反映了霍耐特与黑格尔在形式上的差别，这也决定了二者之间内容上的差别。这种内容上的差别表现在对承认概念的理解上，霍耐特将承认理解为主体之间的关系，而在黑格尔那里，除了有个体间关系之外，还有个体与普遍之间的关系，而后者起到了关键性的作用。想要理解二者之间的差别必须就必须回答，霍耐特为什么只重视《伦理体系》。按照霍耐特的观点，尽管都是意图通过承认来完成个体意识与普遍意识的统一，但《伦理体系》与之后的文本在处理方式上有着本质的区别。最主要的区别是，在《伦理体系》中，黑格尔还是坚持主体间性的人类学立场，但这里存在一个无法克服的问题，即自然的伦理如何过渡至绝对伦理。在那之后，"精神范畴或意识范畴也就越来越多地承担着精确地描述把社会生活世界和自然世界区分开来的结构原则的使命"[2]。也就是说，在《伦理体系》之后，黑格尔实践哲学的起点从主体间性转向了形而上学式的主体。

在霍耐特看来，《伦理体系》深受霍布斯政治哲学思想的启发。霍布斯认为，在自然状态下，人与人处于相互斗争的状态，社会整合的目的只是为了保

---

[1]Deranty Jean-Philippe: *Beyond Communication.A Critical Study of Axel Honneth's Social Philosophy*, Boston，BRILL，2009，p.216.

[2] [德] 阿克塞尔·霍耐特：《为承认而斗争》，胡继华译，上海：上海人民出版社，2005年，第31页。

障每个个体的自然权利。此时的黑格尔受到亚里士多德政治学的影响，因而拒绝将人视为纯粹的个体，与之相对，"赋予了公共生活的主体间性以更高的地位"。以主体间性的观点为基础，黑格尔就尝试讨论社会整合的问题。如果从个体主义的角度出发，社会整体只是个体经过算计所得到的结果，这使它只能起到消极的作用。鉴于这些缺点，黑格尔希望构建一种伦理总体，即"自由的公民所组成的伦理共同体"。伦理共同体要求"一定不能把公共生活看作是私人自由领域互相限制的结果，恰好相反，必须把它看作是一切个体实现其自由的机会"①。在伦理共同体中，个体与整体之间的统一不依赖于外在强制的法律，而是以社会风俗为基础。社会立法体系只是对当下社会风俗的表达。《伦理体系》的重点在于，如何从自然伦理的状态过渡到伦理总体，这里就涉及承认的问题。与包括霍布斯在内的自然法理论家不同，黑格尔并没有在开端处就区分两种不同的状态，即自然状态与法权状态，之后再设法将二者统一起来，"在黑格尔看来，根本无须诉至于外在假设，理由很简单：他已经假设了主体间义务的存在是人的社会化过程的准自然前提条件"②。关于环节间过渡的问题，霍耐特认为，黑格尔同时受到亚里士多德和霍布斯的影响。第一是亚里士多德的目的论。任何一种发展过程都包含有自身独特的目的。自然伦理是伦理总体的原初形式，伦理总体是自然伦理的完整形态。第二是霍布斯的斗争理论。在霍布斯看来，自然状态下人与人之间的斗争是你死我亡的殊死搏斗，黑格尔认同斗争的存在，但他是从积极的角度看待斗争的意义，因而将斗争视为一个否定的过程，"社会伦理关系就要经过这一渐进的过程摆脱一直都存在的片面性和特殊性"③。黑格尔将二者的观点综合起来。"人类精神历史被理解为一种冲突的过程，自然伦理中固有的'道德'潜能（处于'深藏和萌发'状态）在这一过程中得到普遍化。"④

---

① [德] 阿克塞尔·霍耐特：《为承认而斗争》，胡继华译，上海：上海人民出版社，2005年，第18页。
② [德] 阿克塞尔·霍耐特：《为承认而斗争》，胡继华译，上海：上海人民出版社，2005年，第20页。
③ [德] 阿克塞尔·霍耐特：《为承认而斗争》，胡继华译，上海：上海人民出版社，2005年，第20页。
④ [德] 阿克塞尔·霍耐特：《为承认而斗争》，胡继华译，上海：上海人民出版社，2005年，第20页。

　　个体首先在自然伦理中结成了相互承认的关系。起初，这种关系还是抽象且易被破坏的，它会遭受各种斗争的侵害，经过一系列的斗争与反抗，自然伦理才上升为伦理整体，即"纯粹伦理的有机关系"。黑格尔将一系列斗争过程统称为"犯罪"。"千差万别的冲突似乎正好构成了这么一个过程：通过给个体配备必要特征和洞察能力而为自然伦理向绝对伦理的过渡铺平了道路。"① 黑格尔认为，造成犯罪的原因在于行为者没有得到完整的承认。在自然伦理的状态下，每个个体都被承认具有自由的权利，但是，这种权利还不具有现实性，而只具有抽象的意义。自由权利首先表现为对财产的占有，与此相对，犯罪就是对他人财产的侵占。为了反抗这一状态，就出现了人与人之间的斗争。这是"两个有法律能力的主体之间的斗争，斗争的对象是承认双方不同的要求：一方面是无限度地扩张主体的主体性这一引起冲突的要求，另一方面是赢得社会对所有权的尊重的对应要求"② 。霍耐特认为，这是一种道德冲突，换句话说，只有"为整个人格的完整性而斗争"才能获得真正的承认。无限扩张主体性的要求只是行为者在竭力满足自身的自然需求，如果将其承认为普遍性的行为准则与社会规范，那只能带来人与人之间的斗争。为了争取对所有权的尊重而进行的斗争内含道德逻辑，因为，它是为了将自然的欲求限定在社会理性的范围内。盗窃与抢劫还是犯罪的低级阶段，它更高级的表现形式是对人格完整性的侵害，这就产生了为名誉的斗争。"名誉揭示的是一种肯定的自我关系，这种关系在结构上与个体特殊性获得主体间承认的前提密切相关。"③ 名誉与法权相似，它们都需要通过他人的承认才能获得实在性。霍耐特认为，个体之间为名誉而斗争也是为了寻求自身的完整性。与法权意义上的斗争不同，为名誉的斗争需要个体拼上自身的性命。这样做的目的是表明，个体已经对究竟什么是自身的完整性有了充分的认识，高尚的名誉不能被贬低为对自然需求的满足。犯罪与对其的反抗促成了自然人格向自由人格的发展。"承认运动中的'斗争'要素就

① ［德］阿克塞尔·霍耐特：《为承认而斗争》，胡继华译，上海：上海人民出版社，2005年，第28页。
② ［德］阿克塞尔·霍耐特：《为承认而斗争》，胡继华译，上海：上海人民出版社，2005年，第26页。
③ ［德］阿克塞尔·霍耐特：《为承认而斗争》，胡继华译，上海：上海人民出版社，2005年，第27页。

不仅被赋予了一种——过渡的功用,而且被赋予了一种形成意识的积极功能。"①"'斗争'要素在每一种情况下都表现了承认社会关系从一个阶段到下一个阶段的实际可能性条件。"②

对霍耐特观点的最重要的质疑认为,他仅仅看到水平意义上的承认,而没有考察垂直意义上的承认。垂直关系指的是个体与社会机制之间的关系。有观点认为,霍耐特忽视垂直关系的原因在于,他将社会机制(伦理)还原为主体间的关系,换句话说,纯粹从风俗的意义上去理解黑格尔的伦理。这种观点的缺点在于,黑格尔绝不是从现有的社会风俗的角度去理解伦理,而更强调伦理中所包含的形而上的维度。伦理本质上是伦理性(Sittlichkeit)。"自由公民为承认而斗争仅仅是伦理理念现实化的一个环节和手段,为承认而斗争,需要一个属于自由公民的自主的'社会',具有'伦理神性'的民族和国家来调解和规范这个社会。"③霍耐特并不是没有注意到这个问题。在一开始就已经强调,霍耐特对黑格尔承认理论的研究是面向当下的,他只想要提炼出黑格尔思想中主体间性的环节。从这一角度看,也就可以理解霍耐特为什么对黑格尔伦理概念中的形而上维度作主体间性的转化。其实霍耐特本人对垂直关系的存在也有着充分的意识。在对《伦理体系》的研究中,霍耐特就说道:"到目前为止,黑格尔一直都是从哲学的理念世界获得其'伦理'的基本概念的;对于这一理念世界,无论它被如何构想,对自然秩序的本体论参照总是具有根本的意义。"④从主体间性的角度去重构黑格尔的思想可以说是霍耐特一以贯之的原则。在之后对《法哲学原理》的"再实现化"中,霍耐特依然尝试从主体间性的角度对黑格尔的客观精神与伦理进行重构。他认为,法哲学中的伦理所包含的主要问题就在于,过分拘泥于社会制度性的环节。这表现为两个方面:第一,没有将友谊这种主体间性的环节纳入到伦理中;第二,将国家视为垂直的承认关系。⑤

---

① [德] 阿克塞尔·霍耐特:《为承认而斗争》,胡继华译,上海: 上海人民出版社,2005年,第30页。
② [德] 阿克塞尔·霍耐特:《为承认而斗争》,胡继华译,上海: 上海人民出版社,2005年,第30页。
③ 邓安庆:《从"自然伦理"的解体到伦理共同体的重建》,《复旦学报》2015年第5期,第38页。
④ [德] 阿克塞尔·霍耐特:《为承认而斗争》,胡继华译,上海: 上海人民出版社,2005年,第30页。
⑤ 该问题将在第三章中详细讨论。

承认是"再实现化"的必要条件，它使"再实现化"得以可能。通过承认，一方面，个体自由与社会交往之间建立了必然性的联系；另一方面，社会发展将个体完整的自我实现确立为主要目标。但在这里，"再实现化"的目的并没有得到完成。主要原因在于，承认只是给出一种形式化的框架，还并没有对当下实践哲学所关心的诸多问题给出具体的回答。

第三章
正义与病态：对"再实现化"的初次尝试

在《为承认而斗争》中，受黑格尔承认思想的影响，霍耐特提出了社会冲突的道德逻辑，这意味着，社会发展以一种"形式化的伦理生活"为自身的目标。以承认为中介，个体自由的完满实现与社会正义论之间就建立起必然性的联系。承认原则为霍耐特对黑格尔实践哲学的"再实现化"奠定了基础。

在 2001 年，霍耐特出版了一本名为《不确定性的痛苦》的专著，在这本著作中，他对黑格尔成熟时期的《法哲学原理》展开了颇有新意的诠释。这本仅有百余页的小册子看起来并不起眼，其实它包含重要的意义。依据霍耐特的观点，法哲学实质上是在讨论社会正义的问题。从肯定的方面看，社会正义指所有的社会交往机制能够平等地向所有社会成员开放，以满足他们实现自身的需求；从否定的方面看，个体与团体对自由权利的错误理解与使用会导致社会病态，而正义是对病态的诊断与治疗。本书认为，《不确定性的痛苦》是霍耐特对黑格尔实践哲学进行"再实现化"的第一次具体尝试。原因在于：第一，在这个文本中，霍耐特第一次提出"再实现化"的观点；第二，他运用黑格尔的观点对当下实践哲学的关键问题给出了回答。必须注意的是，在这次尝试中，霍耐特依然受制于黑格尔的观点与概念。"再实现化"的目标在《自由的法权》中才真正得到完成。

第一节 霍耐特论客观精神

与早期的《为承认而斗争》一样，霍耐特对法哲学的研究同样是为了更好地反思"康德传统中的理性法纲领"。自由与正义是当代政治哲学的核心，无论是罗尔斯还是哈贝马斯，很大程度上都受到康德理性法思想的影响。尽管他们为了在现实中具体落实康德思想的理念付出了巨大的努力，但在霍耐特看来，这些理论都有自身的缺陷。

面对这一状况，包括沃尔泽和麦金泰尔在内的社群主义者尝试挖掘黑格尔法哲学中的相关思想以纠正自由主义的缺陷。霍耐特对他们的理论成果持质疑的态度。因为他们"把伦理置于形式主义的道德原则之上，把共同价值的束缚置于个人的意志自由之上"[1]。霍耐特认为，黑格尔在《法哲学原理》中的一些核心观点吸引了大量学者的注意，例如，黑格尔意图"把那些形式上获得的正义原则在社会环境中具体化"。但是，人们依然没有从社会现实的角度去真正理解这本书的当代价值。造成这一状况的原因主要有两点：首先，长期以来，黑格尔的法哲学给人一种反民主的印象。特别是在伦理一章的开篇，黑格尔认为，较之于伦理实体，所有的个体都是偶然的。据此，人们一般认为，黑格尔把个体的自由权利置于国家的伦理权威之下。这与康德哲学中个体权利至上的观点形成鲜明对立。其次，理解黑格尔的法哲学必须以逻辑学为前提。这为法哲学披上了神秘化的外衣。对此，霍耐特指出，我们可以采取两种措施以应对这一状况，要么对这两种质疑采取直接批评的方式，认为他们完全误解了黑格尔的意图，从而对黑格尔的文本进行重新阐释；要么"采用间接而必要的批评方法，即说明，对于切实地、富有成效地重新把握这本著作来说，这两种反对意见都无关紧要"[2]。依据第一种态度，需要遵从法哲学中的观点与方法，亦步亦趋地实现黑格尔的构想，尤其他的国家学说。霍耐特并不赞成这样的做法。在当

---

①Honneth Axell: *Leiden an Unbestimmtheit*, Stuttgart, Reclam, 2001, S.4.

②Honneth Axell: *Leiden an Unbestimmtheit*, Stuttgart, Reclam, 2001, S.5.

下这个与形而上学渐行渐远的时代，完全照搬法哲学中的思想与时代精神相悖。霍耐特认为，第二种方式是以间接的方式重新实现黑格尔的思想，因为，"我们可以不借助实质性的国家概念或者逻辑学的推演过程而富有成效地解释这本书的目的和结构"[①]。霍耐特明确强调，他"将满足于用第二种形式来复活他的《法哲学》"。换句话说，他对法哲学的"再实现化"既不需要逻辑学作为方法论的支撑，也不需要国家作为体系的基础。

霍耐特明确交代了对法哲学进行"再实现化"的目的。法哲学"必须被看作是要勾勒出一个相互承认的规范理论领域，维护这样一个领域对于现代社会的道德同一性具有建构性的意义"[②]。从这里可以看出，霍耐特研究法哲学的目的并不是为了提供一种阐释黑格尔文本的新思路，而是以法哲学为基础，展示一种全新的个体自由观与社会正义论。这些内容涉及这篇文本的另一个关键概念——社会病态。本部分内容主要涉及法哲学中的"抽象法"与"道德"。霍耐特将二者视为个体滥用自由权利从而造成社会病态的原因。个体自由必须超越否定自由与反思自由的病态形式。这为社会自由概念的提出奠定了基础。

与耶拿时期不同，在《法哲学原理》中，客观精神取代了承认，成为统一主观自由与客观伦理制度的中介。针对客观精神，霍耐特有两个主要的观点：第一，它本质上是在描述一种正义的社会秩序。在其中，所有的社会交往领域都能平等地向所有社会成员开放。第二，客观精神的所有领域都可以从主体间承认的角度去理解。由此可见，尽管黑格尔的实践哲学在早期和晚期有着本质性差异，但是，霍耐特一直坚持以承认概念为基本原则对其进行理解与阐释。

一、黑格尔的客观精神

客观精神（objektiver Geist）是霍耐特对黑格尔法哲学进行"再实现化"的关键概念，因此，必须澄清这两个概念在霍耐特那里到底意味着什么，而在此

---

①Honneth Axel: *Leiden an Unbestimmtheit*, Stuttgart, Reclam, 2001, S.6.
②Honneth Axel: *Leiden an Unbestimmtheit*, Stuttgart, Reclam, 2001, S.6.

之前,首先需要展示此概念的理论原象。

黑格尔哲学有一个核心观点,即现实是精神的(Wirklichkeit ist geistig)。现实并不是直观意义上的具体定在,而是"由自身区分和反思的整体性概念系统所构成"[①]。在实践哲学中,现实所指代的内容包括:个体的权利与互动,社会的进程和法权法则和国家机制。一切社会现实就构成了黑格尔的客观精神。西普认为,这里的客观包含两层含义:首先,它与主观确定性相对立。具体表现为,社会现实与规范不能被还原为个体的行动、意图和兴趣。这种客观性与国民经济学中"看不见的手"所包含的意义相类似。其次,社会和国家中的客观法则与规范并不是指单纯的协议或习俗,而是指具有必然性的理性规定。这种客观性并不是超越性,它必须在历史过程中得到展示。同样可以从两个方面理解黑格尔的精神概念:在否定意义上,精神是自然的真理,更准确地说,精神是对自然的否定之否定。在黑格尔的科学体系中,自然哲学是绝对概念的外化,而精神是对这一外化的扬弃,因此,精神就是绝对否定。在肯定意义上,精神是"返回到自为存在所获得的理念,这个理念的对象同时也是概念的主体"[②]。这意味着,精神并不是某种只能作为认识对象的实体性存在,相反,精神就是作为认识和意志的现实形式的定在。总的来说,在精神中,对象与概念达到了统一,精神既是概念也是对概念的把握,既是认识也是认识的对象,既是意志也是被欲求的对象。耶施克认为,黑格尔的精神概念的本质是自由,它包含自我相关(Selbstbezueglichkeit)与自我生产(Selbstproduktion)两个特点。前者与近代哲学的自我意识问题密切相关。在先验哲学中,主体与客体间的统一仅在自我意识中得到实现,但是,"在自我意识中,认知和被认知的自我并没有实际的区分,而只有概念上的差别"[③]。精神首先是主观精神,它继承了自我意识在他者中认识自身的特点。"与自我意识的自我认知(sichwissen)不同,精

---

①Jaeschke Walter: *Hegel Handbuch*,Stuttgart,J.B.METZLER,2010,S.215.

②Jaeschke Walter: *Hegel Handbuch*,Stuttgart,J.B.METZLER,2010,S.216.

③Jaeschke Walter: *Hegel Handbuch*,Stuttgart,J.B.METZLER,2010,S.216.

神的自我认知是真实区分的统一"①。与自我意识空虚的自我同一不同，精神意图完成真实的自我认知，这个过程需要通过经过他者（das Andere）的中介。尽管，精神也认同自我意识中的反思是自我认知的关键，真实的自我认知必须通过意志超越内在的反思，这就进入到客观精神。"现实的形式作为由意志所生产和创造的世界，在其中，作为现成必然性的自由就是客观精神。"②

首先需要明确到底什么是黑格尔所理解的"客观"。按照西普的思路，可以从"现实"和"独立于主体"这两个角度理解。可以对这两个理解角度继续进行细分。"现实"一方面指自身中包含有内在的区分，这与抽象的、未发展的原则相对立；另一方面，现实并不是主体自我意识对象化的产物，而是对应于具体的社会关系。"独立于主体"一方面指与主观意见与偏好相对立，并且具有客观有效性的规范与机制；另一方面指规范与机制的效用和权力。

黑格尔将社会和政治机制以及在其中的生活与行动理解为客观精神。除了近代的个体主义与主观主义之外，黑格尔的客观精神吸收了希腊哲学和基督教神学的精神性内涵。这种做法有两个关键点：第一，前现代哲学能够有效纠正近代哲学的缺点；第二，接受近代主体哲学的原则，改造传统的形而上学。依据西普的观点，黑格尔的客观精神包含以下三个特点：第一，"在一个具有合法的宪法，并且功能得到区分的国家中，一个有意识的为获得公民所认同的公共福利而行动的意志属于自觉行动的精神"③。第二，"客观精神不是将自身还原为独立个体的契约。个体不仅通过集体性的伦理和行为方式而得到社会化，而且要遵守在机制中得到实体化的价值、善和生活形式。尽管个体能够退回到内在的良心，但是，这并不能使个体摆脱法则和义务"④。第三，与康德和柏拉图对超世俗和先验理性的追求不同，客观精神要求"民族和个体通过历史的

---

① Jaeschke Walter: *Hegel Handbuch*，Stuttgart，J.B.METZLER，2010，S.216.

② Jaeschke Walter: *Hegel Handbuch*，Stuttgart，J.B.METZLER，2010，S.217.

③ Siep Ludwig: *Aktualitaet und Grenzen der praktischen Philosophie Hegels*，Muechen，Wilhelm Fink Verlag，2010，S.127.

④ Siep Ludwig: *Aktualitaet und Grenzen der praktischen Philosophie Hegels*，Muechen，Wilhelm Fink Verlag，2010，S.128.

学习过程成为普遍性的意识，即在宪法和社会组织中成为现实（活生生）的精神"①。

　　第一点是主观性的环节。在近代，主观性就是个体自由。以霍布斯和洛克为代表的经验派学者将个体自由视为自然法的基本原则，以此为基础建立起社会契约理论。以康德和费希特为代表的理性派学者从主观性中发展出道德自由的思想。黑格尔将这两种观点都纳入到客观精神的领域中。无论是私人间的法权关系，还是市场经济领域中的交往活动，都必须以个体间自由的契约关系为前提。由于道德自由追求普遍性的目的，西普认为，它是受过教育并具有较高社会地位的公民所必备的能力。甚至当君主在现代的意义上作出"我意愿"的决断时，也可以被视为道德自由的表现。总的来说，主观自由意味着个体具有公民权利（buergerlich Recht），它一方面将个体视为财产拥有者、契约主体；另一方面承认个体具有公共参与的权利与义务。与亚里士多德类似，黑格尔也认为国家意志的确立并不需要广泛的民主决策，而是公务人员的工作。

　　第二点是整体优先性的环节。与亚里士多德城邦先于个体的观点相同，黑格尔也认为，国家具有本体论意义上的优先性，这恰好与近代的社会契约论相反。契约论认为，个体的自然权利是首要的，国家只是个体为了保证自身权利的产物，反对契约论是指不赞成将主观任性视为现代国家的基础，因此，黑格尔所理解的国家并非无视个体的诉求。在客观精神中，国家包括内在和外在两种意义上的主权。其中，国家的内在主权无法离开个体或社会组织（阶层）的特殊偏好与兴趣。整体并不与个体相对立，它的优先性表现为，个体的特殊兴趣必须与公共利益相统一。这里涉及黑格尔关于社会阶层的理论。与柏拉图和亚里士多德类似，他认为，国家是由农业阶层、商业阶层、官僚阶级所组成。在不同的阶层中，个体的偏好与公共的利益实现了不同程度的统一。

　　第三点是目的论的环节。与柏拉图二元论的观点不同，黑格尔更倾向于亚里士多德的观点，即最高理念并不与感性现实相对立，相反，它是感性个体的

---

①Siep Ludwig: *Aktualitaet und Grenzen der praktischen Philosophie Hegels*, Muechen, Wilhelm Fink Verlag, 2010, S.128.

隐德莱希和内在的形式。这就是亚里士多德概念实在论与柏拉图理念学说中分离论（chorismos）的区分。黑格尔将自然与文化的发展视为有目的的过程，换句话说，自然与人类精神都被内在于其中的理念所指引。但是，不能简单地将黑格尔客观精神中对目的论的理解等同于亚里士多德的观点。西普从宗教神学的角度去讨论这个问题。“亚里士多德关于宪法的学说以及它的转换被黑格尔理解为目的论历史哲学的准备阶段。”① 必须在基督教以及近代的历史哲学中重新理解亚里士多德关于目的的学说。黑格尔将基督教的救世史转化为神学教义的核心。“上帝的流出说（Emanation）在世界和对它的神圣化中展现为创世、成人和救赎。”② 他拒绝从末世论的角度去理解如何拯救已然堕落的灵魂，相反，救赎就发生在世俗的历史中。在精神现象学中，由于人意识到自身与上帝之间、此岸与彼岸之间的绝对区分从而产生了苦恼意识，对黑格尔来说，这个对立只有在基督教启示录的历史中才能得到克服。换句话说，人在现世中就能获得救赎。在这个意义上，“家庭、市民社会和政治国家的伦理是在历史中的理性有目的地朝向自身运动的永恒的结果（zeitlos Resultat）”③。客观精神是有目的的运动，即在现实中实现精神对自身的认知。

二、霍耐特对客观精神的认识

在《不确定性的痛苦》中，霍耐特对客观精神的概念与目的作了三次总结。首先，客观精神是指“现代条件下公正的社会秩序中包含着规范原则，这些原则是哲学研究的对象”；其次，客观精神“系统地重构了每个人的自由意志在现代得以实现的必然步骤”；最后，“客观精神概念包含了这样一个问题：一

---

① Siep Ludwig: *Aktualitaet und Grenzen der praktischen Philosophie Hegels*，Muechen，Wilhelm Fink Verlag，2010，S.130.

② Siep Ludwig: *Aktualitaet und Grenzen der praktischen Philosophie Hegels*，Muechen，Wilhelm Fink Verlag，2010，S.131.

③ Siep Ludwig: *Aktualitaet und Grenzen der praktischen Philosophie Hegels*，Muechen，Wilhelm Fink Verlag，2010，S.130.

切社会现实都拥有一个理性的结构，一旦某些错误的或者不恰当的概念被成功地用于社会生活的实践中，那么它们就会与这个结构相抵触，并必然会在社会生活内部产生副作用"①。霍耐特不仅将黑格尔的法哲学理解为道德哲学或者伦理学，更重要的是将其视为一门关于社会正义的学说。他认为，在法哲学中，正义的社会秩序意味着每个个体的自由意志都能够完整地展示。换句话说，客观精神实际上是在研究自由意志得以实现的社会条件。

黑格尔在法哲学中明确提出，法哲学的主要目标是研究"自由意志的定在"。"'定在'这个概念在这里是客观精神的规定并在此意义上涉及'自由意志'得以实现的社会条件。"②霍耐特认为，早在耶拿时期，青年黑格尔对自由意志的概念就具有某种直觉，这种直觉建立在批评其他两种理解方式的基础上。近代以来，人们普遍赞同将自由意志理解为个体意志的自律和自我规定。在否定的意义上，作为自律的自由意志被视为人的一种能力，这种能力让自身独立于一切需求、欲望与冲动，因而是对一切偏好的否定；在肯定的意义上，"个人的自我规定还被理解为在'规定'的内容之间进行反思想选择或者决断的能力"③。这两种理解方式的共同缺点在于：他们都以理想的伦理法则与外在的自然本能之间的二元对立为基础。黑格尔一再反对从二元论的立场去阐释自由意志，他认为，自由应该被理解为意志自身的关系，换句话说，自由的形式与内容必须是统一的。黑格尔对自由意志的定义综合了以上两种观点，霍耐特将黑格尔对自由意志的理解定义为"在他者就是在自己自身"的模式。在其中包含了两个步骤：第一，意志必须对自身的需求、偏好以及本能进行限制，与之前否定性的看法不同，"这些东西（需求、偏好等）的实现应该再次被当作它自己的自由的表达和确证来加以体验"④。第二，个人的自我规定就是要通过反思以超越某种受限制的行动目的。在第一个环节中，意志将对象视为构成自身的

①Honneth Axel: *Leiden an Unbestimmtheit*, Stuttgart, Reclam, 2001, S.22.
②Honneth Axel: *Leiden an Unbestimmtheit*, Stuttgart, Reclam, 2001, S.22.
③Honneth Axel: *Leiden an Unbestimmtheit*, Stuttgart, Reclam, 2001, S.24.
④Honneth Axel: *Leiden an Unbestimmtheit*, Stuttgart, Reclam, 2001, S.23.

必要环节，但是，依然很难区分自由的意志与任性的意志，只有经过第二个环节，意志通过教化才能将自身发展为真正的自由意志。当自由意志将自身表现为外在的、社会性的、制度性条件的总和时，自由意志就对象化为自身的定在。霍耐特认为，黑格尔讨论自由意志及其定在的目的在于构建一种正义的社会秩序。"这个秩序应该允许每一个主体建立交往性联系，而这种联系可以被体验为他自己的自由的表达。"[1]霍耐特非常重视自由意志的定在中所包含的交往要素，甚至认为"只有在主体能够参与到这种社会联系中，他才能无强制地在外部世界中实现他的自由"[2]。他借用了罗尔斯关于社会基本善的提法，将社会交往关系定义为社会基本善。在此基础上，霍耐特明确提出了自己关于社会正义的构想。"现代社会的'正义'在很大程度上依赖于所有主体的这样一种能力，即能够同等地参与到'基本善'即交往关系中。"[3]这样，霍耐特就向我们展示出客观精神的第一层含义：客观精神的本质是关于社会正义的理论。但是，客观精神所包含的具体的规范性内涵目前并不明确。

霍耐特对客观精神的第二层次论述涉及客观精神所包含的规范性内涵。简单地说，客观精神的规范性目的在于完成个体的自我实现。客观精神为自我实现创造了社会条件。在《法哲学原理》中，自由意志的定在又被称为法权（Recht）。在常识的层面，法权与道德和伦理之间是相互对立的，在法哲学中，"道德、伦理、国家利益等每个都是独特的法，因为这些形态中的每一个都是自由的规定和定在"[4]。在康德与费希特的法哲学中，法权被视为由国家的强制措施所维持的社会秩序。在黑格尔那里，法权被理解为一种社会前提，这个前提对于每个主体的自由意志的实现来说，被证明是必须的。黑格尔并不是从个体权利的立场去理解法权的概念，他将法权视为一种现实的社会形式，并且，仅当这种社会形式能够切实有效地推进自由意志的实现，才配称为法权。在这个意义上，

---

①Honneth Axel: *Leiden an Unbestimmtheit*, Stuttgart, Reclam, 2001, S.24.

②Honneth Axel: *Leiden an Unbestimmtheit*, Stuttgart, Reclam, 2001, S.27.

③Honneth Axel: *Leiden an Unbestimmtheit*, Stuttgart, Reclam, 2001, S.27.

④Honneth Axel: *Leiden an Unbestimmtheit*, Stuttgart, Reclam, 2001, S.28.

黑格尔的法哲学是对一切社会交往形式的重构, 目的是呈现出"现代社会必须包含或者提供哪些社会领域, 以便其所有成员都能获得那种实现自我规定的机会"[①]。在这里, 可以更清晰地把握黑格尔客观精神中所包含的正义思想。黑格尔的正义思想包含两个规范性要素: 第一, 推动每个个体的自身实现; 第二, 对社会交往进行规范性重构, 目的是让每个社会成员都能平等地参与到社会交往的活动中。

客观精神的第三个层次涉及黑格尔对法哲学的内容架构, 它向我们揭示出黑格尔正义理论中一个非常重要的观点。"他(指黑格尔)还在现代社会的制度秩序中为那样一种自由观念——对个人自我实现虽然必要、然而却不充分的、因而也不完整的看法加以说明的自由观念——提供了合法的位置。"[②] 换句话说, 客观精神并不是单纯从肯定方面描述正义的社会秩序, 相反, 黑格尔同时从否定方面展示正义理论的意义。正义即是对非正义的否定。依据这一观点, 霍耐特认为, "黑格尔在他的正义理论中引入了二分法, 这种二分法在这里恰恰首先是在对实现'自由意志'的完整和不完整条件的划分中产生"[③]。

黑格尔的法哲学主要包含抽象法、道德和伦理三个部分。霍耐特认为, 黑格尔的这种安排包含了两个目的: 首先, 将抽象法和道德视为实现自由意志的必要非充分条件; 其次, 将两种自由形式整合到具体的社会交往关系中。如果真如霍耐特所言, 社会正义是对社会交往关系的规范性重构以保证每个社会成员都能够平等地参与到社会交往关系中。那么, 我们只需要关注于客观精神的第三个环节, 即伦理。纵观全书, 也仅在伦理这一章中, 在家庭、市民社会和国家这三个部分才真正涉及交往的行动领域。霍耐特却并不这么认为。抽象法和道德同样具有重要的意义, 因为"它们总是包含了个人参与那些交往领域的制度性前提"[④]。例如, 抽象法是指个体从纯粹主观的角度去行使自己的自由权

---

①Honneth Axel: *Leiden an Unbestimmtheit*, Stuttgart, Reclam, 2001, S.28.
②Honneth Axel: *Leiden an Unbestimmtheit*, Stuttgart, Reclam, 2001, S.30.
③Honneth Axel: *Leiden an Unbestimmtheit*, Stuttgart, Reclam, 2001, S.30.
④Honneth Axel: *Leiden an Unbestimmtheit*, Stuttgart, Reclam, 2001, S.31.

利，道德是指个体的行为依据普遍性的道德准则。它们都是自由意志展示自身的方式。抽象法是从纯粹否定的方面表现自由意志，道德更侧重自由意志中所包含的"选择性"。呈现出二者与自由意志的对应关系还是较为简单的工作，难点则在于，如何将这两种观念整合到伦理中。霍耐特认为，这里反映出法哲学创造性的一面，在伦理中，黑格尔从否定方面展开对社会关系的重构。他首先将抽象法和道德视为两种不完整的自由模式，并强调，如果在社会交往中对其进行全面实施将造成对社会的伤害。在黑格尔生活的年代，两种自由模式在社会中表现出强大的力量，因而经常会被推向极端，这就会导致主体自身的扭曲。霍耐特将这种状况定义为主体的"不确定性的痛苦"，被统称为社会的病态现象。尽管如此，黑格尔的目的也不是要彻底否定二者，而是"在我们的交往实践中找到适合于它们的位置"。黑格尔确信，现实的社会关系总是被理性结构所贯穿，它所具有的一个重要特点就在于，"不会对人的定在的那种虚假或者贫乏规定采取漠然的态度"[1]，这意味着，理性的社会结构会对社会病态现象展开诊断与治疗。这是伦理一章所要处理的主要问题。

  总的来说，霍耐特将客观精神阐释为一门规范性的社会正义论。社会正义指作为基本善的社会交往可以对每个社会成员平等开放，目的是使每个个体都至少能够获得实现自身好生活构想的条件。正义论并不是对理性社会秩序的描述，它是通过对非正义现象的否定来完成自身证成。从这个角度就可以摆脱逻辑学的桎梏去理解法哲学的章节结构。抽象法和道德被解释为自由的两种不充分形式，对它们的过分夸大造成了社会病态。伦理一方面是对社会病态的病理学诊断，即探寻造成个体不确定性痛苦的根源；另一方面是将个体从这一状况中解放出来。我们可以说，正义理论的构想与时代的诊断在客观精神中达到了统一。

---

[1]Honneth Axel: *Leiden an Unbestimmtheit*, Stuttgart, Reclam, 2001, S.32.

三、观点的差异

霍耐特已经明确强调，他研究法哲学的目的是对其进行"再实现化"。毋宁说，从一开始，霍耐特就不打算向我们呈现出黑格尔观点的历史原象，他只是按照自己的需求去理解黑格尔的法哲学。例如，将客观精神解释为社会正义论，从否定论的角度去证成正义的社会秩序等。很难从正确或者错误的角度去评价霍耐特的工作。在这里，本书只是尝试去回答：第一，在黑格尔关于客观精神的学说中，霍耐特的这些观点是否合理，换句话说，是否违反黑格尔的本质诉求。第二，霍耐特选择无视的内容是否真的不再值得我们关注。

首先，是否可以将客观精神阐释为一门关于社会正义的理论？在现当代，由于受到罗尔斯正义理论的影响，人们普遍赞同将公平视为社会正义的本质。与作为公平的正义不同，霍耐特提出承认正义的观点，它涉及个体的自我实现。在为承认而斗争中就已经揭示出，个体的自我实现必须依赖于他者对自我的承认。所谓承认正义就意味着每个社会成员被承认的欲望都有机会得到平等的满足。无论是罗尔斯的分配正义还是霍耐特的承认正义，都包含有一个理论的预设，即如果他们想要证明自己的正义构想就必须放弃将社会成员视为抽象的原子。罗尔斯的正义论最触动人心的观点并不是要求对社会成果的公平分配，而是对再分配的重视，这意味着社会财富必须向最不利者倾斜。这在一定程度上说明，在罗尔斯的正义构想中，被正义原则所贯穿的社会同时就是互助型的共同体。尽管罗尔斯将个体自由的神圣不可侵犯视为社会正义的第一要义，但他对差别原则的重视也流露出社会整体优先的倾向。这种倾向在霍耐特那里表现得更为明显。承认正义的关键在于保障每个社会成员被承认的需求能够得到满足。《不确定性的痛苦》已经向我们展示出，当个体对自身的自由权利作极端化的理解时，主体对自由权利的实施只会为自身带来孤独、空虚等负面情绪。这些病态现象只能在具体的社会关系中才能得到诊断与治疗。通过参与到社会交往活动中，个体才能从承认的角度认识自身权利的起源与界限。在《为承认而斗争》中，霍耐特从家庭、市场经济、国家政治这三种承认机制中展示了个体自身实现所需要的前提条件。这都说明在霍耐特的观念中，以交互主体性为基础的社会交往机制优先于抽象的个体权利。罗尔斯与霍耐特对整体优先性的重视与正义论之间又有什么样的关系呢？社会正义不能简单还原为每个人都能自由支配自己的权利，这只会产生形式化的社会正义。这表现为，在政治意义上，每个人都具有平等的自由权利，但是，由于天赋、出身等自然因素的影响，社会成员在社会生活中并不存在实质意义上的平等。换句话说，社会正义不能建立在抽象的个体权利基础之上。社会整体的优先性意味着更关注所有社会成员是否都能够完整地实现自身的自由权利。在分配正义中表现为对差别原则的重视，在承认正义中就表现为保障每个社会成员都能平等参与到社会互动中。

对整体性优先性的强调一直是黑格尔法哲学的核心观点。在谈到"伦理性的实体和个人"时，黑格尔将伦理性的规定视为个人的实体性或普遍本质，个体在伦理实体面前"仅仅作为一种偶然的东西"。黑格尔甚至认为："个人存在与否，对客观伦理说来是无所谓的，唯有客观伦理才是永恒的，并且是调整个人生活的力量。"① 黑格尔以这一观点为基础所阐发的国家理论为自己招致大量批评。黑格尔的这一观点主要来自法国大革命对他的影响。早在《精神现象学》中，黑格尔就在"绝对自由与恐怖"一节中详细分析了法国大革命如何从争取平等权利的斗争发展为排除异己的绝对恐怖状态。绝对自由意味着，社会的一切伦理秩序都已被破坏，行为的准则仅来自个体主观的善良意志。善良意志作为最空洞的主体内在形式，它的内容必将被最外在的质料所填充，在这个意义上，尽管每个个体都宣称自己的行为动机来自善良意志，但它本质上仍是由任性意志所规定。为了克服善良意志的空洞性，黑格尔重提古希腊城邦伦理，其中所包含的阶层理论可以给予不同社会成员以具体的社会义务。

诚然，黑格尔从没有将自己的客观精神体系视为一门关于社会正义的理论。在法哲学中，正义的概念仅出现在对"不法"问题的讨论中。黑格尔对正义的论述既不关于政治制度架构与社会资源分配的问题，也不是涉及社会交往的平

---

① [德] 黑格尔：《法哲学原理》，范扬、张企泰译，北京：商务印书馆，2009 年，第 165 页。

等参与权，而主要指刑罚的正义。黑格尔法哲学的志趣只在于展示自由意志实现自身的过程，而不是论证究竟何种社会制度是正义的。在这个意义上，不能将黑格尔的客观精神视为对社会正义论的证成。

第二节　社会病态及其克服

与承认问题相似，霍耐特也是在否定的意义上理解社会正义的问题，即正义是对社会病态的否定。在《法哲学原理》中，抽象法与道德被视为社会病态的两个范式。二者的共同问题在于，无视社会交往的规范性作用。若以抽象法或道德作为实践原则，行动者将陷入"不确定性的痛苦"中。伦理对抽象法与道德的有限性进行了诊断与治疗，使二者成为正义论的必要前提。

一、社会病态的表现

在霍耐特看来，黑格尔在法哲学中有一个重要的方法论创新，那就是将对社会正义论的证成与对社会病态的诊断相统一。依据这一观点，社会正义并不是某种超越当下现实的理想悬设，相反，它本质上是一种否定，是对社会病态的否定。社会正义就是对社会病态的克服。在法哲学中，黑格尔将抽象法与道德视为自由意志实现自身的有限环节，在霍耐特看来，这两个部分则是在谈论社会病态的成因。如果伦理是对社会正义秩序的表达，就必须首先对自由的两种有限形式展开批判。

与康德和费希特一样，"《法哲学》的作者也确信，现代社会的人和一种规范性正义理论，都必须依系于所有主体平等个人自由的原则"[1]。黑格尔拒绝从先验论的立场去理解自由的概念。霍耐特认为，黑格尔将自由理解为一种"复

---

[1]Honneth Axel: *Leiden an Unbestimmtheit*, Stuttgart, Reclam, 2001, S.56.

合性的概念",即通过"在他者就在自身中"这样一个交往结构来理解自由。"在他者就在自身中"意味着"自我在规定自己的统一仍然守在自己身边,而且它并不停止坚持其为普遍物"①。黑格尔将其称为自由的具体概念。以个体间的友谊为例,友谊关系中的个体首先是独立的人格,具有不同的偏好与兴趣,友谊作为一种个体间的互动关系能够调整与塑造个体自身的意欲与偏好,但同时又不限制个体自身的主体性。尽管黑格尔将这种交往自由视为实现自由的关键,但是,霍耐特却认为,如何看待自由的两种不完善形式,即抽象法与道德在文本中所处的地位才是理解法哲学文本结构的关键。因为,"在主体有能力在伦理的交往结构中得到自我实现之前,两个预先的条件在一定程度上是需要的"②。在抽象法中,人们学会将自己理解为独立的法权人格,在道德中,抽象人格被提升为道德主体。"只有当主体把自身置于这两种道德状况并把这两者融合到单个实践身份之中时,他才能在现代社会的制度构造中实现自我。"③

霍耐特对抽象法和道德的讨论主要完成两个任务:第一,"从个人自我实现的角度来看两个自由观念的伦理意义或积极作用";第二,指出二者的界限,"以便我们能够在我们的现代正义秩序的总体中确定它们的位置"。首先来看,抽象法和道德对促进个人自由的实现究竟能够起到什么样的作用。抽象法的内容来自黑格尔对现代自然法和理性法思想的重构。主体为了将自由意志展示出来就必须将其客观化,这首先表现为对某物的占有。法权人格不仅表现为对某物的占有,更重要的是承认他人也有占有某物的权利,黑格尔将其表达为"成为人,并尊敬他人为人"。依据这一观点,霍耐特指出,黑格尔对法权人格的描述中其实已经包含了社会交往的安排,但是,"主体只是以最少的人格投入其中"。当我们将抽象法的原则运用于社会实践中,平等的法权人格就会走向自身的反面。在社会生活中,相互之间都是平等的法权人格意味着个体之间可以随意订立契约。由于抽象法还只是关于法权的最形式化的表达,人们除了反

---

① [德]黑格尔:《法哲学原理》,范扬、张企泰译,北京:商务印书馆,2009年,第70页。

② Honneth Axel: *Leiden an Unbestimmtheit*, Stuttgart, Reclam, 2001, S.48.

③ Honneth Axel: *Leiden an Unbestimmtheit*, Stuttgart, Reclam, 2001, S.58.

复强调抽象的平等权利外并不能说出任何实质性内容,这就导致契约关系中的双方只把对方视为满足自身利益的工具。面对这一状况,霍耐特直言很难确定"对个人自我实现的目标来说,抽象法所应该具有的伦理价值"。因为,当我们将抽象法运用于社会交往时,抽象法中所包含的否定特征使得它并不能塑造团结的社会关系,推动社会整体化的进程,相反,"如果一个人把自己的一切欲望和目的在形式法(抽象法)的范畴内加现实化,那么他就不能参与社会生活,从而也会遭受'不确定性'之痛。"[1] 这里的关键就在于,既要突出抽象法中所包含的规范性内涵,又要警惕滥用它所造成的危害。霍耐特同意黑格尔的观点,将抽象法还原为"人对自己作为法的承担者的纯粹意识"。这突出表现了抽象法的否定特征。作为一种形式化的权利,抽象法允许每个社会成员退出具体的社会条件与社会身份,这使个体可以从自我的角度对一切选择保持开放的态度。依据这个观点,抽象法中所包含的伦理意义就在于,"在伦理中保持着合法的个体化意识"[2];抽象法的限度在于,"一旦一切社会联系都是在法律要求的范畴中形成的,那么抽象法限度就出现了"[3]。

对道德的讨论是法哲学中非常有特色的部分,甚至可以说,对康德和费希特道德哲学的批判构成了黑格尔整个实践哲学的关键性主题。在道德中,黑格尔努力将理论研究与社会时弊相结合,从而全面地分析了道德自律观念在社会生活中所发挥的作用。与抽象法相类似,这里的主要工作是明确道德自律所具有的伦理价值及其界限。

抽象法的本质是,在不违反法律条文的前提下,个体可以随意使用自己所拥有的权利以求得利益,亦可以说,在抽象法的语境中,个人自由的实现只需要一些主观权利,这些权利允许个人在诸多可能的行动选项面前自由地作出决定。在之前的讨论中已经指出,抽象法的问题是,它可能会将他人的自由作为实现自我目的的工具或手段。这意味着,在抽象法中,人们并没有对行动的目

---

①Honneth Axel: *Leiden an Unbestimmtheit*, Stuttgart, Reclam, 2001, S.58.

②Honneth Axel: *Leiden an Unbestimmtheit*, Stuttgart, Reclam, 2001, S.59.

③Honneth Axel: *Leiden an Unbestimmtheit*, Stuttgart, Reclam, 2001, S.59.

的进行考察，这恰恰是道德一章所要讨论的问题。从这里可以看出抽象法与道德之间的本质区别，在后者中，个体自由的行动被视为"理性地自我规定的结果"。与抽象法不同，道德关注于对主体内在的观察。霍耐特认为，道德中所包含的伦理意义非常明确。"在这个领域中，一种反思证明的态度被确定下来，每个主体都必须用这样的态度来对待自己，因而他就把他的行动和互动看作是自由的表达。"①简单地说，道德就是要求主体放弃对行为结果的执着，而专注于行为的目的。个体需要对行动目的进行反思，使其可以得到现代社会成员的理性赞同。与抽象法一样，尽管黑格尔赞成道德中所具有的伦理意义，但是，若将道德的观点运用于社会实践中也必将产生社会病态。霍耐特认为，黑格尔对道德自律的批判所得到的最重要成果在于揭示出，"这个观念实际上无助于人们就主体如何成功地进行理性活动的过程进行重构"②。道德自律为保证自身的同一性、不顾一切"社会氛围"的观点，这使得主体在践行道德法则时会产生自我矛盾。由于道德法则自身的空洞性，人们并不知道应该如何践行它的要求，换句话说，道德法则并不能给出一个具体的实践规范。因此，在道德法则中，人并没有感到自由，而只感受到自身的空虚。必须重新回到社会氛围（社会背景）中才能完成对道德立场的克服。在霍耐特看来，道德的观点混淆了一个问题，那就是道德本质上是社会环境的产物。人们总是在一个具体的社会环境中活动，人的实践行为也总是受到某种社会文化的影响，道德就是人们对这些环境与文化进行制度化所得到的产物。

长期以来，黑格尔将道德还原到社会文化制度的观点一直被指责为是一种道德相对主义。在霍耐特看来，对黑格尔的这一指责并不成立。黑格尔所理解的社会氛围或者社会背景并不是一种活跃于时间中的实存，相反，"制度化实践给出的那些规范性尺度必须与理性或合理的事实有关"③。这些合理性的社会制度与规范就构成了黑格尔的伦理。霍耐特提醒我们，不能简单地在认识论意

---

①Honneth Axel: *Leiden an Unbestimmtheit*, Stuttgart, Reclam, 2001, S.62.
②Honneth Axel: *Leiden an Unbestimmtheit*, Stuttgart, Reclam, 2001, S.64.
③Honneth Axel: *Leiden an Unbestimmtheit*, Stuttgart, Reclam, 2001, S.65.

义上去理解伦理，这可能将伦理还原为具体的社会现实，必须将伦理理解为一种社会本体论。有人会举出这样的例子来反对黑格尔的观点，一个具体的社会环境所提供的行为规范尺度并不具有普遍的合理性，如果社会成员再依据其所提供的行为准则行动就会使自身陷入困境，在这种时刻，个体为了实现自己的自由就必须回归到自身，并与一切现存的社会规范保持距离，在这种情况下，道德的立场就超越伦理。霍耐特认为，这个反例是对黑格尔观点的误解，因为，当"制度化实践和规范没有与理性发生任何联系，那么它们就不能被当作特殊前提"①。"我们必须从我们的思维和传统中，从我们的规范和价值中所反映出来的那些足够合理的东西出发，并把它们看作是社会氛围，我们必须普遍地、毫不犹豫地把这种社会氛围中的道德尺度作为前提。"②无论如何，黑格尔都反对将道德从一种具体的社会氛围中抽离出来，因为这会造成"人丧失在无根基的自我确证中"。

总的来说，无论是抽象法还是道德都是实现个体自由的基本前提，但是，它们都忘记了自己是具体社会情境的产物，它们都企图超越具体的社会背景而发挥自身的效用。两个环节没有发现，一旦脱离了现实的社会秩序，它们自身就是空虚的。在抽象法中，这种空虚性造成人与人之间为了自身利益而展开的斗争；在道德中，空虚性造成人的迷茫与无措，人们不知道如何将道德律令付诸具体的实践。抽象法和道德将人置于一个两难的境地，只有通过伦理才能将人从这种"不确定性的痛苦"中解放出来。

二、伦理的解放作用

在道德中，个体的空虚感达到了顶峰。一方面，他怀有为道德法则献身的高尚理想；另一方面，他却完全不知道应该如何进行道德实践。霍耐特认为，伦理一章最直接的作用就是将个体从这种虚无的状态中解放出来。黑格尔希望

①Honneth Axel: *Leiden an Unbestimmtheit*, Stuttgart, Reclam, 2001, S.67.
②Honneth Axel: *Leiden an Unbestimmtheit*, Stuttgart, Reclam, 2001, S.67.

通过伦理能够让我们重新认识到，"我们处于社会关系中，社会关系自身中那些规范性东西已经包含了义务和法，简言之，已经包含了道德的规则，那么我们就从痛苦的空虚，即道德观点的孤立性把我们所引入的那种空虚中，摆脱出来"①。"在义务中个人毋宁说是获得了解放。一方面，他既摆脱了对赤裸裸的自然冲动的依附状态，在关于做什么、可做什么这种道德反思中，又摆脱了作为主观特殊性所陷入的困境；另一方面，他摆脱了没有规定的主观性，这种主观性没有达到定在，也没有达到行为的客观规定性，而停留在自己内部，并缺乏现实性。"②伦理所起到的解放作用不仅是使个体能够摆脱空虚的状态，更重要的是，伦理秩序对处于不同社会阶层的社会成员所应尽的义务作了详细的规定。"在义务中，个人得到解放而达到了实体性的自由。"③霍耐特从消极和积极两个层面总结伦理的解放意义。在消极的意义上，解放使人摆脱两种不充分的自由形式；在积极的意义上，解放就是指实现真正的自由。

在消极的意义上，伦理的解放作用被理解为对社会病态的诊断与治疗。维特根斯坦非常重视哲学对社会问题的治疗作用，在霍耐特看来，维特根斯坦甚至以治疗概念为核心构建了一种研究哲学的方法，它类似于对人体疾病的治疗。首先确定一个具体的病态样式，接着对其生成原因进行诊断性的推论，最终找到一个治疗的药方。霍耐特认为，造成社会病态的原因不仅是人们在认知上对概念存在误解，"概念性的错误要能够'俘获'我们，要能够引发痛苦的社会状况，就必定已经在我们的背后变成生活实践的态度的基础"④。这意味着，抽象法与道德已经渗透到具体的社会活动中，并产生了负面的行动后果。因此，抽象法与道德实际上是对正常社会交往关系的"遮蔽"，伦理就是对其的"解蔽"。它的要求是让人们重新重视"生活世界的伦理内涵所提供的意义"，因为它能够把人从错误的行动态度中解放出来。

---

①Honneth Axel: *Leiden an Unbestimmtheit*, Stuttgart, Reclam, 2001, S.70.

②[德]黑格尔：《法哲学原理》，范扬、张企泰译，北京：商务印书馆，2009年，第165页。

③Honneth Axel: *Leiden an Unbestimmtheit*, Stuttgart, Reclam, 2001, S.71.

④Honneth Axel: *Leiden an Unbestimmtheit*, Stuttgart, Reclam, 2001, S.72.

在积极的意义上，伦理的解放作用意味着构建一个具体的社会正义论。"在向伦理阶段过渡的过程中，在病态状况得到克服的同时，人们也借此洞悉交往的条件，这种交往的条件是所有主体同等地实现个人自律的社会前提。"[①] 正义的社会秩序意味着所有社会成员都能够达到自身实现，这意味着，所有主体都可以获得参与社会互动的机会。霍耐特强调，社会正义与从错误的状态中摆脱出来的过程有着本质上的联系。换句话说，如果社会成员没有体验过不确定性的痛苦，"他们就根本不可能获得交互主体理论意义上的正义概念"[②]。总的来说，解放的过程或者说正义论的构建过程是这样的：在最开始，人们忽视了个体实践的社会互动前提，这导致个体接受了片面的自由观念，从而深陷于空虚、孤独、无助等不确定性的痛苦中；接着，人们深入透视虚假的信念，对社会病态进行批判，这促使人们重新把握个体实践的交往前提，为建立社会正义秩序奠定了基础。

第三节　伦理作为现代性的规范正义理论

霍耐特对黑格尔法哲学进行"再实现化"的一大目的就是将黑格尔的政治哲学理解为一种社会正义论。这与传统观点有本质性的区别。黑格尔将法哲学视为应用逻辑学的组成部分，它遵从逻辑学的原理，因而在自身中就包含了存在论、本质论和概念论的观点。按照霍耐特的解读思路，法哲学中的逻辑学背景都必须退居后台而让位于"痛苦"和"解放"这两个概念。痛苦并不是在描述一种个人或者集体的情绪，而是在说明不确定、空虚或者冷漠的现象。"它是病态性的伤害的总称，这种伤害是由生活世界中人们趋向于片面的、不完整的自由模式而造成的。"[③] 抽象法和道德作为法哲学的前两个组成部分，本质上

---

①Honneth Axel: *Leiden an Unbestimmtheit*, Stuttgart, Reclam, 2001, S.75.

②Honneth Axel: *Leiden an Unbestimmtheit*, Stuttgart, Reclam, 2001, S.77.

③Honneth Axel: *Leiden an Unbestimmtheit*, Stuttgart, Reclam, 2001, S.80.

都是实现个体自由的必要环节。我们已经看到，这两个环节包含自身的矛盾，这表现为：尽管它们本身只是具体社会氛围的产物，但是，它们却会诱使个体脱离社会关系去行使自己的自由权利，这非但不会使社会成员感受到满足，相反，只会为个体带来痛苦。霍耐特主要在伦理中讨论解放的问题。"在《法哲学》的那些概念中，没有一个概念像'解放'那样把黑格尔病理诊断的目的与正义理论的构想如此直接地联系起来。"在否定的意义上，解放是对社会病态的诊断。当抽象法和道德将个体逼入空虚之境时，伦理能够揭示出二者的局限，它们都将具体的社会氛围从自身中抽离出去；在肯定的意义上，解放是对社会正义论的构建，它"为社会的所有成员实现他们的自由提供了同样的条件"。

一、伦理的规范意义

霍耐特将法哲学中的伦理阐释为规范正义理论。这种正义论包含三个主要部分或者说三个条件：首先，它必须能够满足每个人平等实现自身的要求，这是规范正义理论最核心的诉求；其次，个体的自身实现必须以相互承认为前提；最后，正义论不只是对正义秩序的构建，同时也关注社会再生产的环节，这就涉及社会教化的问题。

（一）自我实现

尽管抽象法和道德在自身中包含诸多的矛盾，但是，它们都是自由意志的定在，换句话说，都是个体实现自身的必要环节。近代以来，个体实现自身的目标与要求与古希腊时期有了巨大的差别。个体实现自身的首要条件不再是善，或者说，不再是成为一名具有德性的城邦公民，而在于能否发挥自身的自由权利。伦理首先必须保证每个人都能平等地执行自由的权利。"伦理领域为个人的满足和自我实现提供一般的、易得的可能性，而且每个人都可以利用这些可能性并在实践上把这种利用看作是它的自由的实现。"① 对自由权利的保障意味着重提抽象法和道德中所包含的规范性要素。除此之外，霍耐特认为，伦理还默认了一个概念型框架，这就是主体间的交往实践。伦理与之前两章不同，是对各种社会关系的讨论，它立足于人与人之间的伦常关系而不是原子式的个体。抽象法与道德也是个体自身实现的方式，但是，二者有一个共同的缺点，即只专注于自身的自由的权利，而不顾及他者的意愿。例如，在抽象法中，尽管每个社会成员都被承认具有平等的人格权利，但是，形式化的条文并不能保证每个社会成员都能落实自己的权利，它无法克服个体间在天赋与出身的差别。道德超越抽象法的地方在于它会对个体行为的目的进行反思，但它依然没有超出个体主义的局限，这表现为，它无法超出自身的悖论，即对道德的追求最终发展为伪善。在伦理中，个人自由的实现与社会互动的条件紧密联系在一起。自由不再是一种纯粹的自发性，"主体只能在面对他人并在他人的限制中体验自己的自由"②。个体不再将他人视为对自我的限制，在不同的交往形式里，主体在他人中发现了实现自己的条件。

黑格尔希望复兴古希腊的城邦伦理以克服近代的自由主义思潮。他拒绝将个体自由与自我实现视为直接等同的关系，相反，二者必须为社会总体所中介。在古希腊城邦伦理中并没有出现近代意义上的个体，人要么被视为家庭的成员，要么被看作城邦的公民。自我实现意味着人能够履行其应尽的义务与责任。黑格尔拒绝像康德和费希特那样，在纯粹实践理性的公设中为个体寻找义务，相反，他将伦理划分为家庭、市民社会和国家，每个环节都包含主体为他人的义务与责任。霍耐特认为，当我们讨论交往主体间的义务与责任时，就进入到伦理的第二个条件——承认。

（二）承认

伦理中包含一系列的社会交往形式，霍耐特认为，"这些形式只能通过'承认'

---

① Honneth Axel: *Leiden an Unbestimmtheit*, Stuttgart, Reclam, 2001, S.81.
② Honneth Axel: *Leiden an Unbestimmtheit*, Stuttgart, Reclam, 2001, S.82.

来加以说明"。早在抽象法中，黑格尔就已经提到了承认的问题。"从特定的人格角度无强制地相互肯定，就可以被称为'承认'。"① 但在伦理中，承认的内涵更加丰富。"相互承认的概念不仅仅是说，要以一定的肯定态度来相互对待，而且还首先意味着，要以道德上所要求的相应地承认形式来对待他人。"② 这里的道德意味着什么？它显然不是指道德法则。之前已经说过，道德法则只能给予行为主体实践一个纯粹形式化的律令，其中并没有一个具体的规定。霍耐特认为，黑格尔在主体间承认关系中所要求的道德其实是指伦理义务。"在康德那里，'义务'是'道德主观性'的空洞原则，而在《法哲学》中，'伦理性的规定都表现为必然的关系'。"③ 伦理义务与具体的社会互动模式相关，或者说，社会互动模式以相应的伦理义务为自身的核心要素，这就是说"只有列出那些确定的道德规范，人们才能描述这种形式的社会行动的特征。换句话说，只有当一定的规范被当作必须的东西来体验时，这样的行动才是可能的"④。在黑格尔的视域中，社会秩序总是为理性所规定，这些规定就落实为与不同社会互动关系相对应的伦理义务。

再回到之前的问题，与抽象法不同，在伦理中，个体对他者的承认必须借助于一定的道德规范（伦理义务）。只有当我的行为履行了相应的义务之后，才能证明我对他人的承认，换句话说，如果我想表达对他人的承认，唯一的办法就是参与到社会互动中，尊重并执行具体的行为规范。因此，"对黑格尔来说，义务不仅仅代表了被康德作为决断标准并赖以进行行动选择的孤立视点，而且是表达承认的行动的内在的、必然的组成部分"⑤。

（三）教化

从以上的分析可以看出，现代社会的伦理秩序必须满足个体的自我实现与

---

① Honneth Axel: *Leiden an Unbestimmtheit*, Stuttgart, Reclam, 2001, S.83.

② Honneth Axel: *Leiden an Unbestimmtheit*, Stuttgart, Reclam, 2001, S.83.

③ Honneth Axel: *Leiden an Unbestimmtheit*, Stuttgart, Reclam, 2001, S.86.

④ Honneth Axel: *Leiden an Unbestimmtheit*, Stuttgart, Reclam, 2001, S.87.

⑤ Honneth Axel: *Leiden an Unbestimmtheit*, Stuttgart, Reclam, 2001, S.87.

相互承认这两个条件。它们分别对应自由意志中特殊性与普遍性的环节。个体对自我实现的诉求突出了个体相互之间的差异性，以社会义务为基础的相互承认关系突出了普遍性的规范环节。伦理秩序就是对这两个环节的综合，一方面满足个体追求自身兴趣的要求，另一方面用具体的伦理义务对个体的行为进行规范。尽管如此，还有一个问题没有解释清楚。"如果对兴趣的'限制'不是被设想为理性决定的结果，那么它究竟是如何发生的呢？"[1]简单地说，个体的兴趣与偏好和社会的义务与命令之间究竟如何统一？康德明确区分了个体性的需求与普遍性的义务，当个体意志为自然物所决定时，他的行为由他律所控制，与此相反，康德所追求的理性的自律要求个体意志必须遵从普遍性的道德律法。因此，在康德那里，个体的需求与普遍性的义务之间是相互背离的，在这种对立状态下无法建立起二者之间的联系与统一。黑格尔反对这个观点。他认为，人的各种偏好与兴趣并不是"纯粹既定的"，它们会被改变。黑格尔将人的各种自然倾向视为自然潜能，它一直处于被塑造的过程中，这就是社会化的过程。"需求，也就是人身上自然的东西，不能被看作是某种永恒的固定化的，而必须被设想为某种有弹性的东西，它总是为校正性的变化留下空间。"[2]这个对自然倾向的塑造过程就是教化。黑格尔想通过教化来完成个体的自我实现与承认之间的统一。

黑格尔在伦理中向我们揭示了一个现实的、具体的人的生活。他同意亚里士多德将人定义为社会动物的观点。由于人本质上就是社会人，人的动机结构始终是教化过程的结果，更进一步说，人的实际的兴趣和需求都是在理性的命令下进行的，并没有一种纯粹的自然偏好。尽管个体可能没有充分的意识，但是，任何一种行为的目的都已受到伦理秩序的教化。因此，个体的自身实现与相互承认并不是对立的关系，在这个意义上，它们至多只能被绑在一起而无法实现内在的统一。依据黑格尔的观点，个体的自然偏好本身就被伦理秩序所中介。个体的自我实现与承认之间本身就是统一体。

---

①Honneth Axel: *Leiden an Unbestimmtheit*, Stuttgart, Reclam, 2001, S.89.

②Honneth Axel: *Leiden an Unbestimmtheit*, Stuttgart, Reclam, 2001, S.89.

霍耐特认为，黑格尔不仅从个体意志的角度阐释教化的作用，他同时依据教化理论去确定伦理中所应包含的具体的环节。这些伦理环节必须"有能力在每一代人中间重新塑造一种行动倾向，这种行动倾向促使每个人参与到相应的（道德）实践中"①。社会实践领域不仅需要满足个体实现自身的目的也必须能够向个体提供必要的教化。首先，教化让个体明确了自身所应承担的社会义务与责任，这为个体确立了道德性的实践方式；其次，受教化的个体能够培养起习惯性的实践。霍耐特甚至认为，个体的道德习惯为这些行动模式奠定了建构性的基础。

总的来说，在霍耐特的理解中，伦理来自社会成员之间的互动实践，而这些实践活动包含规范性的前提，即人的自我实现、相互承认和相应的教化过程。这三个目标并非相互独立，而是密切地交织在一起。霍耐特提醒我们，不要将黑格尔的伦理思想混同为康德式的建构主义，在后者中，"首先勾勒出一系列具有良好基础的正义原则，然后再追问，这些原则得以实现的社会条件如何才能获得"②。在黑格尔那里，"社会的生活状况大体上已经包含了具有充分根据的道德规范，大体说来我们能可靠地据此进行（道德）判断和决定"③。霍耐特将黑格尔的研究方法称为"规范性重构"。这种方法首先必须确定"被社会成员当作实现个人自由不可或缺条件的互动模型"，之后，依据这些规范性的要求对当下现实的社会互动关系展开重构。这些互动关系包括家庭、市民社会和国家。

二、伦理的现实领域

在讨论伦理的具体领域之前必须明确，黑格尔为什么在伦理中选择考察家庭、市民社会与国家这三种交往形式。有一种观点认为，这种安排方式是为了

---

①Honneth Axel: *Leiden an Unbestimmtheit*, Stuttgart, Reclam, 2001, S.91.

②Honneth Axel: *Leiden an Unbestimmtheit*, Stuttgart, Reclam, 2001, S.92.

③Honneth Axel: *Leiden an Unbestimmtheit*, Stuttgart, Reclam, 2001, S.92.

迎合逻辑学的要求。霍耐特并不认可这个观点，他认为"这里反映出来的不是别的，恰恰就是从社会学上清醒地意识到，这三个行动领域结合在一起构成了现代社会的核心结构"①。每个领域中都包含了自我实现、承认和教化这些规范性的要求。

（一）家庭

"人们依据亚里士多德的观点，将家庭与国家视为经验性实践的纯粹相互规定的组织范式。"② 黑格尔同意将家庭理解为一种社会交往形式，但是，黑格尔是在近代市民社会的基础上理解家庭关系，换句话说，法哲学中的家庭是指资产阶级小家庭（die buergerliche Kleinfamilie），它与传统家庭（die herkoemmlich Familie）相对立。传统家庭是以经济生产为基础所建立的大家庭，亚里士多德在《政治学》中将这种大家庭称为 Oikos。除了以农业生产为主，传统家庭的另一个特点是包含有相对较多的人口，且它必须能够保障所有家庭成员的生计，即使某个成员已经退出了劳动过程。在这个意义上，传统家庭又被称为生产共同体（Produktionsgemeinschaft）。"确定的是，经济大家庭并不是一个伦理的体系，它的目标无法在一个自由得到完满实现的体系中被把握。"③ 黑格尔将现代家庭视为"自然形式的伦理"，它以爱为自身的原则。家庭不是一个以生产活动而是以人的自然性为基础，因此，家庭首先是指"两个性别不同的个体之间的自然的联系，即婚姻"，除此之外，还有对孩子的生育与抚养。这里最重要的问题是，为什么家庭能够以自然为基础去实现伦理目标？必须从自我实现、承认与教化三个方面回答这个问题。

在伦理中，自我实现并不是指对个体有限目的的满足，相反，它包含了一种道德的目的。在传统的生产大家庭中，个体只能获得基本物质的满足，因为"传

---

① Honneth Axel: *Leiden an Unbestimmtheit*, Stuttgart, Reclam, 2001, S.94.

② Riedel Manfred: *Materialien zu Hegels Rechtsphilosophie*, Band 2, Frankfurt am Main, Suhrkamp Verlag, 1974, S.314.

③ Riedel Manfred: *Materialien zu Hegels Rechtsphilosophie*, Band 2, Frankfurt am Main, Suhrkamp Verlag, 1974, S.317.

统家庭现在类似于物质的阶层，是一个生产的共同体，它与人的第一自然相联系"[①]。而在现代社会中，满足个体物质欲望的任务被交给了市民社会，也就是说："黑格尔将对传统家庭形式的论述归于市民社会而不是家庭。"[②] 这为家庭伦理的出现创造了必要的条件。现代家庭能够真正起到家庭的作用，即"除了生殖之外还要建立社会—文化的人格"。现代家庭主要包含婚姻和对子女的教育这两种承认关系。通过它们，"个人的本能在配偶之间的性爱形式中得到满足，儿童的不成熟的、潜在的需求通过父母的抚养而初步形成"[③]。这两种承认关系同时也是教化的形式。通过婚姻，夫妻之间建立了恩爱与信任的关系，这种关系超脱了个体的激情和一时的特殊偏好。对孩子的教化主要表现为矫正子女任性的意志，"对还在受本性迷乱的自由予以警戒，并把普遍物陶铸到他们的意识和意志中去"[④]。通过父母的教化，子女获得了自由的人格，这使他们能够拥有属于自己的财产和家庭。新家庭的出现意味着之前的家庭关系走向解体。

（二）市民社会

市民社会是法哲学中关键性的部分，甚至有人认为"黑格尔的法哲学就是一个关于市民社会的理论"[⑤]。黑格尔对市民社会的理解离不开其在耶拿时期对英国国民经济学的研究，霍耐特认为，依循这一思路，可以将市民社会与资本主义市场等同起来。在法哲学中，黑格尔将市民社会定义为"需求的体系"，在这里，特殊物对个体来说成为最初规定者。"在市场交换过程中，恰恰是人的需要得到了反映，然而，这只是涉及自私的利益，即私人以之为目的的利益，

---

①Riedel Manfred: *Materialien zu Hegels Rechtsphilosophie*, Band 2, Frankfurt am Main, Suhrkamp Verlag, 1974, S.318.

②Riedel Manfred: *Materialien zu Hegels Rechtsphilosophie*, Band 2, Frankfurt am Main, Suhrkamp Verlag, 1974, S.320.

③Honneth Axel: *Leiden an Unbestimmtheit*, Stuttgart, Reclam, 2001, S.95.

④[德]黑格尔:《法哲学原理》，范扬、张企泰译，北京：商务印书馆，2009 年，第 18 页。

⑤Riedel Manfred: *Materialien zu Hegels Rechtsphilosophie*, Band 2, Frankfurt am Main, Suhrkamp Verlag, 1974, S.312.

而不是互主体之间的需求，即家庭成员相互之间所发生的那种需求。"① 在黑格尔看来，市民社会的伦理意义高于家庭。家庭伦理本质上只是一种直接的伦理关系，这种伦理关系缺少特殊性的环节，因为在家庭中，主体"只是作为不可选择的共同体中无独立性的成员而存在的"。市民社会可以填补这个缺陷，因为它将每个社会成员都视为具有个体化权利的法人。

当市民社会作为一种需求的体系时，个体的自我实现是指个体的特殊兴趣与偏好得到满足。尽管如此，市民社会并不意味着人与人之间的极端对立，在它之中仍然包含个体间的承认关系。在市民社会中，"个人的生活和福利以及他的权利的定在都同众人的生活、福利和权利交织在一起"②。如果每个人都为了自身的利益而无视他人的诉求就会导致人与人之间的斗争，在这个意义上，市民社会可以等同于霍布斯笔下的自然状态。与自然状态不同的是，市民社会中的成员都被平等地承认为法权人格。这还只是承认的一个环节，更重要的是通过承认，将个体的行动提升为社会化的行为。这就要求个体目的的实现必须以普遍性的社会规范为中介，即"按普遍方式来规定他们的知识、意志和活动"。市民社会中的教化意味使个体"成为社会联系的锁链中的一个环节"，让个体的需求与偏好符合理念的利益。以卢梭为代表的自然主义者将现代社会的弊病归因于社会教化，他们认为，正是教化让人背离了纯洁的自然状态。教化是一种解放，它首先将精神从自然的质朴性中解放出来，其次，它使个体不再局限于自然偏好与兴趣，而是在社会性的生活中得到自身的满足。市民社会包含三个等级，即实体性的或直接的等级（农业）、反思的或形式的等级（工商业）和普遍的等级（国家公仆）。个体作为一个社会成员，已经落入到某个特定的等级中。在其中，个体自我实现的目标是完成特定等级的要求。在这个意义上，自我实现离不开其他社会成员对他的承认。这具体表现为，行为者的劳动成果获得普遍认可，行为者本身能够收获社会声望与荣誉。

---

①Honneth Axel: *Leiden an Unbestimmtheit*, Stuttgart, Reclam, 2001, S.98.
②Honneth Axel: *Leiden an Unbestimmtheit*, Stuttgart, Reclam, 2001, S.97.

（三）国家

霍耐特对黑格尔的国家观念主要持否定的态度, 这主要表现为, 他不清楚, 在国家中, 黑格尔是不是还关心主体的自由。"他有一个著名的说法, 即公民与国家这个实体之间的关系必须被把握为偶然的关系, 这个说法似乎清晰地表明, 个人在这里只是扮演了一个依赖国家的成员角色, 并且在这里他的个体性在本质上也是无关紧要的。"[①]霍耐特对黑格尔国家观念的质疑我们将在之后讨论。在这里必须明确, 霍耐特并非完全否定黑格尔的国家观念, 至少他肯定国家中所包含的规范性理想。在国家中, 个体进入到一个更高的层次中, 这表现为, 个体能够从事普遍性的活动。霍耐特认为, 这种活动不是在国家中, 而是在市民社会的最后一个环节——同业公会——中得到实现。

在市民社会中, 由于所处等级的不同, 个体拥有不同的技艺与能力。当个体将这些独特的能力服务于公共目的时, 个体就从专注于自身利益的市民上升为关注公共事务的公民。可以说, 在国家中, 个体自我实现的目的是成为致力于公共事业与利益的社会公民。为达到这一目标离不开他人的承认, 这种承认就表现为"从社会其他成员那里赢得尊重和'尊严'"。成为公民就是对个体进行教化的成果。在这里, 霍耐特尤其强调要保证每个社会成员都拥有平等的参与权利, 即"有机会通过受调节的活动而致力于整体的无私目的"。参与到公共活动中并不意味着放弃个体性的观念, 公共参与会使一个人获得更高程度的个体化。

总的来说, 在伦理的三个部分分别对应了需要、利益和尊严。伴随着层次的上升, 个体的人格从尚未社会化的、自然的个体发展为被理性所塑造的国家公民。人的自然需要促使人们组成家庭。在家庭中, 爱让家庭成员的自然需求得到满足。市民社会中的成员都拥有平等的自由法权, 这使得他们能够满足自身独特的欲望。当社会成员将自己的技能与才智用于促进共同体的繁荣时, 他

---

①Honneth Axel: *Leiden an Unbestimmtheit*, Stuttgart, Reclam, 2001, S.98.

就能获得他人的尊重。霍耐特认为，黑格尔将这三个环节与"相应的认知性联系加以类比"，于是整个伦理领域又被视为一个教化的过程。"由于主体分阶段地加入每个领域而学会利用自己的认知图示和认知理由，即这些依次在情感、目的合理性与理性的层面上出现的图式和理由，于是，他才达到了最高阶段的个体性。"[1]

霍耐特总是围绕着个体自我实现的角度去理解黑格尔的伦理思想。在他看来，伦理中最重要的命题是"一个主体个体化的可能性是与他的趋向普遍化能力所达到的程度并驾齐驱的"[2]。个体发现与实现自我的过程与主体的去中心化过程是同步的。去中心化意味着个体必须投身到共同体的生活中，积极追寻普遍性的公共利益。这与坚持主体意志自律的康德哲学形成鲜明的对比。

三、黑格尔伦理思想的局限

霍耐特认为，黑格尔的伦理体系包含一个重要的理论预设，即"这三个领域恰恰可以被说成是这样的社会实践，在现代社会中，它们不可避免地使个人自由的实现成为可能"[3]。家庭、市民社会与国家都是个体实现自身的必要环节。但是，霍耐特对这三个领域的合法性提出了质疑，即"在这里，迫切需要解决的难题不是这些领域相互之间的等级秩序，而是它们各自是否能够成为伦理在社会中的具体化"[4]。简单地说，霍耐特不满意黑格尔对伦理领域的划分，这一方面表现为，符合伦理条件的领域没有被纳入到系统中；另一方面，不满足条件的部分被放入伦理中。霍耐特将这些问题统称为"伦理的过度制度化"。

霍耐特认为，黑格尔伦理思想的第一个缺陷在于情感环节的不完整。黑格尔在家庭中处理个体间的情感关系。由爱的原则所建立的家庭能够满足个体的

---

[1]Honneth Axel: *Leiden an Unbestimmtheit*, Stuttgart, Reclam, 2001, S.101.

[2]Honneth Axel: *Leiden an Unbestimmtheit*, Stuttgart, Reclam, 2001, S.101.

[3]Honneth Axel: *Leiden an Unbestimmtheit*, Stuttgart, Reclam, 2001, S.102.

[4]Honneth Axel: *Leiden an Unbestimmtheit*, Stuttgart, Reclam, 2001, S.102.

自然需求。"爱另一个人就意味着以这样的一种意识对待他，即没有他，我就感到自己是残缺不全的。"[1] 在具体的家庭生活中，爱表现为一种具体的生活方式，个体在其中相互信任、相互依赖，互相弥补对方的不完整性，从而获得情感上的满足。家庭中也包含了对个体情感的教化，黑格尔特别指出了家庭生活对孩子心理成长的教化作用。家庭生活让孩子在爱、信任和服从中度过他们生活的第一个阶段，为更进一步的伦理生活奠定基础。尽管如此，霍耐特并不认为家庭能够代表全部的情感联系，友谊也是人与人之间情感联系的关键性环节。在法哲学的导论中，黑格尔已经提到了友谊的问题，他同意亚里士多德的观点，认为"友谊代表了人际关系中的一种典型情况，这种关系清楚地表明，主体仅仅由于他人的限制而在何种程度上达到完全的自由"[2]。尽管如此，黑格尔并没有将友谊纳入到他的伦理体系中。霍耐特认为："如同家庭中的情况一样，这种关系是以相互之间对他者的不可替代性的承认为核心的。"[3] 在友谊关系中，朋友之间真诚的相互帮助可以满足双方的特殊需求。友谊能够有效促进道德判断能力的发展。皮亚杰的早期研究已经表明，儿童能在与伙伴的游戏中获得"关于公平道德的基本范畴"。既然友谊中也包含自我实现的条件，黑格尔又对其有充分的意识，那又为何拒绝将其视为伦理的组成部分呢？霍耐特认为，这可能包含两个方面的原因：第一，黑格尔的这种安排与法哲学这本书的总体结构有关。伦理所描述的一系列社会互动领域都被理解为现代社会的"基本善"，它们可以协助主体实现个体的自由。霍耐特认为，除此之外，这些互动领域还包含一个重要的特点，那就是它们"可以在国家权力中被组织起来，并因此可以用实证法来制度化"[4]。这意味着，任何一种社会互动领域都必须为国家所中介，否则，它们将失去"持久性、可靠性和再生性的基础"。从形式上看，国家只是伦理中的一个环节，但实质上，它是一个基本的框架，以它为基础才能

---

①Honneth Axel: *Leiden an Unbestimmtheit*, Stuttgart, Reclam, 2001, S.104.

②Honneth Axel: *Leiden an Unbestimmtheit*, Stuttgart, Reclam, 2001, S.110.

③Honneth Axel: *Leiden an Unbestimmtheit*, Stuttgart, Reclam, 2001, S.110.

④Honneth Axel: *Leiden an Unbestimmtheit*, Stuttgart, Reclam, 2001, S.22.

组织起另外两种互动形式。所以，"在现代交往关系中，即与喜爱、爱恋的相互性有关的交往关系中，只有那个被法制化的部分，即建立在婚姻契约基础上的家庭才具有伦理的性质"①。第二，黑格尔坚持将爱视为情感等级的基本原则，而家庭与对爱的行动模式的描述最为吻合。黑格尔反对像浪漫主义那样，将婚姻建立在"肯定性情感和激情的相互性的基础上"。因为，"纯粹注重感觉和情感的趋向不能使（自我的或互动的）关系达到稳定性或者稳固性"②。黑格尔反对将婚姻仅仅建立在爱的基础上，也就是说，不能把爱还原为主体偶然性的情感，若如此，婚姻就失去了伦理的意义，所以，"婚姻是具有法的意义的伦理性的爱，这样就可以消除一切倏忽即逝的、反复无常的和赤裸裸主观的因素"③。黑格尔认为，如果将婚姻（家庭）视为能够促进个体自由的互动领域，仅仅依靠个体之间的情爱关系是不够的，婚姻关系必须受到实定法的约束与保障。在这个意义上，霍耐特将家庭中爱的原则称为"法律制度形式的情爱关系"。

黑格尔将伦理理解为人的"第二自然"，伦理体系的稳定性离不开实证法的前提。霍耐特并不同意这一观点。他认为，"惯例化的行动由于具有主体间共有的常规和习惯的形式而避免了突然的变化，也应被称为伦理的，并以特定的方式被理解为机制"④。在最原初的意义上，伦理被理解为行为的习俗与惯常。在霍耐特看来，黑格尔担心行为主体的情绪与偏好会影响伦理机制的稳定，从而为伦理设定了实证法的前提，力求将偶然性的因素排除出伦理的领域。这是黑格尔忽视友谊的重要原因，因为友谊并没有实证法的前提。相反"如果黑格尔也遵循他在伦理概念中非常熟悉的机制的概念，那么他就完全有可能既不把契约，也不把主体的情感，而是把惯常化的行为习惯理解为家庭的实体"⑤。这样就可以将友谊这种主体间的互动模式纳入到伦理的第一个环节中。针对这一问题，霍耐特对黑格尔的观点进行了深入剖析。他认为，黑格尔的这一观点本

①Honneth Axel: *Leiden an Unbestimmtheit*, Stuttgart, Reclam, 2001, S.113.
②Honneth Axel: *Leiden an Unbestimmtheit*, Stuttgart, Reclam, 2001, S.113.
③Honneth Axel: *Leiden an Unbestimmtheit*, Stuttgart, Reclam, 2001, S.114.
④Honneth Axel: *Leiden an Unbestimmtheit*, Stuttgart, Reclam, 2001, S.114.
⑤Honneth Axel: *Leiden an Unbestimmtheit*, Stuttgart, Reclam, 2001, S.115.

质上不只是为了寻求行为模式的稳定性，他更希望"借助于可控的干预使国家得到社会再生产、再发生"。这里能够看出黑格尔关于正义思想的一个核心观点——重视国家整体性的力量。伦理中所包含的行动领域被理解为主体间的社会互动形式，由于它们能够帮助个体完成自身实现，又被视为社会中的"基本善"。所谓社会正义就是指，"每一个主体都可以同等地自由参与其中（社会互动）"，平等享有社会基本善为每个个体提供的帮助。只有在国家干预的情况下，才能保证伦理机制的持续稳定，保证每个社会成员都能不受限制地参与其中。"只有当社会中实存的法律与国家实证的立法重新结合在一起，各种不同的承认领域才能以适当的方式得到保障。"①

伦理思想的第二个缺陷在于市民社会所包含的内在分裂。市民社会的发展伴随着传统伦理体系的解体。作为一种需求的体系，市民社会"只代表了一种具有间接普遍性的领域"。这意味着，主体只是借助于具有普遍性意义的社会契约去满足个别化的需求，这其实与伦理的本质诉求相悖。例如，家庭成员为了获得自身的实现，必须放弃一部分的独立性，从而融入到家庭的情感交流中。市民社会的成员总是将他人作为满足自身偏好的中介与手段。黑格尔注意到，市民社会的自由发展会产生极为严重的后果，这包括周期性的失业和大众的贫困化。为了对这些问题进行限制，黑格尔在市民社会的最后一部分建立了一个"伦理的子系统"，目的是在更大的程度上关注社会的普遍化，也就是普遍的福利，这就是"同业工会"。在同业公会中，不是物质利益而是共同目的推动人与人之间的交往，它所贯彻的承认形式与价值导向的互动有关。"在市民社会中，个人在照顾自身的时候，也为别人工作。但是这种不自觉的必然性是不够的，只有在同业公会中，这种必然性才达到自觉的和能思考的伦理。当然，同业公会必须处于国家这种上级监督之下，否则它就会僵化，固步自封而衰退为可怜的行会制度。"②在霍耐特看来，黑格尔的这一观点本质上是"天真地企图使同业行会对资本主义市场发挥道德原则的作用"。他甚至认为，同业行会是黑格

---

①Honneth Axel: *Leiden an Unbestimmtheit*，Stuttgart，Reclam，2001，S.116.

②[德]黑格尔：《法哲学原理》，范扬、张企泰 译，北京：商务印书馆，2009年，第235页。

尔所"构造"的一个伦理领域, 它所包含的交往原则与作为需求体系的市民社会是相矛盾的。在家庭领域中, 黑格尔贯彻了爱的原则, 借其对主体间的互动模式进行阐释。但在市民社会中, 除了"市场的互动关系之外, 还有一种完全不同的交往领域伴随着同业公会出现了, 而这个领域中的承认规范是一类完全独立的规范"①。为了克服这个问题, 霍耐特建议将同业公会从市民社会中抽离出来, 而置于国家一章中, 但这样做又会导致一种新的问题, 即同业工会本身是市民社会中的组织, 它并不能被算成国家机构。为了克服市民社会的内在矛盾, 就必须对黑格尔的理论目标进行取舍。霍耐特认为, 黑格尔在伦理中混淆了两个不同的目标。"他想对现代社会进行规范性的结构分析, 以便把历史地形成的个人自由的条件辨识出来, 然而他同时又努力进行制度分析, 以便把已经形成的、法律化了的组织结构合法化。"②与之前对情感关系的讨论一样, 霍耐特建议我们忽略黑格尔的第二个目的, 这样市民社会就被完全等同于需求的体系, 在其中, 主体"借助于策略性的互动而实现他们的私人目的"。至于个体如何从对契约的遵守这种外在的联合上升为内在的统一, 霍耐特认为, 这个问题只能在第三个行动领域中得到回答。依据这一思路, 就可以重新理解同业公会的伦理价值。"在这里, 同业公会不是类似于行会制度的组织, 而是在公共协商即民主的分工中所产生的必要的事物, 它使主体的私人活动获得了普遍的意义。"③

伦理思想的第三个缺陷在于误解了国家的伦理意义。在某种意义上, 国家综合了家庭与市民社会的原则, 将情感间的信赖与普遍平等自由权利相统一。黑格尔认为, "在国家中的社会成员处于这样一种互动领域, 在其中他们借助于共同的、普遍的活动而达到自我实现"④。"国家涉及一种合作形式的实践, 在其中每个人从他人的活动中发现了它对共同追求的目标的贡献。"⑤这就凸显

---

①Honneth Axel: *Leiden an Unbestimmtheit*, Stuttgart, Reclam, 2001, S.124.

②Honneth Axel: *Leiden an Unbestimmtheit*, Stuttgart, Reclam, 2001, S.125.

③Honneth Axel: *Leiden an Unbestimmtheit*, Stuttgart, Reclam, 2001, S.126.

④Honneth Axel: *Leiden an Unbestimmtheit*, Stuttgart, Reclam, 2001, S.126.

⑤Honneth Axel: *Leiden an Unbestimmtheit*, Stuttgart, Reclam, 2001, S.126.

了国家与市民社会之间的本质差别。之前已经提到，在需求的体系中，行为的普遍性表现为对社会契约的遵守，但是，主体遵守契约的目的并不是为了公共的利益，而是以其为工具为自身谋求福利。在国家中，主体活动的普遍性表现为对公共目的的追求，这具体表现为个体的活动为了普遍性的目的而相互交织在一起。霍耐特认为，黑格尔并没有严格地从交往自由的视角去阐述国家的承认原则。"在国家那个部分的一个地方，黑格尔开始讨论相应的承认关系，然而，恰恰就是在这个地方，一种纵向的联系突然介入横向的联系之中。"[1]这意味着，国家实质上包含了两种承认：一种是平等个人之间的承认，另一种是上下级之间的承认，即国家理念与法权个体之间的承认。简单地说，国家中所包含的普遍目的并不是由主体之间以相互承认的方式所确立，"这些普遍物似乎作为某种实体性的东西已经存在了，于是承认包含了自下而上进行确认的意思"[2]。霍耐特认为，这里的普遍物是指"许许多多个人自身从主体间共同的信念和目的中认识到（或者承认）一种基础，这个基础构成了相互协作地追求共同目的的前提"[3]。

在霍耐特看来，黑格尔对国家的理解包含不确定性，这表现为，他在共和主义与威权性的自由主义之间摇摆不定。黑格尔将市民社会视为"外在的国家"，人们在这一领域中只是寻求自身偏好与欲望的满足；在国家中，黑格尔不仅谈到了公民的公共义务，甚至对他们的爱国情绪作了详细的分析，这些都展示了"一种共和主义的思路"。由此可知，黑格尔希望通过国家去追求一种"公共自由"，这意味着，他将国家视为公共领域，在其中，不同的个体与组织都能平等地表达自身的规范性诉求，目的是得到他者的承认。当然在国家中，对他者的承认不仅意味着肯定他者独特的诉求，更表现为竭力帮助他者去实现相应的目标。这一思路与之后霍耐特的社会自由的理念有着密切的关联。国家中的威权性的自由主义倾向意味着"虽然允许个人拥有传统意义上的一切基本权利，却不给

---

①Honneth Axel: *Leiden an Unbestimmtheit*, Stuttgart, Reclam, 2001, S.127.
②Honneth Axel: *Leiden an Unbestimmtheit*, Stuttgart, Reclam, 2001, S.128.
③Honneth Axel: *Leiden an Unbestimmtheit*, Stuttgart, Reclam, 2001, S.128.

他们任何参与政治活动的机会"①。在这里，个体的自由权利被限定在经济领域中，而政治自由权利完全被威权体制所压制，这导致人们无法就"普遍的目的究竟应该如何形成的问题展开讨论"。

说到底，这里出现的问题依然可以被归结为伦理的过度机制化。与家庭和市民社会类似，霍耐特也意图从主体间互动的角度去重构国家的规范性内涵。他认为，国家最核心的功能是促成以民主的方式形成普遍性的意志。换句话说，国家秩序的合法性与正当性来自每个公民的自由同意。对法国大革命之后恐怖状况的反思使黑格尔拒绝将每个社会成员都视为国家的主权者，对此，霍耐特则认为，"主权者存在于公民们就国家秩序应达到的目标所进行的公开讨论和意见形成的程序中"②。

第四节 对霍耐特观点的评价

与传统解释路径相比，霍耐特对黑格尔法哲学的研究极具原创性。这表现在以下几个方面：第一，拒绝从逻辑学的视角去理解法哲学，而是将法哲学理解为一门规范正义理论；第二，沿用了《为承认而斗争》的观点去阐释法哲学。坚持了否定主义的方法，反对法哲学中过分机制化的观点，将承认关系限定在个体之间的水平关系中。

"如果有人想要捍卫黑格尔关于现代社会理论的每一个句话，那么他就需要坚定地重视思辨逻辑，但若有人继续想以'再实现化'为目的去阅读法哲学原理，他就必须能够说明，逻辑，更确切地说作为科学的黑格尔哲学的系统观点仍然能够与我们当下后形而上学的理性标准相一致。"③霍耐特对黑格尔法哲

---

①Honneth Axel: *Leiden an Unbestimmtheit*, Stuttgart, Reclam, 2001, S.129.

②Honneth Axel: *Leiden an Unbestimmtheit*, Stuttgart, Reclam, 2001, S.129.

③Deranty Jean-Philippe: *Beyond Communication.A Critical Study of Axel Honneth's Social Philosophy*, Boston, BRILL, 2009, p.253.

学进行"再实现化"的目的是"用黑格尔的伦理去定义一个介于新亚里士多德主义和新康德主义之间的观点"。在当下政治哲学语境中，社群主义与自由主义之间的争辩是核心性的问题。社群主义倾向于接受亚里士多德的观点，自由主义更偏爱康德的理想。新亚里士多德主义认为，康德将自由等同于意志的自律是有问题的，它只能为个体提供一个空泛的形式，个体的自我实现需要被社会条件所充实。但它会带来一个问题，即如何避免被腐化为一种文化相对主义。如果自我实现必须依赖于具体的社会条件，那文化之间的差别使得人们很难去确定究竟哪种文化传统所奉行的规范原则可以有效帮助个体实现自身。霍耐特认为，通过改进黑格尔的观点，我们可以在避免相对主义与抽象论的同时有效统一"社会规定"与"普遍主义"。

与《为承认而斗争》相似，霍耐特在《不确定性的痛苦》中同样试图对抗当代政治哲学中的后康德主义观念。在法哲学中，黑格尔的目的并不是彻底否定近代的自由主义传统，而是认为，近代的自由观念奠基在一个错误的论点之上，它使人抛弃了"现存机制中的内在理性"而去坚持一种抽象的个体化原则，这就造成了两种形式的社会病态。在霍耐特看来，这两种病态形式来自主体对自由的抽象理解，他希望用一种更具体的自由样式（伦理）来代替这种抽象的形式。伦理所描述的是一种正义的社会秩序。"在现代社会中，黑格尔将正义定义为能够保证所有主体以平等的方式参与到社会互动中，这种社会互动使个体的自我实现成为可能。"[1]个体的自我实现意味着对自由的追求得到了满足，自我实现又离不开社会互动。霍耐特尤其强调主体的社会构成，这表现为，个体的好生活离不开与他人的互动，主体的生活就是社会的生活。社会就是规范性制度的总和。通过参与社会活动，个体的行为受到了理性的规定。社会病态意味着个体拒绝参与到社会互动中。在这种情况，个体空有自由的权利却不知如何行使，他在这种不确定性中陷入苦恼。为了克服这一问题必须明确，"自我规定与自

---

①Deranty Jean-Philippe：*Beyond Communication.A Critical Study of Axel Honneth's Social Philosophy*，Boston，BRILL，2009，p.237.

我实现的社会条件相联系"①。在霍耐特看来，深受康德哲学影响的哈贝马斯的程序正义与罗尔斯的分配正义都有一共同缺陷，那就是"无法展示正义与好生活、非正义与由社会所引发的病理学之间的本质性联系"②。

　　从对社会病态的诊断与治疗的视角理解黑格尔的法哲学是霍耐特在研究方法上的创新。霍耐特当然不会将自己的视野限定在黑格尔所生活的时代，他更关注当下的社会状况，换句话说，霍耐特想对当下资本主义的社会病态进行诊断。众所周知，马克思对资本主义社会制度作出过精彩而深刻的剖析与批判，霍耐特与马克思的观点之间究竟有何异同？对此，德朗蒂认为，"这种听起来像道德紊乱与心理忧虑的社会病理学，远不如马克思在病理学中对现代政治经济学的批判那么的激动人心。实际上，霍耐特的新黑格尔主义政治学非常具有理智主义的倾向，从唯物主义的观点回到了唯心主义的观点"③。这里并没有所谓的唯物主义与唯心主义之间的尖锐对立，霍耐特的观点中依然包含实在论的样式。在对社会生活中各种痛苦状况的描述中，霍耐特列举了大量的具体事实。尽管如此，霍耐特与马克思对资本主义的批判还是有着本质的区别。在前者看来，当下资本主义发展的问题在于，它在立法层面上所给予的个人自由权利反而会禁锢人的自我实现。霍耐特认为，个体自由作为近代以来的核心价值必须被理解为个体的自我实现，而这种实现离不开存在于社会互动中的主体间的承认。在这里，承认本质上是一种道德认同。"如果我们在交互主体行动中遵循相应的道德规范，那么我们就相互承认我们是主体，我们作为主体彼此都有特殊价值，因为，如果没有每一个他者，那么我们就会感到自己是残缺不全的。"④ 在资本主义社会中，个体固守自己的自由权利，从而拒绝参与到社会互动的过程中，

①Deranty Jean-Philippe: *Beyond Communication.A Critical Study of Axel Honneth's Social Philosophy*, Boston, BRILL, 2009, p.237.

②Deranty Jean-Philippe: *Beyond Communication.A Critical Study of Axel Honneth's Social Philosophy*, Boston, BRILL, 2009, p.238.

③Deranty Jean-Philippe: *Beyond Communication.A Critical Study of Axel Honneth's Social Philosophy*, Boston, BRILL, 2009, p.236.

④Honneth Axel: *Leiden an Unbestimmtheit*, Stuttgart, Reclam, 2001, S.79.

这一现状必须归因于资本主义制度本身，所以，霍耐特是从个体自我实现，或者说从道德哲学的角度展开对资本主义社会的批判。马克思早已认识到资本主义制度所宣扬的价值观的虚伪性。在对黑格尔法哲学的批判中，他就强调，人格只是财产权的一个谓词。马克思致力于从经济学的角度对资本主义制度展开批判。这并不意味着在马克思那里就没有道德的维度。

关于霍耐特与马克思之间的相同点，德朗蒂强调，尽管他们都有反自由的暗示，但无论是霍耐特还是马克思都不能被定义为一个绝对的反自由主义者，准确地说，他们都反对抽象的自由观念。霍耐特在《不确定性的痛苦》中已经向我们展示出，个体的自由法权仅仅是空洞的形式化权利，个人若想落实这种权利就必须参与到社会互动中。通过主体间的交往，个体的行为目的得到理性的规范。在当下的社会中，社会成员总是从否定的角度去理解，他们拒绝参与到社会互动的过程中，这使得行为目的缺乏规范性。马克思也反对对自由作抽象化和个体化的理解。对财产的私人占有是个体权利的基本表现，在青年马克思看来，也正是财产私有制导致了社会分化从而产生了异化劳动，这使人与自己的类本质相对立。马克思并不是反对个体自由，相反，他和黑格尔与霍耐特一样，都试图回答如何去实现个体自由。针对这个问题，马克思的回答是："每个人的自由发展是一切人自由发展的条件。"这里就涉及霍耐特与马克思之间最关键的相同点，即主体的社会构成。"如果主体完全依赖于主体间与他人的互动来实现好生活，那么主体的生活就是社会的生活。"这个观点同样可以为马克思所接受。"马克思与黑格尔都同意这样的观点，即自由与理性之间是同一的，这个关系在社会中得到具象化，在其中，理性的普遍性意味着每个人的发展都要归功于社会关系的质量。"[1] 自由主义者往往将社会制度视为对个体自由的限制，他们更希望从"不确定主义（indeterminism）"的角度去理解个体自由。换句话说，他们希望悬置个体自由的内容从而充分保障个体自由的决断权。无论是霍耐特还是马克思或者黑格尔都反对这种观点，他们拒绝将个体自由还原

---

[1]Deranty Jean-Philippe: *Beyond Communication.A Critical Study of Axel Honneth's Social Philosophy*, Boston, BRILL, 2009, p.237.

为所谓的意志的自我规定，或者说，意志的自我规定必须与"自我实现的社会条件"联系在一起。个体的自由需要社会的自由。

总的来说，霍耐特依然遵循《为承认而斗争》的思路对法哲学进行"再实现化"。"在《不确定性痛苦》中所提出的对黑格尔思想的间接的、再实现化的重构与大部分引导了对耶拿文本的重构的主题相联系。"① 第二次世界大战以来，学界对黑格尔的社会与政治思想基本持有怀疑的态度。德朗蒂认为，《为承认而斗争》的出版在一定程度上改变了这一状况，特别是对《法哲学原理》的理解。这种情况在英语世界中表现得尤为明显。以罗伯特·威廉姆斯（Robert Williams）为例，他反对哈贝马斯与西普的观点，即不能从承认的角度去理解法哲学，他认为，"尽管在事实上，这个概念（承认）很难在 1807 年以后发挥同样的功能，但承认的结构仍然是主要的支撑黑格尔成熟的伦理与政治思想的范畴结构"② 。与威廉姆斯的观点相似，霍耐特也从承认的角度去理解黑格尔成熟时期的作品，他将伦理理解为"通过在现代条件下通过自我实现而得到自我规定的理论"。伦理被理解为不同社会领域所构成的总体。不同的社会领域包含不同的承认原则，以主体间的相互承认为中介，个体不仅获得了自我实现，同时也得到了教化与社会化，这使个体限制了自己的本能与冲动，从而能够从规范的角度承认他者的有效诉求。与早期对耶拿文本的重构相同，此时的霍耐特依然是从反形而上学的角度展开对法哲学的理解，这体现出当代实用主义对霍耐特思想的影响。

霍耐特沿用了《为承认而斗争》中"否定主义（negativism）"的研究方法。与哈贝马斯等人不同，霍耐特不是单纯从肯定方面对承认理论进行描述，相反，他总是从否定的角度去论述承认的意义。简单地说，承认是对蔑视的反抗，承认本身就是为承认的斗争。对各种蔑视的体验促成了人对道德规范的基本认知

---

①Deranty Jean-Philippe: *Beyond Communication.A Critical Study of Axel Honneth's Social Philosophy*, Boston, BRILL, 2009, p.227.

②Deranty Jean-Philippe: *Beyond Communication.A Critical Study of Axel Honneth's Social Philosophy*, Boston, BRILL, 2009, p.228.

与期待，从而能够通过承认获得满足。在《不确定性的痛苦》中，霍耐特同样采用了这一方法。从形式上看，好像只要关注伦理一章就能够理解黑格尔所传达的正义的规范理论，实则不然，霍耐特将抽象法与道德阐释为自由的两种必要形式。尽管这两种形式是有限的、病态的，但是它们为规范正义论的确立奠定了基础。抽象法是自由的否定环节，通过对一切外在限制的否定，个体确认了自己的主观权利。道德自由是指选择的权利，个体能够通过它确定自己的行为目的。两种自由形式都是社会化的产物，都有着深厚的规范性内涵，如果仅仅从律法的角度对它们进行抽象的理解与运用就会产生"个体自由的病态"进而导致社会疾病，这些问题只能在伦理中得到克服。按照霍耐特的思路，伦理最重要的作用并不是凭空去建构一套规范的正义体系，相反，它最主要的任务是将个体从不确定性的痛苦中解放出来，并给予他们的行为以确实的规定。通过对社会病态的诊断与治疗，霍耐特希望揭示出，任何一种自由的形式都必须在具体的社会交往关系中才能得到切实的规定。

除了否定主义的方法，霍耐特对法哲学的解读也运用了社会本体论的预设。在《为承认而斗争》中，霍耐特反对将社会哲学建立在个体主义的基础之上，他接受了黑格尔在耶拿时期的观点，认为必须从主体间的互动出发去理解社会。德朗蒂认为，霍耐特在《不确定性的痛苦》中采用的是一种"强主体间性"的解读思路。这意味着，"主体间性完全被理解为个别主体之间的互动"。依据这一观点，自由意志的本质被揭示为"在他者中成为自身"，社会机制被还原为主体间互动的领域。与霍耐特的观点相对，西普拒绝从主体间的角度去理解黑格尔的观点，他认为"主体的承认与被承认只能通过整合进一个更大、更普遍的机制中才能得到完成"[1]。这意味着，第一，社会机制不能被还原为主体间的行动领域；第二，为了获得自由，个体必须将自身的特殊性扬弃在普遍性的社会秩序中。霍耐特与西普观点的差别就是水平承认与垂直承认之间的区别。霍耐特并非没有注意到垂直承认的问题，他认为，伦理中的国家是垂直承认的

---

①Deranty Jean-Philippe: *Beyond Communication.A Critical Study of Axel Honneth's Social Philosophy*, Boston, BRILL, 2009, p.231.

最典型代表。在国家中君权高于一切，这将民主决策的活动排除出政治领域。与垂直承认不同，在水平承认中，社会规范都被还原为主体间的道德期待与成就（intersubjectve expectations and achievements），由不同社会规范所规定的社会领域就是由不同的主体间关系所构成，在《为承认而斗争》中，霍耐特将这些由主体间交往活动所构成的社会规范结构称为"承认的领域"。德朗蒂将霍耐特的观点定义为"表现主义（expressivist）"，"社会机制以社会互动的基础样式为基础，是承认的表现（expression）"。在霍耐特看来，黑格尔的法哲学，特别是伦理这一部分坚持着机制主义（institutionalist）的原则，这会为法哲学带来无法克服的内在矛盾。还是以国家为例，霍耐特认为，黑格尔在国家中本应去讨论公共自由的问题，这意味着，在国家生活中，每个社会成员通过践行普遍的目的而获得他人的承认。与哈贝马斯关于公共领域的构想相似，公共自由反对国家权力对公民自由交往的外在压迫。依据这一观点，黑格尔机制主义的问题就在于，"每当黑格尔在讨论承认关系时，他都用一个垂直的关系代替水平的关系"。这就导致黑格尔将国家视为实体，将个体视为偶然性的存在。

现在的关键问题是，能否从主体间交往的角度去理解黑格尔的法哲学。学界普遍赞同以主体互动为原则去阐释黑格尔在耶拿时期的作品，因为此时的黑格尔并没有构建起关于精神的学说，按照哈贝马斯的观点，他还没有落入意识哲学的窠臼。柏林时期的黑格尔早已经确立了精神哲学的体系，再从主体间的角度对其进行解读实有不妥。西普就质疑霍耐特仅从水平意义上解决法哲学的观点。他认为，我们可以从黑格尔文本的很多地方指出，伦理作为一种关于社会机制秩序的理论，不能简单地从互动主义（interactionist）或者表现主义的角度对其进行理解。黑格尔不仅将国家，而是将伦理本身视为一个整体。"在黑格尔的观念中，不仅在国家的层面，在将伦理生活定义为一个整体时，垂直性的关系都是决定性的。"[1] 依据这一观点，从主体间关系的角度去把握家庭与市民社会的关系都是有限的，因为，无论是家庭成员还是市民社会中的人（Mensch）

---

[1]Deranty Jean-Philippe: *Beyond Communication.A Critical Study of Axel Honneth's Social Philosophy*, Boston, BRILL, 2009, p.233.

都总是与垂直意义上的机制相联系。"在家庭的关系中，主体与作为一个机制的家庭之间是垂直的关系，这种互动使他或她成为一个家庭成员（不是一个伴侣、父母或儿童）。"① 如果将家庭机制还原为主体间的关系就无法理解家庭中所包含的规范性功能（契约与财产）。霍耐特早已经注意到这个问题。在研究伊始，他就承认，互动主义的解读仅仅是部分地忠实于黑格尔的文本。当然，霍耐特的研究目的就不是对法哲学的文本作逐字逐句的解读，相反，他是要对法哲学进行当下的"再实现化"。从主体互动的角度去规定社会机制可以有效地回答个体究竟如何实现自身。

尽管霍耐特对为什么坚持水平意义上的承认给出了回答，但是，在德朗蒂看来，通过这一思路所得到的结论中包含无法被克服的问题。最大的问题在于，霍耐特为了自己理论的需要放弃了法哲学中很大一部分的内容。之所以被舍弃，一方面是因为某种社会机制不符合主体间互动主义的基本要求（国家），另一方面是因为这种社会机制已经过时了（同业公会）。霍耐特明确指出，同业公会作为中世纪的产物，将它置于市民社会中只会使市民社会所包含的规范原则变得更加模糊，他更赞成将同业公会中所包含的团结原则视为国家政治生活的基本规范。有学者对此持反对意见，例如法国学者让－弗朗索瓦·科维纲（Jean-François Kervégan）就认为，同业公会不应该被理解为一种过时的社会机制，相反，"对黑格尔来说，同业公会是将社会机制与政治机制结合起来的必不可少的中介"②。霍耐特舍弃部分文本的目的在于无法调和规范性重构与对机制的描述之间的关系。法哲学是立足于具体的社会机制去寻找使得个体自我实现得以可能的规范性条件。霍耐特将不同社会领域中的规范性原则还原为主体间对道德的期待。当一种社会机制所包含的规范性原则无法还原为主体间对道德的期待时，它就必将被舍弃。

---

①Deranty Jean-Philippe: *Beyond Communication.A Critical Study of Axel Honneth's Social Philosophy*, Boston, BRILL, 2009, p.233.

②Deranty Jean-Philippe: *Beyond Communication.A Critical Study of Axel Honneth's Social Philosophy*, Boston, BRILL, 2009, p.234.

　　《不确定性的痛苦》是霍耐特对"再实现化"的第一次尝试。在规范性的正义理论中，个体的自由权利与社会正义获得了具体的统一。无论是个体行为还是社会机制，都获得了规范性的内容。必须注意，在这一阶段中，"再实现化"的要求依然没有得到满足，原因在于，霍耐特的研究依然立足于黑格尔的文本，相关的成果并没有落实到当下的社会政治文化与个体的道德行为中。

第四章
社会自由："再实现化"的完成

在《自由的法权》中，霍耐特完成了对黑格尔实践哲学的"再实现化"。与第一次尝试不同，此时的霍耐特不再局限于对黑格尔的概念进行重新阐释，而是运用一个原创的概念——社会自由——去实现个体自由与社会正义的统一。

在《为承认而斗争》与《不确定性的痛苦》中，霍耐特分别对黑格尔前后期的实践哲学思想进行了解读。在这两本书中，承认与社会正义是核心的概念。无论是承认还是社会正义都隐含了对自由问题的讨论。例如，个体争取承认的斗争的目的一方面是为了克服自身所遭受到的蔑视体验，另一方面更重要的是实现自身同一，即获得人格的完整性。《不确定性的痛苦》同样与自由有关。造成行为不确定性的原因在于，个体没有对自由权利的社会性起源与界限拥有清晰的认识。当个体以最形式化的方式去使用自由权利时，他们对个体自由的诉求非但不能得到理性的满足反而给自身的精神与肉体带来负面的体验。为了克服这一状况，霍耐特求助于黑格尔的伦理思想。由此可见，尽管霍耐特一直不明言自由问题，实质上，他的思想路线一直没有偏离该主题。在《自由的法权》中，他终于开始详细阐释对自由的理解。在《不确定性的痛苦》中，黑格尔意图用伦理实体的力量去超越抽象法和道德的有限性，霍耐特认为，伦理实体本质上是在展示一种更真实、更全面的自由形式，此时的霍耐特将其称为"交往自由"①。在《自由的法权》中，霍耐特将交往自由称为社会自由。在对社会自由的思想作详细讨论之前，首先需要弄清楚，霍耐特为什么要转向讨论自由的问题。

第一节 社会自由的概念历程

与黑格尔在其《法哲学原理》中所采用的表现形式一样，霍耐特也并不是在全书的开端处就将社会自由的概念与意义呈现出来。他首先讨论了近代以来流行的两种自由形式——否定自由与反思自由，从积极方面指出他们的规范性内涵，从消极方面展示出它们的有限性。接着，他以克服以上两种自由理念的局限为理由提出社会自由的概念。从方法论上看，与之前两部著作相同，他依然坚持否定主义的方法，即社会自由是对抽象自由概念的否定与克服。

一、为什么转向自由问题

一直以来，承认理论都算是霍耐特最重要的学术标签，在《自由的法权》中，他转而讨论自由的问题，他的目的是什么？更进一步说，这是否标志着承认理论已经退出霍耐特思想的核心论域？

顾名思义，《自由的法权》就是在讨论自由的问题。朱恩认为，霍耐特撰写这本书的根本目的是对黑格尔的法哲学原理进行更新。这种更新主要表现在两个方面：第一，抛弃了一切形而上学的预设。将精神及其定在完全转化为主体间的互动行为与机制；第二，更新了对社会机制的理解。霍耐特依然延续了《不确定性的痛苦》中的观点，将黑格尔的法哲学理解为一门关于规范正义的理论。作为对法哲学的更新，他意图在《自由的法权》中，"通过对当下已

---

① Honneth Axel: *Leiden an Unbestimmtheit*, Stuttgart, Reclam, 2001, S.72.

有的社会机制的分析为正义理论奠基"①。霍耐特认为，他与黑格尔的社会与政治理论有着同样的理想，即展示出"道德实践理性是如何历史性地在社会现实中得到表现的"②。这里不禁要去追问，究竟是怎么样一种道德价值占据当代社会生活的中心？对于这个问题，霍耐特赞成黑格尔的观点，即将自由视为现代道德理想的基石。"所有在现代社会中上升到主导地位，并且自那以后又相互争夺统治权的伦理价值中，只有唯一的一种伦理价值确实做到了对现代社会的机制性秩序发生着持久的影响，即在个人自主意义上的自由。"③ 在当代实践哲学中，除了自由之外还有对平等的诉求，为什么只将自由视为现代道德秩序的拱顶石？霍耐特也考虑到了这个问题。他首先认同平等的地位，但平等不能被视为一个独立的价值，只有当平等作为对自由价值的解释时才能够被人们所理解。换句话说，平等追求的就是自由权利的平等，"所有关于社会平等的要求都只是通过个人自由才具有意义"④。霍耐特的目的并不是要将各种价值理念还原为自由，相反，他重视自由的根据来自对当下社会现实的具体分析。不是主观的猜想，而是已有的社会机制将自由展示为价值理念的核心。

自由是当下实践哲学各领域中最核心的概念，其他任何一种理想都以自由为基础。在《自由的法权》中，霍耐特的目标就是以社会自由的概念为基础，立足对当下社会已有机制的分析与批判，重构一种规范正义理论。正义与平等、博爱等价值诉求相同，都以自由为根基。与罗尔斯重视社会平等的正义观不同，霍耐特将正义建立在自由的基础之上。正义的社会秩序是保障每个社会成员都能够平等地实现自身对正义的诉求。考察自由概念是不是就意味着不再重视承认的问题？并非如此。承认问题贯穿了霍耐特迄今为止的学术生涯，《自由的法权》当然也不例外。在这本书中，霍耐特揭示出，自由的问题本身就是关于

---

①Zurn Christopher: *Axel Honneth.A Critical Theory of the Social*，Cambridge，Polity Press，2015，p.156.

②Zurn Christopher: *Axel Honneth.A Critical Theory of the Social*，Cambridge，Polity Press，2015，p.156

③[德] 阿克塞尔·霍耐特:《自由的权利》，王旭译，北京: 社会科学文献出版社，2013 年，第 27 页。

④[德] 阿克塞尔·霍耐特:《自由的权利》，王旭译，北京: 社会科学文献出版社，2013 年，第 27 页。

承认的问题。如果站在否定自由与反思自由的立场上，自由与承认就是相互对立的，因为二者都将自由还原为抽象且空洞的个人权利。如果将承认整合到对自由的理解中就产生了不一样的结果。承认不仅是对某人普遍性权利的认可，更是对其特殊目的的赞同。以他人的承认为中介，个体自由就完成了普遍性与特殊性的统一。在社会自由中，个体自由与承认是相互中介的，为了避免抽象的空洞性，个体自由必须以主体间的承认为前提，从而获得具体的规定；如果不以平等的自由权利为前提，主体间的平等承认就会病变为自然状态下人与人之间的殊死斗争。由此可见，霍耐特对自由的重视非但没有忽视承认的地位，相反，对自由的讨论依赖于承认理论。

在之后的部分中会对社会自由的内涵与意义作详细的说明，在这里，先对社会自由与惯常所理解的自由概念做简单说明。在霍耐特看来，对于自由的一般理解包括否定自由与反思自由，社会自由与二者的共同点在于，它们都以个体自由为核心，不过否定自由与反思自由追问个体自由是何以可能的，而社会自由更专注于个体自由是如何实现的。在前二者的观念中，尤其是否定自由，认为既有的社会机制是对个体自由的外在限制。社会自由并不同意这种观点，它将社会机制视为实现个体自由的必要条件。这就涉及《自由的法权》中另一部分的内容。"将自由的社会模态阐释为由自由所构造的现代社会机制的真正意义。"① 也就是说，用社会自由的理念去重构现代社会中所包含的主体间行动领域。与黑格尔在法哲学中的观点相似，尽管社会自由与另外两种自由形式有着重大的差别，但否定自由与反思自由都被纳入到社会自由的范围内，成为它的规范性环节。

二、否定自由

尽管对它的称呼不同，否定自由可能是最为人所熟知的对自由的定义。从

---

①Zurn Christopher: *Axel Honneth.A Critical Theory of the Social, Cambridge*，Polity Press，2015，p.157.

17世纪的霍布斯一直到当代自由主义代表诺齐克都可以被视为否定自由的代表人物。否定自由是指"个体能够不受任何外在的约束去行动，以求得任何一种特殊欲望的自由满足"①。否定自由最主要的要求在于，个体满足自身欲望的自由不能受到任何阻碍。这种自由观念并不涉及主体行为的动机，不对个体行为的目的做道德的要求。这并不意味着，否定自由就完全否定主体之间的相互联系，它肯定主体之间有着最基本义务。这种义务表现为个体应当尽可能少地干扰他人的否定自由。由此可见，即使像否定自由这种极端重视个别性的自由原则也不可能完全否定主体之间的互动关系。

以否定自由为基础能够建立一套社会正义理论，它要求社会制度在最大程度上满足个体不受他者干扰的权利。霍耐特认为，社会契约论是实现这种正义构想的最好的方式。个体将契约论作为满足否定自由的手段。"在契约论中，个体估算到他自身的兴趣能够尽可能少地受到他人的干扰。"②个体为了保障自己的自由权利，最好的方式就是与他人订立契约，这样可以保证个体权利得到最基本的满足。个体坚持否定自由的原则所签订的是一种"一次性的谨慎的契约（one-shot prudential contract）"。这一方面说明，否定自由主要关注于当下的具体状况，行为者只求满足眼前的利益而没有更长远的打算；另一方面，行为者对行为目的与结果做理性的算计以求得利益的最大化。在此意义上，社会正义与社会主体间的相互协作没有一点关系，他们并没有为谋求共同利益从而团结一致的打算。更进一步说，否定自由与公民的民主权利之间就是相互矛盾的。公民的民主权利是保证有资格的社会成员能够参与到对公共事务的民主决策中，坚持否定自由的个体根本不关注公共领域的问题，或者说，他只将公共领域视为一个必要的工具，通过它来保证个体权利不受任何外在的干扰。

否定自由最核心的问题在于：在现代社会的背景下，否定自由本身就是不

---

①Zurn Christopher：*Axel Honneth.A Critical Theory of the Social*，Cambridge，Polity Press，2015，p.157.

②Zurn Christopher：*Axel Honneth.A Critical Theory of the Social*，Cambridge，Polity Press，2015，p.158.

自由的。康德明确区分了任性的自由与理性的自律。依据这个观点，否定自由属于任性自由的范畴，它们同样没有去考虑行为的根据问题。与之相对，自由应该被理解为意志的自律，也就是说，不是以任何有限的理由，而是以无限的人格为行为的基础。朱恩试图以酗酒者、被控制者为例说明这个问题。从否定自由的立场看，某人能够不受他人打扰而随意酗酒是其自由权利的表现，但是，个体酗酒的意愿来自最原始的自然冲动，从行为动机的角度看，酗酒的行为并不是个体意志自律的结果，所以各种行为并不是自由的。尽管被控制者的行为都来自其自身的规定，但是，他的任何选择都已受到外在强力的影响，我们同样不能将他的行为视为自由的。“依据霍耐特的观点，自由的否定模式的缺点在于，个体不能自主地决定他们自身的意愿，相反，他们现实的目标都简单地交给了自然的原因和社会的外在——这些原因和外力都在个体的控制之外。”[1]当个体意志摆脱这种外在的强制之后，否定的自由就发展为反思的自由。

三、反思自由

在 18 世纪中期，人们对否定自由的有限性就已经有了充分的认识。以卢梭和康德为代表的启蒙学者就尝试从反思自由的角度去克服否定自由中所包含的问题。他们分别将本真性和自律视为实现个体自由的核心概念。尽管对反思自由有着不同的规定，“反思自由的核心概念是一个个体的行动只有在它是为个体本身的意图所规定时才是自由的”[2]。与否定自由不同，反思自由专注于对个体行为意志的考察，个体的行为只有符合理性的反思才是自由的。在反思自由看来，不能单纯从否定意义上将自由定义为免受外力干扰的权利，自由需要被自律和本真性的内容所规定。在这个意义上，反思自由要求行为者对自身的行

---

[1] Zurn Christopher: *Axel Honneth.A Critical Theory of the Social*, Cambridge, Polity Press, 2015, p.158.

[2] Zurn Christopher: *Axel Honneth.A Critical Theory of the Social*, Cambridge, Polity Press, 2015, p.158.

为目的进行纯化，这可以使行为目的摆脱有限规定的侵害。

霍耐特分别从道德自律和本真性的意志两条进路去思考反思自由的问题。自律的观点以康德为代表。康德认为，只有当一个人的实践动机能够经得起理性法庭的审查时，他的行为才是自由的。换句话说，个体的实践行为必须以理性的先天法则为基础，所谓理性的审查就是判断某种行为是否具有道德普适性（moral universalizability）。当代的实践哲学家接受了康德关于理性法庭的观点，但是他们拒绝从先验理性的角度去解释理性法庭，而是以主体间性为基础，从人类学的角度对其进行理解。这一观点以阿佩尔和哈贝马斯为代表。他们认为，理性法庭的执行者是不受限制的交往共同体成员，而不是孤立的个体行为者。这就是说，实践法则的订立需要所有社会成员的参与，他们在一个自由的交往环境中通过平等的对话去商定道德行为的法则。当个体的行为遵从于这种道德规范时，他在道德上就是自律的。

除了自律的意志之外，霍耐特立足于从 18 世纪浪漫主义理论，认为反思自由也可以从意志的本真性、人格的完整性和个体的自身实现这些角度来理解。"依据一般模型，一个人只有当她依据那些真正反映她自身的欲望与目标而行动时，她才是自由的。"[1] 这种自由模式的奠基人是卢梭。在《忏悔录》中，卢梭认为，人只有通过长时间地反思自由的经验与感觉才能领悟心灵深处的、本真的人格同一性。只有当这种本真的自我成为一切行为的根据时，个体才能被视为自由的行为者。对本真性的把握并不是来自某种突发性的顿悟，而源自一个长期的自我反思过程。通过这个过程，个体对自身的意志进行了必要的纯化，使其上升为自由的意志。

与否定自由一样，同样可以以反思自由为基础去构建社会正义理论。与道德自律相关的是程序正义理论，罗尔斯与哈贝马斯都是这一观点的代表性人物。程序正义理论认为，政治决策的合法性来自主体间理性的合作程序，它必须保证每个个体都被平等地视为自由和平等的公民。依据程序正义的观点，"正义

---

①Zurn Christopher: *Axel Honneth.A Critical Theory of the Social*, Cambridge, Polity Press, 2015, p.159.

就是一种特殊的政治约定,它可以在一个集体决策的反思过程中确保每个人的平等自由"①。依据意志本真性的概念可以从两条进路构建社会正义理论。第一点是以密尔为代表的功利主义道路。与程序正义的观点相同,他也将正义视为一种对社会与政治秩序的约定,与罗尔斯等人不同的是,密尔认为,社会正义的目的是为了最大多数人的本真性的自我发展可以得到实现。以阿伦特为代表的共和主义传统是第二条进路。他们赞同将正义理解为每个个体都能得到平等的自身实现,个体的自我实现离不开公共领域中的互动实践。尽管在反思自由的语境下,构建社会正义的方式是多样的,但这三种不同的方式之间仍有者密切的联系:首先,他们都以实现个体的反思自由为核心目标;其次,三条进路都强调社会制度的公正性。

尽管霍耐特认为,反思自由对自由概念的理解明显高出于否定自由,但是,他同时也明确指出反思自由的缺陷。关于反思自由的批判,霍耐特深受黑格尔观点的影响。朱恩认为,霍耐特对反思自由的批判就是在阐释与更新黑格尔对道德的批判。"他(霍耐特)认为,这种模态(反思自由)无法认识到,除非已经有一个社会机制和意义的周围背景,它可以为个体提供实现道德与伦理目标的潜在内容,否则,个体自由无法得到实现。"②反思自由的一个核心观点就是要求个体对自己的意志进行纯化,从而达到对自身的道德规定以及本真性的实现。无论是黑格尔还是霍耐特都认为,反思自由是纯粹形式化的自由原则,这表现为它只是要求个体必须立足于道德自律而行动,但是,没有人知道如何去具体地践行自律的原则,这可能产生的最坏的结果就是导致"伪善"。这意味着,个体的任何一种自私行为都能被普遍性的理由所粉饰。为了克服这个问题,或者说,为了真正去实现反思自由,霍耐特接受了黑格尔的观点,立足具体的社会背景是实现反思自由的必要条件。诚然,较之于否定自由,反思自由

---

① Zurn Christopher: *Axel Honneth.A Critical Theory of the Social*, Cambridge, Polity Press, 2015, p.159.

② Zurn Christopher: *Axel Honneth.A Critical Theory of the Social*, Cambridge, Polity Press, 2015, p.160.

的优点在于，它已经开始重视行为内容的合理性，但这同时也是它的问题。为了实现意志的自律性与本真性，首先不是要对个体的意志内容进行简单的纯化，以便排除意志中所包含的一切自然倾向，而是要认识到为实现反思自由的"潜在内容必须首先由社会而不是由个体的赞同所提供"①。依据这一观点，我们可以说，个体只有遵从于社会、文化和政治背景所认可的行为去行动才是自由的。"社会机制与实践不是外在于个体的自由，它们是自由本身的构成性基础。"②

总的来说，霍耐特对否定自由和反思自由的认识与批判深受黑格尔观点的影响，但其中也包含了霍耐特独特的创新，最主要的表现是将反思自由的当下各种表现形式都纳入到讨论的范围中。与黑格尔相似，他也将否定自由与反思自由的规范性方面纳入到社会自由的构想中，"免除干预的否定自由和对目标进行自身担保的反思自由都是自由的必要条件，但脱离了遵从社会背景的社会自由，它们都是不足的"③。由此可见，在《自由的法权》中，霍耐特在对当代自由权利与社会正义的研究中依然采用了社会本体论的预设和否定主义的方法。在考察否定自由与反思自由时，霍耐特总是从社会交往实践的角度来确定二者的限度。他认为，否定自由的问题就在于没有认识到，人的任何一种行为总是与他者相互关联，也就是说，人的行为与目的总是受到他人的中介，所谓纯粹自我的决断本质上都具有社会化的前提。同样的道理也适用于反思自由。反思自由的有限性同样在于没有认识到个体行为的社会化前提。霍耐特社会本体论的核心观点就是指出，人的任何一种实践行为都以主体间的社会互动为前提。社会互动是理性行为与规范的基础与来源，个体行为就受到社会理性的约束与教化。尽管反思自由也注意到社会理性的作用，但是，它更在意的是主体自身的反思，这意味着，理性行为的合法性来自主体自身的理性判断。当然，反思

---

①Zurn Christopher: *Axel Honneth.A Critical Theory of the Social*, Cambridge, Polity Press, 2015, p.160.

②Zurn Christopher: *Axel Honneth.A Critical Theory of the Social*, Cambridge, Polity Press, 2015, p.161.

③Zurn Christopher: *Axel Honneth.A Critical Theory of the Social*, Cambridge, Polity Press, 2015, p.161.

自由在当下已经获得了长足的发展，它已经不再局限于康德的构想。以哈贝马斯为代表的商谈理论已经对康德的先验命题做了重构，但是他的目标只是对先验理念做"后形而上学"的理解，也就是说，这种观点本身并没有跳出康德哲学的核心观点，因而无法真正重视社会理性为实现个体自由所起到的奠基作用。与社会本体论一样，否定主义的方法同样起到重要的作用。尽管在《自由的法权》中，霍耐特的本质目的是展示社会自由的概念与内容，但他并不急于在一开始就讨论社会自由的问题。因为，如果社会自由是对自由最充分的理解，那么它本身就可以判断与克服之前对自由的有限认识。可以说，对否定自由和反思自由的讨论就是在否定的意义上去理解社会自由。通过对二者的否定，我们就对社会自由的思路与内涵有了基本的了解。否定不能等同于抽象的拒绝，而是在否定中就包含了肯定的环节。

四、社会自由

在《自由的法权》中，霍耐特第一次真正使用社会自由这个概念。在之前的作品中，尽管表述方式不同，但霍耐特的某些观点已经反映了社会自由将包含的内容。例如，在《不确定性的痛苦》中，他就尝试将伦理一章所反映的自由思想定义为交往自由，以克服抽象法与道德中的缺陷。交往自由并不是区别于抽象法与道德的第三种自由方式，较之于后两者，它是一种更深层次的自由结构。在交往自由中，抽象法和道德的有效性与限度都得到了明确的规定。在《自由的法权》中，社会自由的首要目标同样是对否定自由与反思自由的观点进行回应。霍耐特所提出的社会自由包含了对现代个体自由概念最宽广和最重要的认识。"依据社会自由的观点，自由的行动要求一个与之相协调的社会环境，从这种社会环境出发，个体行动可以获得它的意义与目的，且这些行动能与社会行为的合作形式相融合。"① "只要我们还没有在外在的现实中找到我们

---

①Zurn Christopher: *Axel Honneth.A Critical Theory of the Social*, Cambridge, Polity Press, 2015, p.161.

实施自己决定目标的前提, 我们就不可能经历真正的自由。"① 这当然不是指霍耐特反对否定自由和反思自由的观点, 相反, 他只是认为, 人想要免除外在的压迫或者能够实现自律与本真的意志就需要相应的客观前提。社会本体论已经揭示出, 任何一个个体若想理解与把握自身都离不开现实的社会世界(social world)。只有在社会互动中, 个体才能将自身经验为自由的。这也不是说, 否定自由和反思自由不是自由, 而是说, 这二者仅对自由概念作了形式化的理解, 因而不能把握自由的实质。"根据霍耐特的观点, 真正的自由不仅要求个体控制的主观条件, 还要求某种并不直接受制于个体控制的客观的社会条件。"② 尽管主体间义务与社会角色使每个社会成员的价值与地位得到明确的规定, 但否定自由与反思自由允许个体从这些社会关系退回到自身中, 我们甚至可以说, 这种不受约束的回归自身的权利才是近代自由的真正核心。霍耐特的观点与此并不相悖, 他肯定两种自由形式的现代意义, 但更强调, "分离的运动只发生于我们沉浸在社会生活之后"。这意味着, 每个个体首先都要与社会相关联, 在这个前提之下, 他们才能尝试与各种社会关系与义务相分离。由此可见, 社会自由主要是破除一种传统的观点, 即认为个体的自由权利能够优先于任何一种社会义务与主体间关系。"总的来说, 霍耐特认为, 否定自由与反思自由是现代自由的核心要素, 这些要素包含一个由社会自由所规定的广阔的概念。"③

霍耐特认为, 社会自由主要包含三个条件, 每个条件都与黑格尔的思想有着紧密的联系。最重要的是第一个条件: "一个人必须认识到, 他自己的个别性目的受到社会机制的中介, 借此, 他者能够认可并推动他的目的。"④ 社会机制又被霍耐特称为关系的机制(relational institution)。在不同的社会机制中,

---

① [德] 阿克塞尔·霍耐特:《自由的权利》, 王旭译, 北京: 社会科学文献出版社, 2013年, 第78页。

②Zurn Christopher: *Axel Honneth.A Critical Theory of the Social*, Cambridge, Polity Press, 2015, p.162.

③Zurn Christopher: *Axel Honneth.A Critical Theory of the Social*, Cambridge, Polity Press, 2015, p.162.

④Zurn Christopher: *Axel Honneth.A Critical Theory of the Social*, Cambridge, Polity Press, 2015, p.162.

个体在拥有不同身份的同时也相应地具有不同的角色义务，这使得每个个体都将他人的自由视为实现自身的前提条件。现实的自由行为并不像否定自由所描述的那样，需要反抗一切外在的干扰，换句话说，他者的存在并不是对个体自由的威胁，他者是推动个体自由得以实现的必要条件。"作为个人的主体只有当他在一种社会机制中与他人共同合作，采取一种互惠的方式，才能形成自我决定所需的反思性能。"[①] 理性的机制通过建构出角色互惠的社会结构使得社会自由得以可能。在这种理性的社会关系中，个体若想获得实践上的自由就依赖于他者的协助。这种协助可以被理解为互助，条件是每个个体都能完成与各自所扮演的社会角色相对应的义务与职责。由此可见，在社会自由看来，个体自由的是否能够实现并非由个体自身来决定，更严格地说，自由能否得到实现，个体自身并不是唯一的决定者。为了帮助更好地理解霍耐特的观点，朱恩以18世纪妇女权利运动为例说明这个问题。妇女往往以为只要从事专业化的工作就能够实现人格的完整独立，依据社会自由的观点，个体权利的实现不仅需要自我的努力更需要社会机制的支持，也就是说，必须有理性的社会机制与之相适合。尽管在18世纪，男女平等的观点已经在西方国家得到普遍性的认可，但无论是性别角色机制、教育机会、社会职业结构还是劳动力市场，普遍存在排斥女性的情况，这极大地阻碍了女性社会权利的落实。"女性的否定自由和反思自由并不能保证她们的自由得到完整的实现。这需要女性的志向在合适的主体间机制中得到社会的支持。"[②]

社会自由的另外两个条件都是由第一点推论而来。社会自由的第二个条件是："关系机制的角色与期待通过机制所提供的相互承认的关系来获得具有说服力的力量与有效性。"[③] 之前已经说明，社会自由超越于传统自由观点的地方就在于，它将"个体目标的相互满足"纳入到个体自由的实现过程中。社会自

① [德]阿克塞尔·霍耐特：《自由的权利》，王旭译，北京：社会科学文献出版社，2013年，第76页。
② Zurn Christopher：*Axel Honneth.A Critical Theory of the Social*，Cambridge，Polity Press，2015，p.162.
③ Zurn Christopher：*Axel Honneth.A Critical Theory of the Social*，Cambridge，Polity Press，2015，p.163.

由的第二个条件更加强调承认的意义，行为者之间的互动关系必须从主体间相互承认的角度来理解。依据霍耐特的观点，社会机制的核心目的是平等实现每个个体的自由权利，而推动主体间的相互承认就是达成这一目的的必要条件。因此，社会机制的目的不是简单地将每个个体的行为交织在一起，更重要的是让每个社会参与者都意识到，他们相互之间都在肯定与推动对方的实践行动。在社会自由的语境中，对他者的承认不再是主体间通过生死斗争所得到的结果，相反，承认首先意味着对他人行为的普遍性认同，这也可以被理解为对他者行为选择的宽容。对社会自由来说，单从宽容的角度去理解承认是不够的，必须进一步将承认理解为协作与互助，也就是帮助他人去实现其所追求的理性目标。个体的承认离不开社会机制的作用。"在一个真实的关系机制中，个体被告知，他们的义务与角色是正当与合适的，因为，个体通过那些角色和期待获得了承认。"① 与黑格尔一样，霍耐特也以友谊为例解释承认的问题。在友谊的关系中，个体认识到，自身的自由只有通过他者，即他的朋友的中介才能得到实现。友谊之所以能被视为一种关系机制，最重要的原因就在于它所包含的承认因素。社会自由与承认理论的联系也为我们澄清了霍耐特早期作品与《自由的法权》之间的关系。从承认到自由并不是一种断裂式的转变，相反，这只是对承认概念理解的进一步深化。霍耐特自己也承认："正如费希特与黑格尔所展示的，个体自由的所有形式都依赖于相互承认这种基本的实践方式。"②

社会自由的第三个条件与主体性的维度相关。"关系机制的角色义务和期待与所有参与者从反思的视角所认可的观点是同一的。"③ 从这个角度说，社会自由与反思自由有着相同的诉求，是对后者的真正实现。否定自由要求个体的自发性能够得到施展的空间，社会自由要求个体的行为能够与社会中关系机制

---

①Zurn Christopher: *Axel Honneth.A Critical Theory of the Social*, Cambridge, Polity Press, 2015, p.163.

②Zurn Christopher: *Axel Honneth.A Critical Theory of the Social*, Cambridge, Polity Press, 2015, p.164.

③Zurn Christopher: *Axel Honneth.A Critical Theory of the Social*, Cambridge, Polity Press, 2015, p.164.

的规定相协调。除了这两种自由形式，反思自由的规范性诉求也必须得到考量。这表现为，客观的社会机制必须能够经受住理性的批判。"自由的机制必须与道德的要求相匹配，这种道德要求在对正当性的批判过程中得到确定。"① 这也就是说，不能单纯地接受现有社会机制中所包含的义务与期待。这里似乎存在一个矛盾，社会自由要求个体的行为必须与已有的社会关系机制相协调，但是，反思自由又要求不能简单地接受既有社会机制的规定。在霍耐特看来，这二者之间并不存在矛盾，"个体能对现有的实践与机制采取拉开批判的距离，原因在于，他发现自身已经身处社会自由的现代形式中"② 。个体之所以能够对现存社会机制本身的合法性提出质疑，首先是因为，现存的社会机制将个体教化为独立的个体。社会机制中所包含的承认关系总是已经先于个体对自身自由权利的认知，更进一步说，没有一个理性的社会秩序作为必要的前提，个体无法认识否定自由，更不用说通过反思自由去理性地批判现存社会机制。这也不是说现存的社会机制是无可挑剔的，相反，"现代自由允许行动者为了改变机制，从而引发出潜藏在机制中而未被开发的规范潜能"③ 。

与之前的自由论者们相似，霍耐特也意图以社会自由为基础构建一种社会正义理论。霍耐特对正义的定义相当直接，在他看来，正义就是保证每个社会成员都能平等地参与到承认机制中。更具体地说，正义是指一种社会秩序，在其中所包含的各种主体间行动机制能够平等有效地向所有社会成员开放，从而保证每个人都能达到实现自身的要求。从根本上说，社会自由对正义的要求与否定自由和反思自由相似，它们都意图将个体自由的实现置于第一位。但是，社会自由的正义构想又与后两者有着本质性的差别。无论是程序正义、自由的完善主义还是自由的共和主义都认为，正义必须被视为一种理念。正义作

---

① Zurn Christopher: *Axel Honneth.A Critical Theory of the Social*, Cambridge, Polity Press, 2015, p.164.

② Zurn Christopher: *Axel Honneth.A Critical Theory of the Social*, Cambridge, Polity Press, 2015, p.164.

③ Zurn Christopher: *Axel Honneth.A Critical Theory of the Social*, Cambridge, Polity Press, 2015, p.165.

为一种价值标准被用来反思当下的社会秩序。正如之前已经谈到的，这种正义观念无法克服理想与现实之间的差别。二者首先被视为具有着本质性的对立，从而无法被通约。"依据霍耐特与黑格尔的观点，在一开始就必须有一个现实的，或多或少是正义的社会秩序，它能够在主体参与到诸如理想的社会契约、完美人格的抽象概念或者民主程序主义之前给予个体以自由。"[1] 也可以说，正义来自对现存社会关系的探索。这里不得不提到霍耐特论述社会正义论所运用的方法，他将《自由的法权》中所运用的方法称为"规范性重构（normative reconstruction）"，这种方法立足于社会学和历史学展开对现实社会机制的分析，从而总结出究竟哪些关系机制可以有效地保障与实现社会自由。传统的观念总是从先验理念的角度确定一个正义的理想，之后再对"堕落"的社会现实展开批判。"与此相反，受黑格尔启发，霍耐特确信，正义作为一种社会自由的理论，必须来自和被实现于对现实社会机制的分析。正义理论必须立足于社会分析。"[2]

第二节　社会自由的实现历程

之前的部分对社会自由概念本身的形成过程进行了阐释，一方面从正面论述什么是社会自由；另一方面则从反面展示社会自由与否定自由和反思自由之间的关系。究其本质，社会自由与其余二者之间最大的差异在于，它重视社会关系机制对实现个体自由所起到的中介作用。为了实现社会自由，必须对社会关系机制或者说社会行动领域进行详细考察。

早在《法哲学原理》中，黑格尔就对当时社会中包括家庭、市民社会与国家在内的行动领域进行了详细的考察，作为当代版的《法哲学原理》，《自由

---

[1]Zurn Christopher: *Axel Honneth.A Critical Theory of the Social*, Cambridge, Polity Press, 2015, p.165.

[2]Zurn Christopher: *Axel Honneth.A Critical Theory of the Social*, Cambridge, Polity Press, 2015, p.165.

的法权》也花费了大量的篇幅去研究使个体自由得以可能的各种社会领域。霍耐特主要从两个方面展开对社会机制的研究：不同社会领域中包含何种目标及意图促成哪一种自由形式。对社会机制的研究是跨学科式的。从社会学角度看，它旨在描述各种社会机制所包含的不同功能；从历史学角度看，对社会机制的研究包含有时间性的纬度，它集中展示了各个社会领域的历史发展与变迁。不能简单地将霍耐特对社会机制的研究还原为经验性的描述，或者说，在描述的同时，霍耐特时刻计划着对各种社会机制展开规范性的重构。"对一个自由领域的重构也就是展示它对个体的价值，即将其证明为对参与者来说是实现他们的社会自由的必要条件。"① 对社会机制领域进行重构意味着对其进行批判，这种做法使得霍耐特与黑格尔右派的观点划清了界限。黑格尔右派保守主义的观点明显不能够满足霍耐特实现社会自由的诉求。霍耐特对社会机制的分析一方面是为了挖掘出支撑不同社会机制的规范性原则，另一方面也竭力去展示各个领域的局限、非正义、错误的发展方向与方式以及社会病态。这一研究简称为"以解放为目的的跨学科理论"。

　　与对社会自由的概念研究相似，社会自由的实现历程同样离不开对否定自由与反思自由的考察。必须注意的是，尽管两种自由观的基本诉求并没有改变，但这并不是重复之前的内容。之前的部分只是对近代以来的各种自由概念及其正义构想做一番展示，虽然在对前两种自由概念的分析中已经预先提到了它们的社会化起源，但并没有仔细研究二者究竟来自何种社会关系。在以下的部分中，将围绕使得社会自由得以实现的不同社会机制领域展开论述，这将包括两大部分：第一，讨论两种有限的社会机制领域，它们以法定自由和道德自由为核心原则；第二，社会自由得以实现的领域，在这一部分中将对友谊、家庭、经济市场与国家政治等领域展开讨论。

---

①Zurn Christopher: *Axel Honneth.A Critical Theory of the Social*, Cambridge, Polity Press, 2015, p.166.

一、法定自由的领域

霍耐特对社会领域的讨论首先从法定自由的机制开始。"一个人只有在这样的情况下——如果他作为主体而有权利拥有一个受国家保护的空间，在这个空间他可以探索他自己的嗜好、喜爱和意图——才能被看做是有着自己意志的独立人格；我们所有的自由都表现为一种受法律保证的私人自治，这样一种明确的思想，直到今天仍没有多少改变。"① 简单地说，法定自由受到实定法律的保护，它意味着，每个个体都被允许占有一个行动领域，在其中，个体的抉择与实践不需要向除自身之外的任何人负责。这里的行动领域不仅是指空间，也可以指对某物的占有，这里以对电脑的占有来说明法定自由的权利。当我拥有一台电脑时，我可以随意使用它做我想做的事情，可以用它看书、玩游戏，可以爱护它，也可以随意丢弃它，但是，我不可以用电脑去盗窃他人的财产。对某物的占有、使用和交换是个体拥有财产权的表现。"我的财产权可以将我从对他人的义务——任何一种社会期待——中释放出来。"② 这里的义务并不是指对个体行为的强制约束，而是指个体的行为必须能够满足社会价值，或者说，为整个社会的福利作出贡献。作为法定权利的财产权，它的目的并不是为了促成社会整体目标的实现，首先是为了保证个体可以从普遍义务中摆脱出来。因此，"主观法定权利的核心功能是对个体否定自由领域的机制化：它允许个体放弃他们沉浸于其中的社会角色与期待而仅以人格的欲望为行为的基础"③。

法定自由是对否定自由的机制化。否定自由强调的是每个社会成员的行为都享有免除外力干涉的权利，法定自由允许个体从社会义务与期待中挣脱出来也就应和了否定自由的观点。在霍耐特看来，法定自由不能被限定为一种否定

① [德]阿克塞尔·霍耐特：《自由的权利》，王旭译，北京：社会科学文献出版社，2013年，第113页。
② Zurn Christopher: *Axel Honneth.A Critical Theory of the Social*, Cambridge, Polity Press, 2015, p.166.
③ Zurn Christopher: *Axel Honneth.A Critical Theory of the Social*, Cambridge, Polity Press, 2015, p.166.

的权利，也就是说，它包含有积极的内涵。否定自由向法定自由的转变就是从霍布斯理性的原子主义转向密尔式的自由主义。霍布斯的自由观念是纯粹否定式的，目的是让个体的自然权利不被任何外在的力量所压制，这就意味着，将个体能够离开具体的社会角色与义务的规定。否定自由并没有认识到自身积极的一面。在密尔的观念中，否定自由的目的不仅是为个体创造不被干涉的行动空间，更是希望个体能够通过运用独立的空间去寻找实现自己的方式。"当主观权利把我们从平日的交往义务中释放出来时，我们可以探索并实验各式各样的好的生活形式，推动自身理解与人格成长。"[1]"法律体系必须在开始阶段就从保证主体有自己的私人自治的角度出发，保障私人在这个自治的范围内，可以卸下所有的角色义务和承诺而回归到自己，思索个人生活方式的意义和方向。"[2]可以说，法定自由作为一种自由的社会领域，它超越于否定自由之处就在于，它重视否定自由中所隐含的肯定性含义，并将其与否定自由的概念相统一。

尽管在法定自由的领域中，个体自由在肯定与否定的双重意义上得到了规定，但霍耐特并不将其视为社会自由的真实领域，而只是实现自由的一个潜在的领域。在法定自由中，个体为了坚持自身的权利选择放弃具体的社会角色与义务，这也就意味着，个体拒绝参与到社会互动中，不选择通过他人的承认来获得自身的自由。尽管法定自由可以保障个体在独立的空间中去尝试各种独特的生活形式，但是，某种生活形式是否具有合理性，是否能够满足善的要求，必须在具体的社会角色关系与互动中才能得到判断。更进一步说，即使一种最特殊的个体对生活的要求，也只能通过社会实践的方式才能得到实现。这也就是为什么霍耐特总是在强调，个体的自我实现只有通过与他者的互动才能得到实现。由于法定自由只能暂时性地使个体摆脱平日的角色义务，而没有注意到，个体只有通过扮演具体的社会角色才能有效实现自己对社会的独特追求。承认理论已经向我们揭示出，个体如果想要实现意志的自主甚至自律必须以主体间

①Zurn Christopher: *Axel Honneth.A Critical Theory of the Social*, Cambridge, Polity Press, 2015, p.167.

②［德］阿克塞尔·霍耐特：《自由的权利》，王旭译，北京：社会科学文献出版社，2013年，第115页。

性为前提，法定自由中断了主体间的规范与期待，割裂了主体诉求与客观规范之间的联系。

当在一种极端的意义上去理解法定自由时就会产生一种社会病态。这种状态是指"社会成员对他们所参与的社会机制的结构与观点产生了系统性的误解"[1]。在《自由的法权》中，霍耐特指出："如果有一部分甚至是全体社会成员，由于社会的原因，不再能够恰如其分地理解社会实践和规范的意义，我们就能够说，这是一种社会病态。"[2] 只有法定自由和之后的道德自由会产生社会病态，而社会自由并不存在这一问题。因为，前两者都有一个共同的特点，它们都力图独立去社会机制去寻求自我实现，相反，在社会自由通过个体的、经济市场和民主政治的关系表现自身，因而总是与客观的社会规范与义务相关联，这使行为者充分意识到自由的目的与行为总是需要社会机制的中介。不能将社会病态等同于社会非正义。社会非正义是指，社会的制度安排并不能保证每个社会成员都可以平等地参与到社会互动的过程中，即"在不必要的情况下排除或妨碍社会成员以同等权利的机会参与社会合作程序"[3]。朱恩将社会的非正义称为"第一阶障碍"，而社会病态是"第二阶障碍"。如果说在前者中是社会秩序的非正义安排使得个体失去了平等的权利，那造成后者的主要原因在于"理性的欠缺"。与社会非正义不同，处于社会病态中的个体本身都拥有平等的参与权利，但是，他们选择从这种状态退回到自身中，这导致在第一阶状态中所获得的信念与实践，在第二阶段中却不能为他们所用。霍耐特强调，不能将社会病态完全归因于个体的心理，"谁不能把握一种确定的社会机制化实践的理性应用，并不是因为他心理上有病，只有由于社会的影响而没有学会，如何恰如其分地去实践那些原本是直观和熟悉的行动体系的规则"[4]。总的来说，造成法定自由病态的原因在于行为者错误地以为法定自由就是自由概念本身，

---

① Zurn Christopher: *Axel Honneth.A Critical Theory of the Social*, Cambridge, Polity Press, 2015, p.169.

② ［德］阿克塞尔·霍耐特：《自由的权利》，王旭译，北京：社会科学文献出版社，2013 年，第 139 页。

③ ［德］阿克塞尔·霍耐特：《自由的权利》，王旭译，北京：社会科学文献出版社，2013 年，第 138 页。

④ ［德］阿克塞尔·霍耐特：《自由的权利》，王旭译，北京：社会科学文献出版社，2013 年，第 139 页。

而没有认为到，它仅仅是自由概念的一种可能形式。

二、道德自由的领域

道德自由的领域是对反思自由的机制化。与法定自由相似，道德自由也能够使个体摆脱日常生活世界的纠缠，从而使个体可以从道德普遍性的角度去反思，究竟何种主体间的关系才是合法的。与法定自由不同，道德自由的关注点并不是去满足个体特殊的兴趣与偏好，它更重视社会交往关系的合法性问题，或者说，社会秩序是否符合理性的预期与目标。

霍耐特首先对包括康德、克尔凯郭尔和哈贝马斯在内的学者的思想进行了描述，在他看来，近代以来的道德理论已经不再是论述正确与错误，它主要涉及个体间的行动体系，也就是与行动规范、角色和义务相关，这些立足于主体间性的范畴揭示了当代道德理论与主体间承认思想之间的密切联系。"道德领域的核心目标是允许个体批判性地考量社会需求，并最终反对那些无法经受理性审判的需求。"[①]个体可以利用道德自由对当下世界中的伦理秩序进行反思与批判。这里的关键问题是，反思的标准来自哪里？根据哈贝马斯交往理性的观点，道德的规范来自主体间理性平等的对话，只有得到所有个体认同的原则才能被视为普遍性的行为规范，从而对现存的社会秩序展开批判。"依据霍耐特的观点，道德领域最重要的伦理价值在于，它允许我们通过对道德原则的公共阐释和转化完成对当下无法接受的伦理生活基础的转变。"[②]从这里就可以看出，作为一种社会机制的道德自由与反思自由的构想之间的异同。相同点是二者都允许个体从生活世界的交往关系中退回自身，立足于自身对外在世界的秩序进行反思；二者的不同点在于，前者希望个体能够对现存社会秩序的有限性进行反思，

---

①Zurn Christopher: *Axel Honneth.A Critical Theory of the Social*, Cambridge, Polity Press, 2015, p.170.

②Zurn Christopher: *Axel Honneth.A Critical Theory of the Social*, Cambridge, Polity Press, 2015, p.170.

而后者更注重个体自身意志的自律。造成这一区分的主要原因在于，前者是一种社会机制，尽管它也是为了实现个体自由，但更突出对合理社会秩序的关注。

与法定自由相同，霍耐特也将道德自由视为自由得以实现的潜在领域。道德自由的缺点也在于，它没有认识到当个体能够通过反思将自身与庞杂的社会关系拉开距离时，个体本身总是已经身处于社会背景中，个体的观念与期望总是已经受到其所扮演的社会角色的规定。我们也可以从另一个角度理解这个问题。道德自由认为自己代表了普遍中立的规范态度，以此为基础展开对现存社会制度缺陷的批判。道德自由的问题就在于，它所声称的中立的态度总是与具体的社会实践相联系。"就如法定自由一样，道德自由也明显地有着一种断裂的、退却的特性；谁想通过使用道德而赢得一种反思的距离，以一种公开辩护的方式重新进入社会实践，道德自由就会向他提出一种不合理的无法兼容的要求。"[1]这就说明，即使是道德自由的普遍性观点也总是受到具体社会背景的影响。霍耐特以康德的道德哲学为典型去说明这一问题。依据康德观点，道德自律就是自由的本质。他企图通过道德自律让个体摆脱自然意志的有限性从而上升为普遍的意志，从而消解不同观点之间的对立。这一观点的不现实性在于，它忽视了个体行为的社会性，也就是说，没有认识到个体间相互关系与联系对个体的行为与判断所起到的决定性作用。霍耐特认为，无论是康德还是哈贝马斯都没有注意到，"道德评价过程最终依赖于我们总是已经接受的，且由社会世界给予我们的规则与实践"[2]。由此可见，尽管道德自由总是提出种种规范性的要求，但个体依然不能单纯依靠道德自律去规定整个社会世界的秩序，原因在于，社会世界作为一个既定的存在对个体的道德要求提出相应的前提。"友谊的意义、宪法的规则、父母和孩子间的义务，所有这些都是在一定的时期内有着规范化内容的机制性现实，对于这些现实，即使是有着共同努力道德探讨的群体，仍无法简单地拉开距离，弃之不管；相反，这样的规则在共同决策的过程中显得

---

① [德]阿克塞尔·霍耐特：《自由的权利》，王旭译，北京：社会科学文献出版社，2013年，第181页。
②Zurn Christopher: *Axel Honneth.A Critical Theory of the Social*, Cambridge, Polity Press, 2015, p.171.

很突出，他们从内部限定了那些或多或少被接受了的义务形态。”① 霍耐特的目的就是为了强调，尽管道德领域赋予个体改变现存社会世界的自由，但这种自由观念必须被限定在具体的、特定的社会伦理秩序中。

道德自由的有限性也会导致社会病态，导致这一状况的原因与法定自由相似，它们都错误地以为个体可以独立于具体的社会背景而完成对行为的自我规定。霍耐特从两个方面描述道德自由所导致的社会病态：第一，无限制的道德主义（uninhibited moralism），其中最典型的是道德圣人的形象。道德圣人将普遍性的道德视为生活的最高目的，为了实现这一目的，他一方面对日常生活规范的真实性抱有否定的态度，另一方面将自身视为社会正义秩序的立法者。在霍耐特看来，这种道德主义者最大的问题是对道德自由本身的界限没有清晰的认识，这表现为，他们将所谓的道德人格与通过社会关系所认识的自我意识相互分离。第二，道德恐怖主义（moral terrorism）。道德自由以普遍性的意志为自身最高的诉求，并以此为基础，试图去改变现存社会秩序中的缺陷。这其中包含一种危险的倾向，即以道德自由为借口去实现一种极端的政治恐怖主义。政治团体形式上以善为目的去改善现存的社会世界，其实破坏了包括友谊、家庭、公民权利甚至人性在内的一切社会交往机制与价值诉求。

三、社会自由的领域

霍耐特对法定自由与道德自由的概念、界限与病态都做了详细的描述，二者作为社会机制为个体自由的实现提供了必要的基础。与否定自由和反思自由的构想不同，它们不仅从消极意义上去考察个体对自由的理解，更从肯定的意义上展示个体对自由的诉求与社会发展之间的必然联系。尽管如此，法定自由与道德自由依然有其局限，这表现为，它们都强调个体权利的优先性，赞成首先给予个体以退出具体社会交往关系的权利，以保证他们能够从主观的，或者

---

① [德] 阿克塞尔·霍耐特：《自由的权利》，王旭译，北京：社会科学文献出版社，2013年，第180页。

普遍的角度做出行为决断。关键的问题在于，它们的任何一种判断与行为总是已经受到现存社会世界观念的影响。简单地说，我意欲对现存社会秩序的有限性进行反思这一观点本身也是为已有的社会观念所决定。面对这一状况，霍耐特尝试提出社会自由的概念，它与法定自由和道德自由的最大区别就在于对社会交往机制的重视。与之前两种专注于个体自由的社会机制不同，社会自由更关注社会交往活动，它不是在以孤立的个体为基础去追问，个体的自由权利是何以可能的，而是寻找实现个体自由的路径。霍耐特认为，只有对社会自由进行彻底的研究，个体自由才能得以实现。这也是霍耐特将前两种自由机制定义为 "自由的可能性"，而社会自由成为 "自由的真实性" 的原因。

法定自由与道德自由都预先设定了某种先验的原则，以此为基础对现实的社会秩序展开批判，与此相对，社会自由更加重视经验研究。霍耐特所采用的经验研究不仅有对当下现状的描述，还包括对同种机制在历史中的变化与发展的叙述。霍耐特坚持经验分析方法的原因主要有两个：首先，从方法论上考量，对各种社会交往机制的经验分析的最终目的是对各个领域进行规范性的重构。"规范性的重构不能只看到当下现存的社会条件，它必须从繁多而快速的历史变化中提取出一个稳定的角色和义务。"① 霍耐特不是简单去复述历史经验与事实，而是尝试通过对经验事实的研究揭示出其中所包含的道德逻辑，霍耐特更喜欢将其称为道德语法（moral grammar）。其次，以社会发展的道德逻辑为基准对各种社会机制展开批判。社会发展的道德逻辑就意味着，判断社会进步还是退步的标准在于是否符合现代道德的要求，能否有效促进社会自由。依据这一观念，不仅可以有效批判社会机制的有限性，更能明确个体自由得以实现的社会条件。社会自由主要包含三个交往机制环节：个人情感关系、市场经济活动与民主政治决策。较之于后两者，霍耐特对个体间的情感关系抱有更积极的态度，换句话说，这一领域的发展现状（社会自由的实现程度）更让霍耐特满意。

---

①Zurn Christopher: *Axel Honneth.A Critical Theory of the Social*, Cambridge, Polity Press, 2015, p.174.

（一）个人情感关系

对个体间情感关系的讨论构成了《自由的法权》中内容最丰富的一章。这一章又包含三个小标题，分别是友谊、亲密关系和家庭。三者包含有一个共同点：它们都通过满足他者情感上的需求来实现自身。正因为这种主体间相互承认的前提，使得三者都被视为社会自由得以实现的条件。

在友谊关系中，个体能够向朋友坦率地表达自己的意图、偏好与情感，这些个体的自然偏好通过朋友的中介就能得到塑造与确认。由此可见，朋友的存在并没有限制我的自由，相反，与朋友所构建的友谊关系能够为我提供一个安全的空间，在这里，我可以自由地表达自身的情感诉求。个体的欲望、情感与意图首先是模糊不清的，在友谊关系所构建的安全空间中，通过与朋友的真心交流，我能够对自身的偏好与兴趣有更充分的认识。在友谊关系中，不仅是我，朋友的行为同样可以得到规范性的规定。"友谊所制度化的社会角色和义务能够提高这两个朋友间的自由。"[①]与友谊相类似，亲密关系也意图提供一个安全的空间，以促进参与者在身体上的自我认知。"两个人在亲密关系中，首先和最初经历的是在身体上统一了的'我们'。"[②]在当代，亲密关系主要指男女之间在肉体上的性爱关系，在这种关系中也能反映出个体对规范性原则的诉求，即个体对自身身体的自由掌握。个体的肉体欲望必须得到满足，而这种满足需要亲密关系，更具体地说是爱人的中介。通过亲密关系，个体能够"不受情感伤害与羞辱所带来的威胁，从身体上去体验与理解他自身的需要"[③]。家庭生活是个体间亲密关系的最高形态。与黑格尔一样，霍耐特这里论述的也是现代家庭，它主要由父母与孩子之间坚实的团结关系所构成。家庭是实现社会自由的一个关键环节，"一个家庭成员的自由，应该在其他家庭成员的自由中得到确认和满足，因为家庭的机制化，也就是相互补充的角色义务起的作用是，女

---

①Zurn Christopher: *Axel Honneth.A Critical Theory of the Social*, Cambridge, Polity Press, 2015, p.172.

②[德]阿克塞尔·霍耐特：《自由的权利》，王旭译，北京：社会科学文献出版社，2013年，第232页。

③Zurn Christopher: *Axel Honneth.A Critical Theory of the Social*, Cambridge, Polity Press, 2015, p.172.

人作为母亲，她的情感需要可以在她的丈夫和孩子那里得到满足；男人作为父亲，以他的工作和收入，赢得妻子和孩子的钦佩，满足他对公众威望的追求；而孩子最终在父母亲的关心和照顾下，成长为一个有独立性的个人，而这正是社会对他的期望"①。通过家庭关系的互动，孩子的认知与行为得到了理性的教化。成为家长意味着成年男女获得了新的社会角色和义务，这就要求他们的行为符合更高级的规定。与友谊和亲密关系不同，家庭与人的一生都有着持续的联系。霍耐特认为，这种特性使得家庭还包括一些其他环节所没有的功能，这表现为，它能慰藉人的世俗生活、减轻人的孤独感以及对死亡的恐惧。总的来说，霍耐特对个体关系的三个领域的描述有着一个内在的逻辑，即个体关系的机制化领域使个体真正认识到他们的需求、情感和个人特征。情感需要的满足是个体自身实现的重要环节，为了实现它就需要相应的社会条件，友谊、亲密关系与家庭满足了个体的社会化需求。换句话说，个体间的关系领域所包含的规范性要求就在于，它们能够有效促进个体内在本性的发展。

明确了个体间各种情感关系领域所包含的规范性要求，接下来就要对当下的个体间关系展开反思。由于这里将牵涉到比较零碎的历史内容，所以，我们首先需要列举个体情感关系发展的线索，以此为基础展开对当下个体间情感关系的规范性重构。这主要包含两条发展线索：第一，"较之于过去，个人关系的机制（尤指友谊与亲密关系）更加普遍与民主，作为一种自我探索，这些机制尽可能向之前被排除的群体开放"②。对于友谊的理解，尽管近现代与前现代（古典和中世纪）有着重要的差别，但它们对于友谊的基本认识是相似的。有人认为，友谊并不能被视为一种社会机制，因为它并不具有社会再生产的能力，也就是说，个体间的友谊关系只能被还原为二者特殊偏好的相互满足。霍耐特并不认同这一观点，他认为，作为朋友的双方其实已经潜在地将一些行为规范纳入到友谊关系中。在这个意义上，友谊可以被视为一种社会机制。个体间的

---

① [德] 阿克塞尔·霍耐特：《自由的权利》，王旭译，北京：社会科学文献出版社，2013年，第245页。

② Zurn Christopher: *Axel Honneth.A Critical Theory of the Social*, Cambridge, Polity Press, 2015, p.174.

友谊关系能得到普遍的规定与解释。在前现代社会中，男女之间身份地位有着重要的区别，"男人有着较高的社会地位，因而也就有着更多的机会，在他们狭隘阶层的范围内，相互结交非正式的、被称为友谊的关系"①。由于地位的原因，妇女就被排除在这种关系之外。男性之间的友谊同样包含着阶层的差别。"在中世纪，上流社会男人之间的友谊已经具有一种礼节性的、以维持特权联盟为目的的特征；而在社会底层，男人之间的非正式社会关系，主要是建立在邻居和同事关系的形式上。"② 除了身份、性别的差别将左右友谊关系，前现代社会中的友谊还包括另一个重要的特点：这里的友谊更多是被视为一种同盟的关系，也就是说，人们更多是从政治与经济利益的角度去理解友谊的意义和作用，个体间情感上的理解与尊重在这里并不处于主导地位。受到苏格兰道德哲学的影响，近代以来的欧洲开始出现"一种排除经济算计和利益，以公开的情感和相互补充为基础的关系"。尽管在一开始，这种友谊关系还仅限于受教育的群体，随着这种观点的发展，"主体教育自己，要相互接受督促自己积极参与生活历史应变，调整对待别人态度的角色"③。这就意味着，人们普遍认识到，友谊关系并不以相互间的经济算计为基础，而是把对方看做自己情感上的补充，"在另一方友好的关注和反射中，使自己个人的情感，经历一种直接的社会生活，体验到自己个人自由的升华——因而形成了现在通行的友谊和自由联盟"④。在近现代社会中，友谊逐渐摆脱身份、地位的限制，换句话说，它无偏见地向所有社会群体开放。个体间的亲密关系也经历了相似的变化。依据现代的观点，男女之间的亲密关系是建立两情相悦的基础之上。欧洲甚至在 17 世纪早期，很多富裕家庭子女的婚姻主要还是由家长来操办，他们更多是去考虑家族的长远利益，而不是子女的情感和谐和终身的幸福。在这种背景下，根本无法建立男女之间的亲密关系。霍耐特认为，直到 18 世纪晚期，欧洲社会才普遍的将男女

---

① [德] 阿克塞尔·霍耐特：《自由的权利》，王旭译，北京：社会科学文献出版社，2013 年，第 210 页。
② [德] 阿克塞尔·霍耐特：《自由的权利》，王旭译，北京：社会科学文献出版社，2013 年，第 211 页。
③ [德] 阿克塞尔·霍耐特：《自由的权利》，王旭译，北京：社会科学文献出版社，2013 年，第 213 页。
④ [德] 阿克塞尔·霍耐特：《自由的权利》，王旭译，北京：社会科学文献出版社，2013 年，第 214 页。

之间的情感连接承认为婚姻关系的合法性基础。"在纯粹以感情建立的婚姻中，这两个统一起来的人的需求，可以达到各自都希望的发展，因而在这种'自由的'互动中，体验到自我实现。"①在当下，亲密关系不仅是指异性恋之间的关系，也包含了同性恋者，因此，它"在所有的社会阶层中为相爱的人们提供同等的机会"。

第二，"个人关系愈发突出相互性，在这种相互性中，个体间的关系依赖于所有参与者对规范与义务的自由接受"②。在之前已经对这个问题做了阐释，在中世纪和近代早期，个体之间的友谊关系是以经济性的考量为基础，并没有从情感的相互协作去理解友谊。很长一段时间以来，男性在性关系中占有主导的地位。性甚至被视为男性的一种权利，他可以无视女性的欲望和同意。这种社会现实与个体关系中的相互性原则相悖。在亲密关系中，男女间身体上的需求只能通过相互认同的方式得到满足，任何一方都必须尊重对方的想法与要求。在家庭关系中，个体关系中的相互性主要表现为夫妻之间以及他们与子女的相互认同。从19世纪开始，女性就开始了争取平等社会权利的斗争。不同的家庭成员分别对应不同的职责与义务，成员只有履行了相应的责任与义务才能获得其他家庭成员的认同。例如，在家庭中，丈夫的主要职责是为家庭尽可能多地赚取收入，妻子的主要义务是操持家庭生活。由于丈夫所起到的关键作用，"使他能够单方面地作出所有敏感的以及关系家庭前景的决定"，与之相对，妻子在家庭中要承担大量的工作，不仅要处理零碎的家庭事务，还要给予丈夫与孩子以情感上的关怀，这些都塑造了妻子在家庭中的弱势地位。除此之外，父母与孩子之间的关系也谈不上"民主"。以父母对孩子的教育为例，在传统的家庭中，父母作为权威的代表，要求孩子对他们的命令表示服从。这种家庭状况远达不到个体关系中的相互性要求。霍耐特尝试对现代家庭关系展开规范性的重构。首先，需要克服丈夫与妻子之间的不平等地位。这一方面可以要求丈夫

---

① [德] 阿克塞尔·霍耐特：《自由的权利》，王旭译，北京：社会科学文献出版社，2013年，第224页。
② Zurn Christopher: *Axel Honneth.A Critical Theory of the Social*, Cambridge, Polity Press, 2015, p.174.

也参与到家庭事务中，例如孩子的培养；另一方面，妻子能够从烦琐的家务劳动解放出来，通过参与社会劳动提升自身的地位。其次，需要调整父母与子女的关系。这一方面要求家长减少对孩子的压力，"取而代之的是对孩子个性人格的更多关注"；另一方面，用以商讨为主的教育方式代替传统的"命令"与"服从"。"这种教育方法尊重孩子自己的个性，有帮助孩子形成自己自由意志的效用，因而被看成是一种合适的教育方法。"①

尽管霍耐特对当下社会中个体情感关系领域的发展表示乐观，但现实中依然潜藏着种种问题。在传统意义上，资本的运转对劳动者的剥削还仅限于劳动时间以内，而在当下，劳动者工作时间与业余时间的区分已经变得非常模糊，这导致"个体就处在一种随时听使唤和预见使唤的状态，因此社会成员也就越来越没有能力，进入到一种真正的私人关系中去，以及进入到随之而来的无法估量的相互依赖性中去"②。除了经济领域之外，法律和政治领域都为亲密关系的进一步扩展设定了难题，例如同性恋的问题，即使在当下，由于宗教文化与地域因素的影响，很多地区在立法上明确反对同性婚姻。作为亲密关系在当下的一种重要发展形式，法律上的禁止相当于剥夺他们获得情感满足的权利。当下对家庭作用的理解同样出现了一些问题。作为一种现代的社会机制，家庭的作用不仅在于财产的夫妻之间情感与身体的相互满足以及父母对孩子的关心与照料，家庭更重要的作用在于培养成员的社会属性，这主要表现为民主的精神和对公共领域的参与意识。"要想让一个人把他原先对一个小团体承担责任的能力，用来为社会整体的利益服务，这个人必须拥有的心理前提，是在一个和谐的、充满信任和平等的家庭里建立的。"③尽管如此，当下的社会政治理论经常会忽视家庭对个体民主参与意识的教化作用。这意味着，人们常常把这种教化"看成是一种历史性的既成事实，而很少对它进行进一步的思考，在什

---

① [德] 阿克塞尔·霍耐特：《自由的权利》，王旭译，北京：社会科学文献出版社，2013年，第249页。
② [德] 阿克塞尔·霍耐特：《自由的权利》，王旭译，北京：社会科学文献出版社，2013年，第241页。
③ [德] 阿克塞尔·霍耐特：《自由的权利》，王旭译，北京：社会科学文献出版社，2013年，第275页。

么情况下，它（家庭）才有助于民主社会的政治—道德的再生产"①。霍耐特认为："如果人们能够从中看清，一个民主性的共同体，是多么依赖于它的成员究竟有多少能力去实现一种相互合作的个人主义，就不会长久地一直否认家庭领域的政治—道德意义。"②造成这一问题的主要原因在于新自由主义对政治、文化等领域的侵袭。不可否认，新自由主义对推动当下社会的经济发展起到了关键性的作用，但是，它同时也带来了贫富差距扩大等一系列社会问题。针对这一问题，当下学者普遍认为，必须用公共理性去限制经济理性的泛滥。为了实现这一目的就必须重新重视家庭的教化作用，而这需要其他社会领域的支持与协助。"一个民主的政体，必须借助国家的法律和相应的财政重新分配，以一切可能运用的权力，帮助家庭尽可能地展开它自己独有的，一些时期以来已经起着促进合作的互动形式。"③

（二）市场的领域

社会自由的第二个机制领域是经济市场。针对资本市场的发展现状，我们很难在经济市场领域与社会自由之间建立起联系，霍耐特也承认这个问题的存在。"在最近的二十年中，资本主义经济通过政治给予它的可能性，越过自己内部的界限，而成为一种社会形态，这种社会形态与所有环环相扣的角色承诺背道而驰，因此也就不可能再与一种社会自由的机制有关联。"④霍耐特显然对这一现状不满意。他认为，市场的作用不仅是满足个体独特的兴趣，更重要的是促成一种社会合作。只有在这个前提下，"社会成员能够在其他人的自由中，看到他们自己的自由"。霍耐特的这种市场理论称为道德经济主义（moral economism），目的是想强调，尽管市场经济的目的是最大程度地实现个体的目标，但必须以社会合作为基础，换句话说，经济活动必须具有道德的前提。近

---

① [德]阿克塞尔·霍耐特：《自由的权利》，王旭译，北京：社会科学文献出版社，2013年，第275页。
② [德]阿克塞尔·霍耐特：《自由的权利》，王旭译，北京：社会科学文献出版社，2013年，第275页。
③ [德]阿克塞尔·霍耐特：《自由的权利》，王旭译，北京：社会科学文献出版社，2013年，第276页。
④ [德]阿克塞尔·霍耐特：《自由的权利》，王旭译，北京：社会科学文献出版社，2013年，第279页。

代以来的资本主义经济有一个重要的特点，即"不再是道德的立场，而是纯粹的利益计算，促使每个参与市场活动的人，拿出自己最大的努力来为自己的商品获得最大的赢利"①。这种以"经济人"的观点为基础所构建的策略性的社会关系为社会带来了一系列的弊端，面对这一状况，欧洲的知识分子从各种角度对经济秩序的合法性和它的界限展开讨论。在马克思看来，资本主义市场经济充满着欺骗与压榨。从形式上看，资本主义生产方式承诺要平等地满足每个人的自由，但工人作为这种生产方式中的主要劳动者，被逼迫签订丧失人格的劳动合同。为了彻底打破束缚工人阶级的锁链就必须采取革命的方式彻底毁灭资本主义生产方式。与这种激进的观点相对的，是以黑格尔和涂尔干为代表的相对保守的观点，在他们看来，资本主义的问题恰恰在于忽视了经济关系中的道德前提。"以市场为中介的行动领域，只有它在签订所有契约之前，事先就已经植根于它自身的，能使每个人都觉得有义务公平和公正去对待别人的，团结互助的意识，它才能满足人们为它所设想的公众性职能，以契约关系非强制地、和谐地将每个经济活动者都融合进去。"②经济人只会通过社会交往去求得自身的最大利益，他们忘记了，作为经济活动的参与者，首先必须尊重他人平等的参与权利，在必要时甚至要给予对方以经济上的保障。霍耐特赞成黑格尔与涂尔干的观点，也就是赞成资本主义生产关系本身就包含了道德的前提，甚至可以说，没有一种个体间相互认同与尊重的法权规定，资本主义制度本身是无法成立的。因为"只有所有参与的主体，事先不仅是作为法律上的契约伙伴，而且也在道德上或伦理上被承认是一种共同体的合作成员，市场预先设计的、纯粹出于个人利益考虑的合作，才有成功的可能"③。那么道德究竟是如何与市场经济原则相统一？霍耐特明确反对将道德原则看作一个只会告诉人们应当如何去行动的、外在的规范要求。他也反对赋予道德的行为以功能性的作用，因为资本主义市场经济的发展带来了贫富分化等严重的社会问题，而这显然与道

---

① [德] 阿克塞尔·霍耐特：《自由的权利》，王旭译，北京：社会科学文献出版社，2013年，第284页。

② [德] 阿克塞尔·霍耐特：《自由的权利》，王旭译，北京：社会科学文献出版社，2013年，第288页。

③ [德] 阿克塞尔·霍耐特：《自由的权利》，王旭译，北京：社会科学文献出版社，2013年，第289页。

德的要求相悖。将道德与市场相融合的唯一可能就在于，将道德视为由社会成员自愿赞成的价值与规范。这也就是说，"就像每个其他的社会领域，市场也需要由所有合作的参与者的道德上的赞同，这样就不能把它的存在条件，描写成是不依赖于那些起着补充作用的规范，在他们的眼中，恰恰是这些规范赋予了它合法性"①。

虽然朱恩认为，在当今这个市场全球化的背景下，坚持一种道德的经济主义几乎是"彻头彻尾的理想主义（hopelessly idealistic）"，但他依然详细地说明了霍耐特坚持这一观点的理由。他认为，霍耐特主要从两个角度去证明自己的观点：一方面，社会的尊重与认同能够决定劳动者的收益；另一方面，现存的经济市场包含有一个规范性的前提预设。朱恩认为，在《自由的法权》中，霍耐特有意识地弱化第一种观点，在深化第二种观点的同时又尝试从社会历史的角度去证明这个观点。严格地说，我们甚至不能将霍耐特的工作称为对道德经济主义何以可能的证明，因为这已经预先假定在道德与市场之间有着一种隔阂，而我们需要设法将二者联系在一起。道德与市场本身就是一致的，若没有道德规范的前提，市场根本就无法运行。霍耐特的工作是展现出经济活动中的道德前提，而不是将一个道德规范加于市场之上。从这个角度就可以理解霍耐特对道德经济主义的第一点辩护：正因为所有的市场参与者都赞成一种最基本的道德约束，经济市场才能得以持久的运行，换句话说，市场机制的合法性依赖于参与者的道德认同。这种道德认同包含具体的内容，例如，能够平等满足个体的特殊需求，可以对个体的劳动成果进行公开承认。如果一个经济市场不能满足所有人的需求，或者说，有一部分社会成员的需求被忽视了，可能这些被忽视的群体依然会参与到这个市场所提供的经济交往活动中，但这并不意味着他们认同这种市场机制。从这里可以发现，尽管有着各种问题，但现存的社会机制总是或多或少地以参与者自由的道德认同为前提，社会成员可能会对它所包含的问题做各式各样的抱怨，但依然会选择参与到市场机制中，原因在于，

---

① [德] 阿克塞尔·霍耐特：《自由的权利》，王旭译，北京：社会科学文献出版社，2013年，第293页。

只要它是一个公开的市场机制，就一定具有道德的前提。如果第一种论证方式还是立足于对市场概念本身的分析，那么第二种观点就需要借助于社会发展的视角。针对这个问题，霍耐特从近150年来欧洲经济市场的发展事实出发，意图揭示出市场机制发展的道德逻辑。为了揭示发展中的道德逻辑，霍耐特主要关注于市场关系中的矛盾以及如何对其进行克服，这又突出了否定主义的方法。"霍耐特意图展示出不同的运动与趋势应该被理解为一种企图，它试图认识暗含与社会整合的市场模式中的规范潜能。"[①] 这一部分的讨论主要从消费品市场与劳动力市场两个方面来展开。

经济市场又包含两个子领域，分别是消费市场和劳动市场。前者主要从消费者的角度去讨论消费与生产的关系，意图去揭示个体自由如何在消费者与劳动者的相互补充中得到实现。后者更专注于劳动者的自我实现，这牵涉到劳动者与雇佣者、劳动者与产品等关系。霍耐特主要从经验研究的角度去考察消费市场，但是，他的目的不只是对当下社会的消费现状做简单的描述，而是要通过经验描述去例证市场的道德前提，并以道德经济主义为基础对当下生活中病态的消费现象进行批判。对劳动力市场的考察同样也是经验论。在论述的过程中，霍耐特力求去改变资本主义生产关系的传统形象，即雇佣者对劳动者的持续剥削。换句话说，他企图通过大量的事实去证明，在劳动力市场中也存在有规范性的空间与前提。

消费市场最基本的任务是满足所有社会成员的物质需求。在霍耐特那里，消费市场所具有的道德原则首先是指一种正义的分配制度，它能够保证每个社会成员的消费需求都能够获得平等满足；其次才指个人的道德素养，即对自身消费欲望的理性控制。在《法哲学原理》的市民社会一章中，黑格尔就对当时的消费市场做了详细的分析，消费市场被定义为需求的体系。在其中，"个体的消费欲望永远无法满足，并且也早就超越了生活必须的需求，而消费体系就

---

①Zurn Christopher: *Axel Honneth.A Critical Theory of the Social*, Cambridge, Polity Press, 2015, p.178.

是以经济竞争来设法加速满足这种无法满足的欲望"①。当然，黑格尔讨论需求体系的问题并不是对其进行彻底的批判，相反，他的目的将其展示为自由意志得以实现的必要环节。市场经济的确立、消费习惯的养成为"个体自由的形式开拓了一种更广阔的维度"。

人们通过消费不仅满足了基本的生活需要，更重要的是"在购买商品的活动中，他能够以兴趣盎然寻找和购买满意商品的方式来表达他个人意志的自由，因而也就成了他的一种自我认同"②。此外，黑格尔还认为，消费市场中包含有主体间相互承认的关系。消费者与生产者之间的利益是相互连接的，各自的需求只能通过他者的中介才能得到满足。例如，消费者的需求需要通过生产者的劳动成果才能得到满足，而生产者的自我价值则体现在用户对产品的认可之上。简单地说，"双方都要顾及另一方的'意见'或行动意图，才能够实现他们的消费或生产的目的"③。不得不承认的是，消费者与生产者之间的承认关系是脆弱的，尤其是"消费者还不是'独立'的活动者，他们还不能够在绝对封闭的情况下，决定自己偏爱的特殊需要，而只是一个有着承认意愿的市场参与者，在潜意识中他知道自己有着对制造业的依赖性"④。为了保证消费市场能够维持对等的承认关系，黑格尔求助于包括警察、法律以及同业公会在内的公共性组织，尽管这些机制能起到协调与规范的作用，但是消费者与生产者之间的相互满足总是伴随着矛盾。商品经营者总是要追求自身利益的最大化，如果消费者总是满足基本的生活资料，相应地，经营者也只能获得最少的收益，他们必将想方设法求得最大的利润。黑格尔已经认识到了这个问题，经营者的本性会使他们对消费者的需求进行操纵，也就是说，他们意图培养出消费者更高级的消费需求。

霍耐特以 19 世纪法国社会为实例来说明这个问题。经营者以广告技术为手

---

① [德] 阿克塞尔·霍耐特：《自由的权利》，王旭译，北京：社会科学文献出版社，2013 年，第 319 页。
② [德] 阿克塞尔·霍耐特：《自由的权利》，王旭译，北京：社会科学文献出版社，2013 年，第 319 页。
③ [德] 阿克塞尔·霍耐特：《自由的权利》，王旭译，北京：社会科学文献出版社，2013 年，第 320 页。
④ [德] 阿克塞尔·霍耐特：《自由的权利》，王旭译，北京：社会科学文献出版社，2013 年，第 321 页。

段来影响大众的消费需求。人最基本的消费需求总是关注于商品的功能属性，即它的便利性和舒适性。广告的作用是"有目的地夸耀商品的一些特性——可能是消费者梦寐以求的一种地位，可能是消费者实现了自己的社会地位后的形象"[①]。在使人的社会属性中的虚荣心得到了极大的满足，除了功能性的意义之外，消费还包含了另一层含义，即"把自己装扮成贵族的炫耀性消费"。一开始，这种消费兴趣还仅限于富有的阶层，他们需要通过消费表现出自己的社会身份与地位，因此在购买了基本的生活必需品之外，还需要支付商品的附加价值。进入20世纪之后，"几乎遍及所有民众中去的那些消费需求，运用越来越专业化的手段加以影响，以加速销售那些不久已经标准化大批生产的商品，以及防止资本主义生产过剩的危险"[②]。从这个过程可以看出，经营者的行为已经背离了消费者最初的需求，因为企业最初的存在理由仅是对市场的需求作出反应，并且能够尽快满足消费者的需求。对基本生活资料的投资显然不能为经营者带来最大的收益，这就会使他们忽视消费者对基本消费品的需求。由于消费者，特别是底层群体最基本的必需品无法得到满足，为此，他们就选择社会斗争，要求生产者提供与他们的经济状况相适应的生活基本商品。霍耐特提醒我们，要从道德诉求的角度去理解这种缩减市场的要求，也就是说，"消费者是想通过这样的方法让生产商不要忘了，有义务承担一种由市场而形成的承认关系，用黑格尔的话来说，生产商必须在一定程度上顾及另一方的意愿"[③]。这时就需要国家机构出面对消费市场领域进行干预，暂时控制住市场机制的自发性，从而保障各层次社会成员的基本生活需求。伴随着矛盾与协调的是消费市场的成熟，这表现为，到19世纪时，消费市场已经有了相对成熟的行业规范，"因而不再是纯粹目的的理性活动者相互算计的空间了"。这种市场规范仍是有限的，因为，它的有效性依赖于包括警察与法律在内的国家机制的力量。在霍耐特看来，这种规范恰恰缺少消费者与生产商之间直接对话的机制。这里就反映出一个重

---

① [德] 阿克塞尔·霍耐特：《自由的权利》，王旭译，北京：社会科学文献出版社，2013年，第323页。
② [德] 阿克塞尔·霍耐特：《自由的权利》，王旭译，北京：社会科学文献出版社，2013年，第323页。
③ [德] 阿克塞尔·霍耐特：《自由的权利》，王旭译，北京：社会科学文献出版社，2013年，第324页。

要的问题，即不能仅从国家调控的角度去理解市场秩序的变化。

不可否认，国家政策能够决定社会发展的方向，帮助市场去理解自身所包含的理想。"霍耐特也提到多种意图实现总体需求价值的非国家的集体行动方式。"① 这里不得不提到消费合作社，"这些合作社都有一个共同的目标，将大批量购入的物品公平地分摊给合作社成员，以此来保护它的成员，免受经常出现的、因为太高价格而造成商品过去昂贵的苦难"②。这些合作社不仅可以满足消费者的基本需求，它同时也被视为"道德社会化的学校"。在其中，成员团结一致共同学习如何对付经营者无限追求自身利益所运用的市场策略。这种被霍耐特称为"从社会底层开始的消费领域的社会化思想"，目的不是消灭市场的竞争机制，而是意图通过将消费者组织为整体以限制经营者。总的来说，消费市场总是朝向更为规范化的方向发展，因此，不能将其简单地还原为纯粹坚持个体性原则的领域，相反，它是一个能够相互促使对方自由得以实现的领域。尽管会有各种冲突与矛盾，但依然掩饰不了消费者与经营者之间相互协作，追求普遍善的本质。当然，霍耐特并不是对当下消费市场的现状感到满意，他认为，当下的消费者还是缺少相互之间的信息交流，因而不能综合个体之间的特殊利益，并以相应的法律规则来强化自己与供应商抗衡的力量。造成这一状况的根本原因在于消费者"各不相同的社会生活境遇和收入的高低差别"③。生产商的经营策略在很大程度上也是由消费者的消费能力所决定，当消费者群体内部的消费能力有着巨大差别时，消费者内部就不能形成统一的共识，并以此对生产商持续施压。这里就需要追问，到底是什么决定了消费者群体内部的社会境遇和收入的高低差别？因为"只有缩小社会的生活境遇的差别，消费者才能设身处地地进入到其他消费者的想法中去，才能在消费者中形成一种相互纠正各种消费看法的氛围，去实现消费领域那不多的一丁点的社会自由"④。霍耐特认为，

---

① Zurn Christopher: *Axel Honneth.A Critical Theory of the Social*, Cambridge, Polity Press, 2015, p.179.

② [德] 阿克塞尔·霍耐特：《自由的权利》，王旭译，北京：社会科学文献出版社，2013年，第327页。

③ [德] 阿克塞尔·霍耐特：《自由的权利》，王旭译，北京：社会科学文献出版社，2013年，第362页。

④ [德] 阿克塞尔·霍耐特：《自由的权利》，王旭译，北京：社会科学文献出版社，2013年，第362页。

消费个体之间的差距主要是有市场劳动分工所造成,这也就是说,每个人的消费能力是由他所处的社会生产地位所决定。

朱恩认为,"劳动市场的社会历史和对资本主义生产条件的斗争都提供了清晰的证据证明资本主义内涵道德,这一观点可以通过其内涵的规范而得到公正的判断"①。在这一部分中,霍耐特依然是从社会分析的角度去展示劳动力市场发展中的道德逻辑,最终对当下的劳动力市场进行规范性的重构。在几百年前的封建统治时期,人身依赖型的劳动关系占据了主导地位,底层人群出卖自己的劳动力甚至人身自由以换得个人基本的生活所需。工业革命以后,资本家不断开发新的生产技术,投入大量资金建设工厂,并用极低的工资和几乎没有保障的劳动条件来招收产业工人,通过榨取他们的劳动以获取剩余价值。此时,劳动者与雇佣者之间的关系极端不对等,主要的原因在于,"一种在我们今天熟悉意义上的劳动法,自然还不存在;企业没有任何义务,在工人生病或工伤的情况下,给予他们经济上的帮助"②。底层工人通过反抗与斗争表达对这一状况的不满。霍耐特认为,他们所要求的是一种仍停留在"传统思想的地平线上的"道德公道,即希望市场规则能够有利于生活无保障的底层民众。经济上的极端贫困将底层人群变成了暴民,他们"甚至失去了作为人的基本礼貌和市民得体行为的最后一点残余"。一些市民阶层的知识分子将这种道德上的败坏归因于社会底层民众的出身。黑格尔试图从整个社会生产关系去理解暴民的问题。在当时的自由市场状态下,企业主的决策不会受到法律与道德规范的约束,因此,一旦产品的销量走低,大批雇佣劳动者就会遭到解雇,失去了工作也就意味着失去了生活的保障,所以,不能将暴民的问题归于他们自身,而必须与资本主义劳动市场的社会过失相联系。劳动市场的规范化过程不仅依赖于底层群体的阶级斗争,也"要求新体系的维护者自己去考虑建立一种新的劳动组织,不是运用共同的道德公道的基本原则,而是在冲突中更多地引进一些规范性原

---

① Zurn Christopher: *Axel Honneth.A Critical Theory of the Social*, Cambridge, Polity Press, 2015, p.180.

② [德] 阿克塞尔·霍耐特:《自由的权利》,王旭译,北京: 社会科学文献出版社,2013年,第367页。

则，而这些规范性原则的自身就揭示了资本主义市场内涵的合法性基础"①。道德公道与社会规范之间有着巨大的差别，后者更重视个体在社会中的平等权利，而资本主义社会的合法性就建立在平等地尊重每个社会成员的权利之上。这就导致，"在短短的几十年中，这些受到贫困浪潮冲击的早期工业工人阶层的反抗形式，转换为一种迅速学习的形式，现在不再是道德公道的传统规则，而是新劳动组织自身的规范性责任构成了抗议的基准点"②。

19世纪末，迫于工人运动对政府与议会的压力，欧洲大部分自由国家开始推行国家福利政策：一方面，要求给予工薪阶层以基本的保障；另一方面决定对私人资本主义的自发性作出限制。以德国为例，政府通过立法的方式规定了雇主所应承担的义务，包括：遵守固定的劳动时间、采取一定的劳动预防措施以及支付劳动者工伤赔偿费等，除此之外，通过推行福利政策，国家还尽力去保障劳动者在生病、失业以及年老时能获得经济上的补助，从而保证其基本的生活权利与尊严。这些政策都是以个体的基本权利为基础，"国家以它的强制权能担保这些规则的实施，这些规则使劳动者成为唯一的得利者，从现在起他们拥有了受国家保护的权利，不再遭受因为企业只追求利润而给劳动带来的许多风险"③。在这个条件下，劳动者的社会地位得到了根本性的改变。在资本原始积累，劳动者的收入与他们所做的工作直接相关，也就是说，当他们由于各种原因无法从事劳动时，他们就失去了基本的生活来源，而在当下，劳动者"获得与契约相约定的劳动报酬"，这意味着，他与雇佣者之间有着明确的契约关系，即使劳动者由于各种原因无法从事劳动，也能获得基本的生活保障。朱恩提醒我们注意，"很明确，这些依据规范标准逐渐驯化与组织资本主义劳动力市场的社会变革，主要是对社会斗争的回应，特别是由组织所引领的斗争"④。霍耐特认为，在底层群体的基本权利还没有在国家层面得到保证时，自发性的

---

① [德]阿克塞尔·霍耐特：《自由的权利》，王旭译，北京：社会科学文献出版社，2013年，第372页。
② [德]阿克塞尔·霍耐特：《自由的权利》，王旭译，北京：社会科学文献出版社，2013年，第372页。
③ [德]阿克塞尔·霍耐特：《自由的权利》，王旭译，北京：社会科学文献出版社，2013年，第376页。
④Zurn Christopher: *Axel Honneth.A Critical Theory of the Social*，Cambridge，Polity Press，2015，P.180.

互助组织起到了重要的作用。"它们的（潜在的）职能是，在工人中创建一种深沉的自我意识形态，为他们开启一种合作性的一致防卫的可能性。"[1] 与当下的工会不同，此时的劳动者团体的主要工作不是与雇佣者就劳动环境与待遇进行交涉，而是组织劳动者罢工、破坏劳动机器等。这些活动增强了工人们的自我意识，使他们认识到，他们的劳动对社会经济的增长起到了决定性的作用。正是这些不懈的斗争，使得工人能有权从国家那里不断得到社会福利。通过社会斗争，劳动者的基本权利能够获得国家立法层面的保障，过去不受国家监督的劳动关系，现在也有了明显的改观，

尽管如此，在霍耐特看来，劳动者与雇佣者之间的承认关系依然是不对等的。依据黑格尔与涂尔干的观点，劳动市场的平等关系意味着"经济领域的参与者各方都应当以普遍合作的原则，相互尊重对方是'正派的'或是乐意作出成就的经济市民，并相应地顾忌对方的利益"[2]。这种不对等又促使劳资之间的关系向着更高层次发展。这表现为，企业不仅为被雇佣者提供福利与保险，更设立了话语机制以协调劳资之间的关系，这使工人有了一些参与企业决策的权利。在一开始，这种话语权"包括了参与对工资高低和劳动岗位的形态的决定"。第二次世界大战之后，对话的内容就"扩展到关于企业的投资决定、关于企业内的劳动关系、关于不同等级的工资标准以及在大批解雇的情况下所要求的劳资双方的社会协调计划"[3]。20 世纪末期，工会利益的代表甚至能够进入到企业的监事会中，这使得他们能够代表所有工人的利益参与企业的重要决策。这一系列的事实都是要说明，"资本主义市场免除不了被规范的内容所塑造，并且它不能被视为无规范的、纯粹由功能性内容所组成的领域"[4]。在劳动市场中，劳动者与经营者之间不再是相互对立的关系，他们都认识到，相互之间平等的承认关系有助于实现各自的目标。在这个意义上，劳动市场可以被视为一个能

---

① [德] 阿克塞尔·霍耐特：《自由的权利》，王旭译，北京：社会科学文献出版社，2013 年，第 377 页。
② [德] 阿克塞尔·霍耐特：《自由的权利》，王旭译，北京：社会科学文献出版社，2013 年，第 382 页。
③ [德] 阿克塞尔·霍耐特：《自由的权利》，王旭译，北京：社会科学文献出版社，2013 年，第 401 页。
④ Zurn Christopher：*Axel Honneth.A Critical Theory of the Social*，Cambridge，Polity Press，2015，p.180.

够实现社会自由的领域。

尽管有着许多良好的发展成果，但在全球化的背景下，当下的劳动市场又重新暴露出很多问题，例如，个别企业又开始将企业的盈利视为头等目标，国家开始有意识地回避"调解员"的责任而更乐于扮演市场"监督员"的角色，这使得工会失去了参与企业决策的身份与地位。这一现状对劳动者产生了巨大的冲击，这一方面表现为收入的持续递减，另一方面表现为劳动条件的恶化。道德经济主义的观点向我们揭示出，资本主义劳动市场需要保证所有的参与者都能够获得与之相对应的劳动报酬，收入的高低不仅关系到劳动者的生活水平，更与他的社会声誉相联系，甚至决定了他"合作性地进入社会劳动分工的可能性"。当由于市场本身的原因而导致劳动者不再能以平等的身份参与到资本主义市场的合作关系时，这个市场机制就是不正义的。在当下，资本主义经济制度刚确立时的劳资矛盾仿佛又再次出现了。但是，霍耐特对当下劳动市场的"为承认而斗争"状况持悲观的态度。为了印证这个观点，他列举了大量的事例，例如，员工为了保全工作位置，即使在遇到某些重要问题时，依然采取"拒绝病假"的态度；企业对员工的业绩压力造成自杀数量的明显增加。与过去的集体性斗争不同，这些是能被算作"没有任何观众的个性化反抗和无助的自卫斗争"。

究竟是什么样的原因导致劳动者斗争方式的改变呢？在霍耐特看来，这个问题甚至将对当下劳动市场的规范性重构逼到了绝境，换句话说，如果不能对这个问题给出回答，也就无法从根源上展开对当下经济市场的批判。必须明确的是，采取个体化反抗形式的并非是单一阶层的劳动者，当然，在劳动力市场中，底层劳动者最易受到压榨，他们是"遭遇到贫困、低薪和被迫变通工作时间的那些工人"，在当下，这些群体以服务业者为代表。服务业者与传统的工业无产者有着本质的区别，后者有着丰富的社会斗争的历史，他们知道如何组织与发动整个企业的员工去对抗无法接受的工资待遇和工作条件等，相比之下，作为新兴行业的服务业就没有这些历史基础。造成这一状况的原因可能与服务行业的工作性质有关，劳动者只局限于和顾客和同事的互动，而较少与管理人员打交道。个体化的抗争形式也出现在社会中层中。尽管他们受到更良好的教育，有着更多的相互沟通的渠道，也有能力在公开的场合表达反对的声音，但他们依然选择将不满保留在自己的心里，最关键的原因在于，害怕失业与被迫的工作调动。经过一系列的分析，霍耐特给出了问题的答案。"正是我们最后提到的这种感觉，也就是每个人必须独自对自己的职业命运负责的感觉，是一把关键的钥匙。"[①] 这是一个让人非常无奈的现实，"不到四十年前，公众大都还是认为，双方必须共同承担劳动力市场灾难的责任，因而也必须共同建构社会规则的范围，而现在在公众中广泛流传的想法却是，劳动生活的收入和成果都得靠自己一个人的努力。"[②] 这个现状严重影响到人们对资本主义市场的理解，也就是说，正是它塑造了当下对于资本主义市场制度的主流观点，即"资本主义市场所构成的不是一个社会自由的领域，而纯粹只是一个人格自由的领域"[③]。面对这一情况，我们当然不能一味地将责任归于个体，因为个体的观念与行为离不开各种社会交往关系的影响。

霍耐特指出，除了将经济市场视为个体自由的领域，还有一种观点认为"经济市场的社会机构是应当首先为满足各种相互利益提供可能性"[④]。这就要求集合国家、党派与个人的力量，对劳动力市场状况作出社会化的规定，目的是让每个经济活动参与者都认识到，他们都有平等的机会参与到社会劳动，除了能够获得与自身付出相对等的报酬之外，他们还应拥有一个人性化的劳动环境和企业决策的部分参与权。归结为一句话，"经济市场应当有利于所有的参与者，因而必须是一种社会自由的机制"[⑤]。如果这种历史的目的能够在当下得到持续的延展，那也就不会有如此之多的对资本主义市场经济的批判。之前已经说明，当下经济市场最重要的紊乱现象就是"责任个人化"。"许多现象表明，在最近的几十年来事实上对市场经济活动的责任都强化在个人身上了，以致不再是'我们'，而是作为个人的他或她，要对自己的经济成就负责，这就几乎让人

① [德] 阿克塞尔·霍耐特：《自由的权利》，王旭译，北京：社会科学文献出版社，2013年，第410页。
② [德] 阿克塞尔·霍耐特：《自由的权利》，王旭译，北京：社会科学文献出版社，2013年，第410页。
③ [德] 阿克塞尔·霍耐特：《自由的权利》，王旭译，北京：社会科学文献出版社，2013年，第411页。
④ [德] 阿克塞尔·霍耐特：《自由的权利》，王旭译，北京：社会科学文献出版社，2013年，第411页。
⑤ [德] 阿克塞尔·霍耐特：《自由的权利》，王旭译，北京：社会科学文献出版社，2013年，第412页。

们失去了内心深处的规范信念。"①

在当下，经济市场逐渐失去了它的道德前提，它不再能够给予每个人以平等的权利，相互协助以满足各自的需求，相反，它坚持竞争性的原则，个体以谋求自身最大利益为行动准则。采用策略性的方式求得自身利益最大化是市场的本性，霍耐特当然知道这个事实，他更想要强调的是经济市场中所包含的社会属性，即它是一个社会性的机制，这意味着市场的一切参与者在享受市场所带来的利好的同时必须承担起相应的社会职责。不仅某个人具有社会职责，各种社会或国家机制同样如此。由此可见，可以从国家机制的层面去挖掘造成市场紊乱的原因。在经济全球化的背景下，国家政府开始放弃部分社会监督职能，这使得自由的市场竞争无法得到有效限制，盈利至上的观念很快渗透到各种公共服务部门以及教育机构中，这使他们的工作更加成本分析与利益考量。这使得经济市场从一个有责任的社会机构转变为将责任一股脑推给个人的"最大限度追求利益的竞争场所"。面对这些问题，霍耐特也尝试提出解决的办法，例如，在跨国层面上组织监督经济市场的力量，对自由市场竞争进行有限度的干预，保障劳动者工资与待遇的同时给予他们参加企业决策的权利。此外还需要公共舆论的积极参与，它们主要起到监督相关协议的作用。

总的来说，可以从三个方面去总结霍耐特关于经济市场机制的观点。第一，"市场以两种方式去机制化个体的自由：满足需要和为自尊提供一个关键性的位置"②。消费市场起到满足个体需求的作用，这要求在消费市场中，消费者与生产者扮演互补与互惠的角色。个体的自尊取决于劳动力市场。劳动力市场主要协调劳动者与雇主之间的关系，目标是建立一个相互补充与协作的劳资关系。当劳动者的业绩与成果受到雇主的承认时，他的自尊感才能得到满足。第二，"作为一个社会自由的领域，市场领域的正当性在于它使一种社会合作形式符

---

① [德]阿克塞尔·霍耐特：《自由的权利》，王旭译，北京：社会科学文献出版社，2013年，第413页。
② Zurn Christopher: *Axel Honneth.A Critical Theory of the Social*，Cambridge，Polity Press，2015，p.180.

合所有人的利益，即一种服务于个人目标的互补性实现"①。消费品市场的道德价值表现为每个消费者的需求都能够得到平等的满足，并且他们拥有表达自身需要的权利以防止整个消费品市场为生产者和经营者所掌控。劳动力市场的价值表现为个体间"以尊严为基础的相互承认"。霍耐特通过对大量历史事实的经验性研究揭示出内在于消费市场与劳动市场的规范性原则。以这两条原则为基础，霍耐特也尝试以具象化的方式去表现市场领域的社会自由，例如，保证劳动者工作环境的安全，构建不同消费与劳动阶层的团结关系，尊重每个劳动者的自身价值，尊重每个成员在生产与经营团体中的平等地位，换句话说，需要创造并维持一个理性的对话机制，可以让每个人平等表达自身的诉求。在当下，无论是消费市场还是劳动市场都暴露出大量的问题，霍纳特不仅对它们做了正面的描述，也对其展开了病理学的诊断。第三，依据规范性的内容，霍耐特对市场领域中主要的缺陷、非正义等各种错误的发展方式展开批判。近200年来，新自由主义为经济市场带来了重大的转变，在这一思潮的影响下，市场的社会职能被明显弱化，它甚至将破坏市场的规范潜能②。在这种背景下，霍耐特甚至否认当下的市场领域可以被视为是实现社会自由的一种社会机制。

（三）公共政治领域

社会自由的第三个，也是最后一个环节，就是公共政治领域。在这个领域中，"霍耐特系统性地发展了他的民主理论，这个理论以社会自由为基础，即民主的互动使公民能够通过共同讨论以及与其他公民一共决断的方式改善生活条件"③。可以说，霍耐特对政治领域的研究其实就是在展示他的民主政治思想。这里从以下四个方面去讨论霍耐特关于民主政治的思想。第一，民主政治理论的概念；第二，简单论述霍耐特对民主发展史的重构；第三，民主理论与社会

---

①Zurn Christopher: *Axel Honneth.A Critical Theory of the Social*, Cambridge, Polity Press, 2015, p.181.
②［德］阿克塞尔·霍耐特：《自由的权利》，王旭译，北京：社会科学文献出版社，2013年，第422页。
③Zurn Christopher: *Axel Honneth.A Critical Theory of the Social*, Cambridge, Polity Press, 2015, p.182.

自由之间的关系；第四，对当下公共政治领域的问题进行病理诊断。

笼统地说，当代的民主思想肇始于在近代才得以确立的个体自由。在政治领域中，民主针对的是传统社会中的身份等级制。在等级制社会中，社会成员并没有平等的社会权利，用霍耐特的话说，社会资源并没有向所有社会成员平等的开放，这就导致只有一部分人能够自由地参与到社会互动中，去寻求他人的承认。通过之前的分析已可知，承认一方面意味着所有参与者能够平等表达自身的诉求，另一方面需要参与者相互补充，协助他人去实现各自的目标。由此可见，在等级制社会中并没有真正意义上的承认，任何人都无法完整地获得自我满足。

近代以来的民主理论最重要的特点在于，以肯定每个社会成员的平等权利为自身的基础。在政治领域中，公民的民主实践赋予了包括国家在内的公共权力以合法性。在当下，民主理论的一个最重要的表现形式是协商民主（deliberative democracy），它强调对公共领域的培养和维护，并且积极动员公民参与对公共事务的讨论。霍耐特是协商民主思想的代表性人物，由于他观点的极端性，朱恩甚至将其思想称为"激进的协商民主（radical deliberative democracy）"。这一思想主要包含三个方面的内容。首先，霍耐特的民主理论与形式民主有着本质上的区别。民主最基本的诉求是保障个体的自由权利，形式民主将这个原则贯穿始终。形式民主会产生一系列的问题，例如，将民主还原为个体的法定自由。法定自由最重要的问题在于，尽管它能够保障每个人都有一个独立作出决断的空间，但是它无力于促进社会互助与协作。形式民主的问题也正在于此，它承诺每个个体都能拥有平等的自由权利，但是，面对个体自由所产生的主体间的相互对立，形式民主却无能为力。在霍耐特看来，民主理论主要回答这样的问题："我们怎样才能共同地、合法地控制实现个人社会自由所必需的社会条件？"换句话说，通过民主理论就是要在公共政治领域中确定，哪些社会条件能够促成个体社会自由的实现。与形式民主相对，这里的民主观念可以被视为实质民主，它并非坚持抽象的个体自由原则，而是力图实现个体的社会自由，这就要求突出民主理论中主体间交往的环节。其次，霍耐特与当下的很多民主理论家相同，将民间的或官方的商谈、辩论等公共性活动视为民主的关键性环节，正因为如此，他们才将其称为协商民主。协商民主与多元主义、极简主义以及精英主义有着本质的区别，后者要么将投票、要么将政府责任视为民主的关键性载体。

朱恩认为，霍耐特与哈贝马斯相同，都坚持协商民主的双轨模式（two-track model）。这种观点认为，政治领域主要由两个环节组成。第一，"民主的公共领域"。公共领域也被称为公共空间，在其中可以探讨各种公共事务。在公共领域中，参与者的身份非常的复杂，最基本的当然是享有平等政治权利的国家公民，此外还包括无政府组织、大众媒体、政府人员等。第二，"民主的宪政国家"。在公共领域中，公民与组织会对既有的社会制度与规范展开讨论，对其进行更新与修正，宪政国家的作用就在于，使这些讨论成果获得法律效力。"民主合法性要求宪政国家作为公共领域的一个器官或机构，在法律和政策中去实现'我们人民'在公共领域中，通过一个集体性争辩与讨论的健康程序所获得的共识。"[1] 为什么霍耐特的观点又被称为激进的协商民主呢？这里的激进主要表现为，他对公共领域的重视。与包括哈贝马斯在内的民主理论相区别，在霍耐特那里，国家并不是社会合作的终极领域，也就是说，政府、形式化的政治原则以及法律条文等都不可以被视为整个社会的基石。激进的民主理论不是否定国家所应有的权力，它的关键点在于，将公共领域视为社会秩序的奠基石。"对于霍耐特的激进理论来说，不仅民主宪政国家应该听命且保障民主公共领域，民主国家也是被建立于民主公共领域之上。"[2] 由此可见，宪政国家的合法性来自公共领域的认同。国家的作用一方面是保护民主的公共领域，使其可以自由地发挥应有的作用；另一方面贯彻与落实公共商讨所达成的社会共识。这里就表现出霍耐特与黑格尔观点的重要区别。尽管整个《自由的法权》的结构、方法甚至观点与黑格尔《法哲学原理》有诸多相似之处，但是，霍耐特认为，黑格尔"实际上对民主的真实效用并不是真心地感兴趣"，因此，当我们尝试

---

[1]Zurn Christopher: *Axel Honneth.A Critical Theory of the Social*, Cambridge, Polity Press, 2015, p.183.

[2]Zurn Christopher: *Axel Honneth.A Critical Theory of the Social*, Cambridge, Polity Press, 2015, p.183.

对公共领域展开规范性重构时，就必须与黑格尔的国家观念保持距离。黑格尔观点的主要问题在于，他没有将国家视为社会自由的领域。对此，霍耐特指出："民主公共性的机制是一种社会的中间状态，公民们应当在这个中间状态的相互争辩商讨中，构成一些能被普遍接受的理念，而议会则应以这些普遍理念为基础，运用相应的法律程序来颁布法律。"①

与对市场机制的分析相同，霍耐特也通过经验分析的方法对近 200 年来民主制度的发展史作了一番重构，目的是揭示出"激进的协商民主是政治自由领域的核心内涵"。市场领域的历史发展包含内在的道德逻辑，它朝向规范性互动的方向发展。历史的发展趋势向我们揭示出，无论是消费品市场还是劳动力市场，任何参与者都不在坚持抽象地坚持自身的欲望与偏好，他们越来越认识到，只有在一个互助型的市场条件下，以他者的承认为中介，个体或群体的特殊需求与目的才能得到真正的满足。当市场机制能够为所有参与者源源不断地提供敞开协作的动力与空间时，它就被视为一个社会自由的领域。霍耐特分别从公共领域的扩展、民族国家的兴起、大众媒体的发展、国家职能的转变以及跨国政治的实践这五个方面展开论述，力求展示政治领域中的道德逻辑。

在欧洲，现代意义上的公共性的概念直到 18 世纪才真正出现。当时的公共领域还没有成为国家政府的合法性根基，而"只是一种有经济实力的市民用来反对传统国家秩序的决策形式"。公共领域是一个介于家庭与国家之间的社会空间，有独立财产所有权的成年男性聚集在这里，一起探讨他们所感兴趣的事情。在最开始时，人们所讨论的话题相对比较通俗，并没有涉及像君主权利合法性这类比较严肃的问题，但不可否认的是，公共空间的确立为之后公民表达自身的权利诉求奠定了基础。经过几十年的发展，"政府的每个行为，也就是行使它的权力对国家这个政治共同体的内部和外部事务作出决定，都得采纳来自市民个人论坛的那些话语争辩中显露出来的'公共意见'"②。伴随着公共领域职能转变的是降低参与的门槛，也就是说，让不同身份的社会成员都能够参

---

① [德] 阿克塞尔·霍耐特：《自由的权利》，王旭译，北京：社会科学文献出版社，2013 年，第 418 页。
② [德] 阿克塞尔·霍耐特：《自由的权利》，王旭译，北京：社会科学文献出版社，2013 年，第 421 页。

与到公共领域的交流中。公共领域本身就具有很强的包容性，这表现为，即使当它只是有条件地向参与者开放时，它依然会"通过个人立场的相互趋近而得出具有普遍性并对所有人来说都是正当要求的结论"①。社会交往是普遍存在的，底层群众也会自发地成立协会去讨论关心的问题。底层群体也对当时的社会矛盾抱有极大的意见，他们除了讨论一般的工作生活之外，也会对政治权威的合法性提出自己的看法。法国大革命之后，普遍人权的观点得到了明确的落实，这极大地改善了各种社会团体的状况，它们都将话语交流的关注点落在如何构建理想的社会秩序上。在18世纪初，由于议会制还并不完善，使得公众的意见很难对国家政策产生影响，法国大革命彻底改变了这一境况。首先，"选举权民主化或政治体系的议会化的进程中造就了一种民主参与的扩展"②。这意味着包括选举权、集会权等公民政治权利已经得到普遍性的承认，这提升了公共领域对国家政治决策的影响力。其次，公民的政治权利出现了"去经济化"的态势。在早期，选举权利总是与个体的财产状况相关，这导致公民仅拥有形式化的政治权利。在霍耐特看来，普遍政治权利的落实就意味着，公民平等的权利是无条件的，不允许被经济状况所限制。公民所具有的政治权利与市场领域中所保障的自由权利有着本质性的区别。自由权利允许每个个体从具体的社会关系与制度中摆脱出来，从而完全从自我的角度作出行为决断，政治权利并不认可个体能够拥有一个不受他者监督的自由空间。"个人的行为要在原则上能够面对所有其他有着同等权利的人，来证明个人自己的行为是以整个社会的共同利益为基础的。"③赋予公民选举权就是要让他们知道，主体并不是一个纯粹的个体，而是一个民主社会的成员，他应该关注社会本身的目的与理想。与公共领域相联系，选举权的普遍落实意味着，每个公民都有权利以及义务参与到公共领域中，通过商讨性的信息交流去表达自己以及同层次全体成员的诉求。集会权与结社权可以保障公民选举权能免受外力的干涉。

---

① [德] 阿克塞尔·霍耐特：《自由的权利》，王旭译，北京：社会科学文献出版社，2013年，第422页。
② [德] 阿克塞尔·霍耐特：《自由的权利》，王旭译，北京：社会科学文献出版社，2013年，第426页。
③ [德] 阿克塞尔·霍耐特：《自由的权利》，王旭译，北京：社会科学文献出版社，2013年，第427页。

民族国家的兴起对民主政治的确立产生了重要的影响。“一种政治的公共性，在这里被理解为是拥有自己主权的人民进行话语性民主决策的领域，它的事实上的出现，是伴随着 19 世纪民族国家的形成而来的。”① 对公民的政治权利来说，民族国家包含自相矛盾的作用。一方面，民族国家使所有的社会成员获得了一种独特的认同，这种认同可以暂时性地消除他们以前的政治差异；另一方面，它要求成员将民族置于国家之上，这种倾向严重威胁到民主政治的自由生长。平等的政治权利作为一种价值诉求必须在一个具体的文化背景中才能得以实现，民族国家是合适的载体。民族国家通过法律秩序来确定公民平等政治权利的同时也带来了一个问题，即由于民族主义的前提，人们对平等权利的限度并不能形成清晰的认识。也就是说，“一方面似乎是明确的，相应的国家公民资格职能按形式上的和按程序规定了的那个民族国家的属性来确定；但是另一方面，民族国家这种构成物却又很容易随时把‘国家的’去掉，使一个国家的公民资格只能由所剩下的唯一的可以定义为‘民族的’属性来确定”②。这就导致，一些国家成员，如果他们并不具有与该民族相同的自然性征，就很可能被剥夺应有的公民权利。

如何在肯定民族国家的积极性的同时尽可能地抑制它的消极性？对此，涂尔干提出了一种“宪法的爱国主义”。霍耐特认为，这一观点既用爱国主义稳定了民族国家的现实性前提，又用民主宪政约束了民族主义情绪。在民族国家中，个体的政治权利得到了保障，国家公民为了维护这些已经有政治与自由权利就会产生出爱国情绪。同样，在民族国家的前提下，爱国主义“很可能蕴涵着一个危险，就是把‘民族的目标’置于所有普世性的道德原则之上；它的结果必然是，把任何外表上有所不同的人群看成是敌人”③。针对这一可能发生的问题，涂尔干的观点是，将对个体尊严的维护写进宪法。国家的存在就是为了维护每个个体的自由的权利，因此，在国家的宪法中必须体现出普世性的道德规范。

---

① ［德］阿克塞尔·霍耐特：《自由的权利》，王旭译，北京：社会科学文献出版社，2013 年，第 432 页。
② ［德］阿克塞尔·霍耐特：《自由的权利》，王旭译，北京：社会科学文献出版社，2013 年，第 437 页。
③ ［德］阿克塞尔·霍耐特：《自由的权利》，王旭译，北京：社会科学文献出版社，2013 年，第 439 页。

尽管如此，依然无法避免民族主义对普遍人权的侵害。法西斯主义是民族主义的极端表现形式，霍耐特否定将法西斯主义视为"民主社会自由的病态或者错误的发展"，而是将其视为与社会自由不相干的他者。"民主的他者提醒我们，社会自由是一个脆弱的成就，必须对其进行积极的维护，而不是将其假定为进步史的一个幸运的解脱（a fortunate deliverance of progressive history）。"①

霍耐特也对传播媒体所扮演的角色做了详细的论述。在杜威看来，包括报纸、杂志和电台广播在内的大众新闻媒体都是一种社会信息的传播工具，社会成员能够借助于它们进入一种"我们（对行动后果作出评判）视野的过程"。杜威将这个接受信息——消化信息——作出决断的过程称为"民主的公众性"。民主的公众性也是社会自由的一种表现形式，"因为它使得单个的人与其他社会成员的交流成为可能，并以此来实现改善自己生活状况的意图"②。这也就是为什么杜威与哈贝马斯都将民主的公共领域部分地理解为"认知的共同体（epistemic community）"。公共领域可以为社会成员收集、分类、过滤各种知识与信息。信息媒体可以使公民获得对公共事件的基本认知，并能够促使他们通过公共讨论进行集体性的反思。依据杜威的观点，甚至可以说，没有现代化的信息传播方式，现代民主基本就是不可能的。"民主对他（杜威）来说，之所以是一种优越的统治形式，主要是因为民主在反思性地解决社会问题时，集中运用了所有相关主体的智慧。"③由此可见，民主是一种认识手段，目的是"探索社会共同和平的条件，再从这些条件中来共同发展一种政治上值得期待和值得追求的思想"④。民主的政治秩序鼓励公民积极地交换对公共事件的观点与看法，而他们对公共事件的认知深受信息媒体的影响，可惜的是当下的信息媒体越来越不能承担其传播事实真相的职责。

从19世纪开始，包括报纸、杂志在内的传媒行业在资本的推动下完成了结

①Zurn Christopher: *Axel Honneth.A Critical Theory of the Social*，Cambridge，Polity Press，2015，p.185.

②［德］阿克塞尔·霍耐特：《自由的权利》，王旭译，北京：社会科学文献出版社，2013年，第452页。

③［德］阿克塞尔·霍耐特：《自由的权利》，王旭译，北京：社会科学文献出版社，2013年，第448页。

④［德］阿克塞尔·霍耐特：《自由的权利》，王旭译，北京：社会科学文献出版社，2013年，第448页。

构性转型，市场的竞争压力促使它们转变为盈利性企业。这个商业化的过程使得媒体所报道的新闻内容有了很大的改变。它们不再关心实时发生的，与民众切身相关的公共事件，而是极力去撰写那些能够刺激大众阅读兴趣的"花边新闻"。在杜威看来，这种转变是新闻界的病态，因为它完全违背了民主文化发展的要求。作为推动协商民主发展的重要环节，信息媒体的主要作用是满足社会成员的知情权。通过对社会现象的报道可以让公民获得对事件的清晰认识，此外，媒体关于该事件所总结的社评与社论能够影响公民对其的态度，这些都能够帮助公民在共同决策中对该事件作出正确的判断。随着市场经济的发展信息媒体越来越偏离它的原始轨道，当下的社会生活可以说，已经是碎片化的。所谓协商民主就是要求整个社会行动起来，通过信息的沟通，将个体化的自我重新塑造为公共性的"我们"。信息媒体的发展现状威胁着民主社会的成长。尽管如此，霍耐特还是否认看衰信息媒体的论调。第二次世界大战之后，随着生活水平的提高，人们的斗争欲望开始降低，随之而来的是"购买尽可能多的象征着安全和舒适的消费品来作为对物质匮乏的战争年代的补偿"。人们的关注点开始从公共生活转向个体的消费生活。无论是阿伦特还是哈贝马斯都认为，大众媒体所推广的消费文化是造成这一现状的重要原因。"阿伦特和哈贝马斯对新闻报道的发展所持有的怀疑态度，都使他们最后得出结论，政治公众性正在缓慢地重新转型为私有化：社会自由的领域……成了纯粹私人消费者聚合的场所。"① 霍耐特认为，"阿伦特与哈贝马斯的观点与历史进程有偏差。历史显示，从 20 世纪 60 年代开始，英法德都出现了民主公众性的复兴，对此，信息媒体起到了关键性的作用。"② 在当下，信息的传播方式又得到了重要的改变，网络成为信息传播和主体互动的重要工具。较之于传统媒体，互联网的一大特点在于它的开放与自由。但它同时也包含内在的矛盾。互联网的开放性使其缺少规范性的束缚，或者说，"几乎失去了所有理性的制约"。通过传统信息媒介所发布的消息必须经过理性的方式的权衡，也就是说，它能够反映某种普遍

---

① [德] 阿克塞尔·霍耐特：《自由的权利》，王旭译，北京：社会科学文献出版社，2013 年，第 466 页。
② [德] 阿克塞尔·霍耐特：《自由的权利》，王旭译，北京：社会科学文献出版社，2013 年，第 466 页。

性的意见与观点，与之相反，在霍耐特看来，"互联网论坛中的信息毋宁说是混乱意见的堆积"①。尽管如此，霍耐特依然承认，"互联网的整个行动方式，使得今天没有任何一种其他的方法能够比他更适合于去建立超越国界的信息交流共同体"②。

以上三个环节着重从公共领域角度出发去讨论协商民主得以实现的条件。尽管，霍耐特尤其重视公共领域的作用，但他也从宪政国家的角度去挖掘实现协商民主的条件。第一个条件就是国家性质与职能的转变。在黑格尔的法哲学中，君主立宪制国家与市民社会之间有着无法逾越的鸿沟。国家自身是自足的，它的合法性根基就是它自身。霍耐特认为，法国大革命之后，除黑格尔的观点之外，还有一种国家观对后世产生了重要的影响，即"国家应该反向依赖于公众性决策"。可以对此观点作不同阐释，例如，卢梭就认为，国家的合法性依赖于公民的认同，后者通过直接投票的方式决定国家的决策。在当代，涂尔干、杜威和哈贝马斯都同意将国家建立在公共领域之上。公民在公共领域中对社会制度与规范进行不断研究与探讨，从而"构成一种经常可以修正的、必要时也能通过妥协而达成的共识"。但是，没有制度化的保障，所获得的共识就无法克服自身的脆弱性。这就需要"由担负政治责任的立法机构按严格民主程序将这种共识给出的方向指示转换为有约束力的决定"③。可以笼统地说，国家的主要职责在于，通过立法以保障公民在公共领域中所得出的社会共识。"现代国家没有以人民的名义所作出的每个决定，即使非常有保留也可以说，这些决定不具有足够的民主合法性。"④以这一观点为基础，就可以对国家与公共领域之间的关系作详细的说明。例如，杜威就认为，国家中所包含的各种权力机关，必须以公共意志为基础。国家机器存在的目的一方面是为了将社会共识转化为普遍性立法，另一方面保障公共的意志不受任何外力的侵害。哈贝马斯的观点

---

① [德] 阿克塞尔·霍耐特：《自由的权利》，王旭译，北京：社会科学文献出版社，2013年，第499页。
② [德] 阿克塞尔·霍耐特：《自由的权利》，王旭译，北京：社会科学文献出版社，2013年，第501页。
③ [德] 阿克塞尔·霍耐特：《自由的权利》，王旭译，北京：社会科学文献出版社，2013年，第504页。
④ [德] 阿克塞尔·霍耐特：《自由的权利》，王旭译，北京：社会科学文献出版社，2013年，第505页。

与此大致相同，他认为"三权分立的全部职能是对人民经过商榷而达成的多数人意见进行可考察的和中性的转换"①。简言之，不是国家决定公共领域，而是公共领域决定国家。由于国家的主要职责是对社会共识做一种制度化的转换，霍耐特就将国家称为"反射性组织"。公民在公共领域中是对理想的社会建制与规范进行讨论，国家就负责将这些讨论结果转换为现实的制度。霍耐特也承认，这些国家观念还只是一些政治理想，对其进行研究的价值在于，"把它看做是方法上的指南而能够作为我们自己的规范性重构的基础"②。

在当今社会，国家的社会管辖权与监督权日益增大，这在一定程度上增加了国家职能异化的可能。所谓职能异化，简单地说，就是国家滥用民主共识所赋予它的权力。这主要有三种表现：第一，有选择地去执行民主的公共决策；第二，专注维护某一个党派的利益，忽视公共领域的整体性诉求；第三，有针对性地利用职权去影响公共舆论。早在《德意志意识形态》中，马克思就对当时政治权力的异化本质进行了揭示与批判。尽管在形式上，政治权力都声称代表了人民的利益，但正如马克思所揭示的，经济实力强大的阶层能够占有更多的国家资源。不可否认，这些国家都尝试将普遍平等的公民权利写进宪法，但实质上，只有特定的社会成员（例如有财产权的成年男性）才能被赋予政治权利。这就导致一个问题，公共领域只对中产阶级或者贵族开放，他们的观点能够有效地影响国家政治决策，与之相对，社会其他阶层的诉求就很难得到国家政治权力的承认。此时，"需要通过政治来解决的问题，主要是领导经济阶层的少数人公开表述的一些问题"③。以工人为代表的无产阶级试图以政治起义与斗争的方式反抗这种被忽视的状态，这促使国家开始干预经济市场中的自由竞争。

国家对自由市场的规范化措施主要表现在两个方面：第一，完善公共设施的建设；第二，保障社会底层民众的最低生活需求。对此，霍耐特认为，国家的一系列福利性措施虽然能够增强民族属性的情感，但还是没有在实质上让每

---

① [德] 阿克塞尔·霍耐特：《自由的权利》，王旭译，北京：社会科学文献出版社，2013年，第505页。
② [德] 阿克塞尔·霍耐特：《自由的权利》，王旭译，北京：社会科学文献出版社，2013年，第506页。
③ [德] 阿克塞尔·霍耐特：《自由的权利》，王旭译，北京：社会科学文献出版社，2013年，第511页。

个社会成员享受平等的政治权利。"国家机器越来越多，各自独立的官僚主义极大地助长了在政治上继续排斥工人阶层，并因此而维护一种政治上的阶级统治。"①在当下的欧洲，尽管各国政府极力去凸显国家的福利性，并一再强调对普遍人权的重视，但国家的阶级本性并没有得到本质性改变。当社会成员，尤其是底层人民的基本生活得到满足时，他们开始要求"法律条例和政治的道德中立性"。所谓中立性就是指，无论是国家立法还是政治决策，都不能优先满足特定群体的要求，"国家的行为应该尽可能不带偏见地、在中立的意义上面对所有的思想财富，直到在自己人民的内部又开始对这些思想进行新的商榷"②。尽管抱有美好的期待，但霍耐特也承认，目前还很难通过公共领域所得到的政治共识去决定国家的政治决断。

如果说在传统的民族国家中，民族认同感还能为社会成员提供相互协助的理由，那么在全球化的今天，伴随着移民不断涌入欧洲各国，特殊的民族认同与普遍的国家法制之间就产生了矛盾。这里并不是说，在当下的欧洲各国还没有落实普遍性的人权，霍耐特是说，国家仅仅从普遍立法的角度对公民的自由与政治权利进行保障，但这种形式化的权利想要得到实质性的内涵就必须在当下的社会文化中得到普遍的承认。回顾社会成员对社会自由的基本诉求，可以更清楚地看到诊断这一问题的关键。依据霍耐特对自由权利的划分，社会自由中属于政治权利的部分更应该被强调。个体不仅拥有一个内在的空间，使他能够远离社会文化的束缚从而作出自我决断，更重要的是参与到社会交往中，尊重已有的社会机制，建立主体间互助型的行为关系。换句话说，社会自由要求每个成员都能够平等地参与到公共领域的交往中，公开地表达自身的诉求，并通过理性对话的程序获得普遍共识，进而影响并决定国家政治组织的决策。每个民族国家都有独特的文化传统，它甚至能够越过国家律法去决定哪些社会成员可以参与到公共领域的讨论中来。之前已经谈到，这种社会文化很可能衍生出民族主义的情绪，特别是在全球化的背景下，大面积的移民潮使得传统国家

---

① [德] 阿克塞尔·霍耐特：《自由的权利》，王旭译，北京：社会科学文献出版社，2013年，第515页。

② [德] 阿克塞尔·霍耐特：《自由的权利》，王旭译，北京：社会科学文献出版社，2013年，第529页。

之间的界限已不再明显。外来人口同样会要求与原住民相同的政治权利，当这种诉求与民族国家内部的社会文化相遭遇时就会产生矛盾。

无论是黑格尔还是霍耐特都认为，民族国家是不会消失的，例如，霍耐特就同意涂尔干所谓"宪政爱国主义"的观点。民族国家有着很多的优点，例如，公民在其中可以获得自身的认同感，这易于公民之间以及公民与国家机制之间结成良好的合作关系。它的缺点主要在于民族自身的排他性。个体对实现社会自由的期待以及国家民主制度的落实与发展都需要以民族国家及其所包含的具体社会文化为中介，这就要求在肯定民族国家合法性的前提下，尽力去弱化它的排他性。

第二次世界大战之后，以联合国为代表的跨国型政治组织"对毫无顾忌地重提民族国家原先的主权要求作了一些规范性的限制"。《世界人权宣言》就要求："一个国家对它的人民所保障的基本权利，在原则上应当与国际法的基本原则相一致，因此国家公民的文化形象也就不能再像第二次世界大战以前那样只局限在一种'民族'的意义上；在对自己政治历史的理解中，现在必须按人权的要求建构一种超越民族的道德机制，从道德的角度来考察，各国的立法是否与高于它的《世界人权宣言》的条例相符合。"[1] 除此之外，霍耐特认为，国家内部的成员也可以通过有组织的社会运动向议会施压，以寻求自身利益的满足。尽管这两条路径在当下都取得了不小的成果，但离彻底改变民族国家自身矛盾的要求还有很远的距离。以欧盟为例，为了克服民族国家的排他性，一方面需要各国政府在立法层面尽可能保障公民的社会与政治权利；另一方面，公民权利的落实需要有一个共同的文化背景，这才能促成公民间的团结与合作。从当下的发展状况看，第一个条件基本能够得到实现，第二个条件却进展缓慢，甚至各国都无意推进文化间的统一。依据霍耐特的观点，造成这一情况的原因在，各国加入欧盟的根本目的是纯粹消极的，即单纯为了经济交往不受到阻碍。这种政策本质上是"放弃一种民族构架以外的政治融合，保留各成员国之间较

---

① [德] 阿克塞尔·霍耐特：《自由的权利》，王旭译，北京：社会科学文献出版社，2013年，第534页。

大的社会国家的不同一性"①。由此可见，欧盟各国现在的政策只能塑造"欧元公民"，并保证"他作为一个新自由主义市场参与者的权利"。

以上，我们就从五个方面论述了在当下建构民主政治的五个条件。在霍耐特看来，建构民主政治的目的就是为了在政治领域中实现社会自由。"民主公共的政治领域显然实现了霍耐特关于社会自由领域的构想。"②在政治领域中，社会自由的实现分成两步：首先，必须保障个体最基本的自由权利。霍耐特强调政治自由与个体自由之间的区别，但这并不是要求将二者相互分离，而是在政治参与的意义上理解个体自由。个体自由意味着每个个体都有平等的机会参与到对社会规范与政策的公共性决策中。其次，社会自由要求个体间能够互补并协作。在公共领域中，个体能够获得对社会规范的认识，从而对自身独特的诉求进行理性化的反思。这使主体开始重视他者的地位与作用，认识到，只有通过主体间的互补与协作才能有效满足个体的独特需求。当然，确立与发展民主政治、落实社会自由的目的不单单是为了保障个体的自由权利，更是要构建正义的国家制度。与很多政治哲学家不同，霍耐特不单从国家立法的角度，更从社会文化的视角出发去寻找实现社会正义的途径。可以从五个方面去论述霍耐特对社会正义的重构。

第一，保障公民的政治权利。政治权利必须在宪法的层面得到保障，这使它能够惠及所有社会公民。通过政治权利，公民能够自由地表达参与到对公共事务的讨论中，并且，他们对公共事务所达成的共识能够影响甚至决定国家的政治决策。第二，"健康的民主需要一个负责任的大众媒体，它能够提供关于公共疑难和社会问题的有用信息"③。公共领域本质上还是一个认知的领域，社会成员在其中可以对已有的社会规范与个人偏好等进行反思，但在这之前，需要充分掌握各种社会信息，媒体就负责信息的传播工作。合格的信息媒体必须

---

① [德] 阿克塞尔·霍耐特：《自由的权利》，王旭译，北京：社会科学文献出版社，2013 年，第 547 页。

② Zurn Christopher: *Axel Honneth.A Critical Theory of the Social*, Cambridge, Polity Press, 2015, p.186.

③ Zurn Christopher: *Axel Honneth.A Critical Theory of the Social*, Cambridge, Polity Press, 2015, p.187.

全面地将社会事件以及各方对其的反应传达给社会成员。第三，"公民自愿实质性地支持面对面的协商（face-to-face deliberations）和现有的市民社会组织"①。公民不能仅仅通过投票的方式去表达自己对公共事务的意见，"这里也需要个人的自愿精神，帮助公共性讨论摆脱意见争辩经常会出现的冷场，承担一些民间服务，做一些物质准备工作，安排一些群众亲自到场的集会等"②。这就是为了说明，若想确立真正的社会民主，关键不在于国家政府的立法与选举（当然，这些国家职能也不可替代），而在于公民的道德行为与社会实践。以上三点主要是从民主公共领域的角度去说明如何建立健康的民主制度。第四，从民主宪政国家的角度看，就要求它能够接受公共领域所反映的社会共识，并适时地修改既有的社会制度与规范，以保证社会共识的有效性。第五，需要着眼于整体性的社会行动领域去设想民主的政治文化，换句话说，要推行一种"民主的伦理生活（democratic ethical life）"。"霍耐特的这个说法意味着生活的一种总体的形式，在其中，社会自由的主要领域——个体关系的不同形式，消费和劳动市场领域以及公共的和国家的民主领域——互相支持与结合。"③这意味着，单纯依靠政治领域无法构建民主的社会文化，因为，它需要不同社会行动领域的相互协作与补充。社会成员通过友谊、家庭、消费市场、劳动市场等社会领域所获得的自身满足同时"培育和促进了积极的民主公民所需的主要美德和特征"。"自由的市场参与者，具有民主自我意识的公民和从传统家庭关系中解放出来的家庭成员——他们都与社会的理想化机制相联系——相互影响彼此，因为，其中的任何一种特性（property）需要通过其他二者才能得到实现。"④

除了对实现民主社会的条件进行论述，霍耐特也对当下的政治实践中暴露出的问题进行了诊断。总的来说，霍耐特对当下社会的民主实现状况抱消极的

---

①Zurn Christopher：*Axel Honneth.A Critical Theory of the Social*，Cambridge，Polity Press，2015，p.187.

②［德］阿克塞尔·霍耐特：《自由的权利》，王旭译，北京：社会科学文献出版社，2013年，第482页。

③Zurn Christopher：*Axel Honneth.A Critical Theory of the Social*，Cambridge，Polity Press，2015，p.188.

④［德］阿克塞尔·霍耐特：《自由的权利》，王旭译，北京：社会科学文献出版社，2013年，第547页。

态度。在理想状况中，民主政治需要以公共领域为支撑，通过公共领域所获得的社会共识能够决定宪政国家的立法与决策，当下的社会现状与其相距甚远，甚至可以说，现实与理想之间有着本质性的断裂。

造成这一现状有多重原因。第一点与信息媒体相关。在公共领域中，信息媒体承担了向社会成员传播信息的任务，只有对所发生社会事件的来龙去脉有了清晰认识，才能有助于公民得出合理的共识以应对该问题。之前已经提到，信息媒体在当下的发展过程中包含自相矛盾的状况。一方面，互联网成为主要的信息传播媒介。与传统媒体相比，互联网大大降低了社会成员接受信息的成本与速度。互联网甚至改变了人与人之间的交往形式，人们更乐于通过网络论坛去讨论公共事务。但是，互联网的兴起又带来了一系列的问题，例如，由于缺少监管，网络论坛中充满着各种垃圾信息。另一方面，尽管包括报纸、电视等在内的传统媒体依然能发挥传播的作用，但由于资本的侵袭，这些传统媒体都具有商业化的倾向，这表现为，以尽可能多地吸引公众的眼球为己任，记者更关注对私生活的爆料，而不是对社会公共事件进行评论与报道。

第二点与促成公民团结关系的动力有关。霍耐特一直强调，在民主的关系中，"公民需要相互信任与团结，他们必须关心所有相关者的利益"[1]。在过往，民族国家扮演了促成公民间团结关系的角色。与传统民族国家只包含单一民族与文化不同，当下的民族国家面对的是多元文化的融合与冲突。在这一背景下，传统的民族国家就成了阻碍公民团结的障碍。在民族国家中，政治权利来自身份与文化的认同，这使得外来文化群体很难在其中获得平等的政治权利，因此，他们也就无法参与到社会互动中。霍耐特认为，克服这个问题的关键在于公民有组织的反抗。在历史上，法国大革命、宪法斗争、工人为改变艰苦劳动环境所进行的斗争都为当下的争取政治权利的斗争树立了良好的榜样。"关于这些记忆的集体认同既可以成为当下泛欧洲积极分子的动机又可以使他们与他者相

---

[1]Zurn Christopher: *Axel Honneth.A Critical Theory of the Social*, Cambridge, Polity Press, 2015, p.189.

互团结。"①

第三点与宪政国家的发展状况有关。在当下，宪政国家的结构越来越为自由社团主义（liberal corporatism）所决定，这表现为，经济团体开始掌控国家的决策权。"政治决定方式，常常越过议会的立法或只是在议会的表面上走走形式而已，在一个接近政府的、但无法实施民主监督的准备阶段，依靠与大经济财团间的心照不宣的合谋直接就作出了所需要的决定。"②霍耐特将其称为"政治决断的美国模式"。国家的任何决断都需要经过民主的论辩，换句话说，它需要议会与公共领域的相互合作。当公共性被排除出政治决断的领域之后，起初代表各方利益的政治党派就演变为谋求权力最大化的官僚团体。这也解释了，为什么与过去一百年相比，社会成员对政治事件的关注度日益减低。"因为民主自我立法的社会自由并没有延伸到它应当进入的法制国家的组织中去这样一种清醒的认识，使人们远离政治舞台。"③

第三节　黑格尔对《自由的法权》的影响

尽管《自由的法权》并不是一本讨论黑格尔哲学的论著，但是，它与黑格尔哲学有着非常重要的联系。霍耐特将黑格尔的《法哲学原理》视为研究的榜样④。哈贝马斯更是认为，"霍耐特为了对从黑格尔到马克思的思想发展纲领作新的调整，把历史的脚步从马克思退回到黑格尔"⑤。无论是霍耐特的自述还是他人的评价，只要我们还没有深入到文本本身，黑格尔对《自由的法权》的影响依然不能为我们所真知。或者可以这样去思考，如果《自由的法权》深受

---

①Zurn Christopher: *Axel Honneth.A Critical Theory of the Social*, Cambridge, Polity Press, 2015, p.189.

②［德］阿克塞尔·霍耐特：《自由的权利》，王旭译，北京：社会科学文献出版社，2013年，第538页。

③［德］阿克塞尔·霍耐特：《自由的权利》，王旭译，北京：社会科学文献出版社，2013年，第540页。

④［德］阿克塞尔·霍耐特：《自由的权利》，王旭译，北京，社会科学文献出版社，2013年，第4页。

⑤［德］阿克塞尔·霍耐特：《自由的权利》，王旭译，北京，社会科学文献出版社，2013年，封底。

黑格尔法哲学的影响，那么，后者的特点肯定前者所反映。我们首先需要归纳霍耐特作品中所包含的特点，包括方法上的创新、对自由概念的认识以及历史发展方向等问题，以此为基础才能确定黑格尔究竟如何影响这本书。

一、社会分析的方法

霍耐特提出，正义论必须立足于社会分析。社会分析的根本目的在于，通过对各种社会交往机制的发展逻辑进行描述以确定正义社会所应具有的规范性原则。这种方法有一个前提，即认为，现今出现的一切社会机制与规范中都包含合理的、规范的环节。通过社会分析就能揭示出，社会规范的发展与落实总是与人们的"为承认而斗争"相联系。不同的社会交往领域都有自身独特的行为规范。霍耐特的工作告诉我们，任何一种规范的合法性都来自其是否能够克服当下的社会问题，不同领域的发展都坚持一种"解决问题的逻辑（problem-solving logic）"。具体地说，衡量社会规范进步与否的标准在于，它能否保证每个个体的自由权利，能否给予每个个体以平等的政治权利，使其在公共领域中自由表达自身的诉求。通过社会分析，霍耐特就揭示出，"在规范理论的核心处，对道德理念的分析与辩护必须与具体的社会历史相结合"[1]。当下的道德哲学与政治哲学普遍采用这样的研究方式，即首先确定一个道德或者制度理想，再通过这种理想状态去反思与批判不理想的现实（less-than-ideal reality）。依据这一观点，从始至终，理想与现实都是相互对立的。道德行为与制度正义总是外在于具体的社会历史。依据社会分析，霍耐特向我们展示了另一种思路，"理想——尤其表现为推动社会运动与斗争的理想——内在地产生于社会历史中，它将社会现实的整个领域都视为与正义相关，而不是将它的视

---

[1]Zurn Christopher: *Axel Honneth.A Critical Theory of the Social*, Cambridge, Polity Press, 2015, p.189.

野限定于法律与国家"[1]。从这个角度看，社会分析的方法是实证主义的，它并不是立足预设的理念去反观当下社会的问题，而是依据每一个具体的社会事实去揭示其中所包含的规范性原则。但是，霍耐特的观点与最极端的实证主义又有着本质的区别，他并没有阻止对当下社会现状的批判，换句话说，在社会分析的方法中始终存在着理想主义的维度。

无论是《为承认而斗争》还是《不确定性的痛苦》，霍耐特都坚持了否定主义的方法。这种方法的特点在于，从否定的方面去理解理想的社会目标。例如，通过否定他人对自我的蔑视从而使主体获得承认，通过对不正义的社会秩序的否定才能揭示何为正义的社会关系与制度。在《自由的法权》中同样存在这样的线索。霍耐特从没有直接树立某种价值理想，相反，他总是通过对已有社会问题的否定来揭示，社会的发展究竟是在追求一种什么样的目的。社会分析的目的就是对已有的社会关系进行描述，着重关注社会发展的缺陷以及大众对该问题的反应，以此为基础去反思，理想的社会秩序是什么，怎么样才能满足个体自我实现的目的。由此可见，社会分析本身也是否定主义式的，它们都是立足于具体的、现成的社会发展现状，针对其中所存在的问题提炼出具有理想性的规范要求。

霍耐特强调，社会分析的方法来自黑格尔法哲学的启发。康德道德哲学将理念与现实相隔断，进而从理想型的角度对具体现实展开批判。无论是罗尔斯的分配正义还是哈贝马斯的交往正义，都受到这一观点的影响。社会分析的方法针对的就是康德哲学的传统。黑格尔反对理想与现实的绝对分别，这种区分一方面会将有限的存在提高到与理念相同的高度；另一方面会掏空理念，使其仅是一个空洞的形式，而不具有任何的内容。针对这一问题，黑格尔的做法是将道德与伦理相区分。在道德中，主体内在的良心与具体客观世界的原则之间相互对立，并且，道德人格无法克服这一状况。伦理的一大特点在于，将不同的社会制度化领域都视为自由得以实现的条件，不同的领域给予个体以不同的

---

[1]Zurn Christopher：*Axel Honneth.A Critical Theory of the Social*，Cambridge，Polity Press，2015，p.189.

行为责任与义务，通过履行相应的义务，个体就获得了自身的满足。一言以蔽之，个体的自由在现实的伦理秩序中得到实现。在黑格尔那里，社会分析的工作被精神的自身展示与自我认知所取代，但实质上，它们都是对具体社会中所包含的交往关系以及规范秩序的研究。黑格尔强调，法哲学仅仅是对法权的概念与理想进行研究，必须通过世界历史的中介才能将自由的法权精神实现在现实的世界中。在世界历史哲学中，黑格尔将不同文明视为实现自由精神的不同环节。各环节之间不是相互孤立的，而是有着内在否定的关系，也就是说，在先的环节中已经包含有理念的萌芽，对有限秩序的否定就是理念的自我生长。霍耐特的观点与其非常相似，通过社会分析，他向我们展示了欧洲近代社会以来，各个社会行动领域的规范诉求和实现情况。每个社会领域都是否定式的发展。例如，在早期的经济市场中，劳动者的工作条件极为艰苦，工资待遇也仅够维持最基本的自然再生产，经过底层工人的反抗与斗争，在当下社会中，劳动者的生产和生活条件有了本质性的飞跃，他们甚至能够购买企业的股份，参与企业发展决策。同样的情况也出现在公共政治领域。在近代早期，只有男性有产者才能参与到公共领域中，无产者和妇女根本无法表达自己的诉求。在当代，尽管仍有各种不足，但每个人的政治权利都已经得到普遍的认同。无论如何，社会分析和否定主义都只是一种研究方法，使用它的目的是揭示社会发展的内在逻辑。无论是黑格尔还是霍耐特都将自由视为社会历史发展的核心目的。

二、自由与历史的目的

《自由的法权》与自由概念有着紧密的关系。在这本书中，霍耐特将自由视为近代以来最重要的规范概念。霍耐特认为，包括平等、尊严、正义等在内的价值概念都以自由为前提和基础，换句话说，没有自由就没有正义的社会秩序以及有尊严的社会公民。在《法哲学原理》中，黑格尔表露出同样的观点，法哲学中所讨论的法权其实就是自由的法权。法哲学所包含的每一个环节都是由自由所规定，环节之间的每一次过渡都以自由为根据。与黑格尔相同，霍耐特并不是典型的自由主义者。他们都明确批判抽象的自由权利，拒绝将自由等同于个体的任性。霍耐特认为，在个体的自由权利之外还有政治权利，后者更重视公共利益与普遍性的需求。个体自由的权利必须经过政治权利的中介才能得到真正的实现，换句话说，只有当个体的偏好与需求能够符合普遍化的利益与要求时，它才能得到理性的承认，否则，个体自由只能导致社会病态。黑格尔主要与自然法权学说中的自由观念做斗争。在当时，自然法权要么被将人的自然天性视为不可侵犯的权利（霍布斯），要么将人的先验理性视为自由的根据（康德、费希特）。黑格尔否定以上两种观点，他尝试将古典城邦伦理与近代的个体自由原则相统一。这导致的结果是，个体的权利只有在客观的伦理秩序中才能得到实现。自由不是一个只能被无限逼近的理性预设，相反，霍耐特与黑格尔都将历史进程视为对自由的实现。历史的发展并非是无序的，它以实现所有人的自由为自身的目的。

无论是霍耐特还是黑格尔，思想中都包含历史目的论的因素。黑格尔的历史目的论非常著名。历史的历程就是绝对精神认识自身、实现自身的过程。绝对精神在日耳曼民族达到了对自身的充分认知。由于这一观点将历史过程完全封闭，因而被指责为是一种"历史决定论"。又由于它将欧洲视为精神发展的终点，因而被视为一种"欧洲中心论"。巧合的是，霍耐特的观点同样也受到这两个方面的质疑。这主要包括两个方面：第一，对其乐观主义态度的质疑。在霍耐特看来，社会历史的发展是以道德逻辑为指向，也就是说，它总是向着更理性、更自由的方向发展。鉴于当下的现实，这种乐观的态度是否合理？第二，这一观点是否具有足够的开放性？理性、民主、自由，这些价值理想本质上还是欧洲的，是否可以将其视为历史的终极目的？

很难将霍耐特定义为乐观主义者。朱恩认为，霍耐特研究的主要目的不是对西方社会发展史作出整体性的评价，并宣称历史的发展总是进步的，相反，他"只企图从广阔的历史领域中提取出那些与理念、实践和机制相关的资料，这些资料可以促进和支持社会自由领域的发展"①。霍耐特的目的是对社会机制

---

①Zurn Christopher: *Axel Honneth.A Critical Theory of the Social*, Cambridge, Polity Press, 2015, p.183.

进行规范性重构，重构所依赖的原则来自对已有社会事实的分析。无论是个人关系、经济市场还是公共政治，他总是通过对已有事实的分析去展示各个领域中所包含的规范性诉求，进而将其视为构建社会正义论的基础。霍耐特从没有承认历史就是一部进步史。在对社会各领域的分析中，他讨论了大量的反面事例，例如，在经济领域中，当下的新自由主义浪潮使得个体必须独自承担一切社会压力，社会成员个体化的趋势使得他们越来越没有能力向企业与政府表达合理的诉求，这产生了一系列负面的社会效应。在政治领域中，国家政治决策与大型经济团体之间相互连接，从而将公民在公共领域中所反映的社会共识排除出国家立法与政治决策。面对这一现状，霍耐特其实对当下的各个社会领域，尤其是政治领域持有悲观的态度。但是，也不能说《自由的法权》完全没有乐观主义的因素，若如此，这项研究将完全失去意义。这表现为它"不是一个对当下的极端批判，从而呼吁推翻当下的基础性实践与机制，而是认可当下的基本价值，并要求我们的机制与实践更好地符合它们的基本理念"①。由此可见，与激进的社会批判论者不同，霍耐特的观点更趋于保守。这表现为，他并不计划从根基处彻底否定眼下的社会秩序，而是肯定当下的社会基本理念，我们所要做的只是对具体的社会机制进行重构，以满足基本理念的要求。总的来说，霍耐特与黑格尔相似，都对历史进步抱有乐观的态度。

　　"欧洲中心论"的质疑也有必要详细论述。《自由的法权》主要以近代以来的欧洲社会发展史为主要研究背景，换句话说，它的立论依据是现代西方国家。这是不是意味着，只有欧洲和北美所奉行的自由理念才具有历史价值与合法性，换句话说，是不是只有西方的价值观才能被视为历史的终极目的。长期以来，学界对黑格尔的一大指责就是他的欧洲中心论。在黑格尔思辨哲学的语境中，欧洲中心论源自历史决定论。历史的过程为自由精神所规定，近代以来的欧洲才真正实现了自由精神的要求，因此，欧洲成为历史发展的终点以及顶点。霍耐特反对任何一种形而上学式的理论预设，也就是说，他并没有预先设定某

---

①Zurn Christopher：*Axel Honneth.A Critical Theory of the Social*，Cambridge，Polity Press，2015，p.194

种历史发展的方向, 而是认为, 社会实践与机制中包含有一种"学习的功能"。历史的发展过程就是学习与开拓更完满的社会规范与秩序。

霍耐特的观点中也包含历史决定论的痕迹, 但是, 决定论在这里更表现为一种开放的、形式化的态度, 即有限的社会机制与规范必将被否定。尽管如此, 霍耐特思想中仍然包含欧洲中心论的因素。针对这个问题, 可以对霍耐特进行辩护: "他可以声称, 这只是对我们自己(现代欧洲)社会进程的内部重建, 进步与退步的衡量标准只与当前的社会状态有关, 而无意卷入跨文化的比较。"① 在这个限定范围之内, 霍耐特就可以将自由视为整个社会的核心诉求, 并以此为基础去理解社会发展的过程。正如朱恩所言, "社会自由仅构成我们(现代欧洲)的历史"②。依据这一观点, 《自由的法权》包含一个"习俗主义(conventionalism)"的前提, 也就是说, 它的有效性与合理性被限定在欧洲文化的传统中。所谓习俗, 就是某个民族无根据地将其历史的成果视为有价值的。习俗的无根据性表现为, 人们不会对它的由来进行质疑, 而是将它作为现成的观念接受下来。自由就是近代以来欧洲文化的产物, 对自由权利的追求就被欧洲人视为习俗。在这个意义上, 不能将霍耐特的思想定义为欧洲中心主义, 毕竟, 他只立足欧洲文明, 并只讨论欧洲自身的问题。尽管作出这样的辩护, 但不得不承认, 霍耐特希望社会自由的构想能够包含更多的"客观性", 也就是说, 能为其他文明的进步贡献力量。在中译本序言中, 霍耐特就坦言: "我希望这本书在中国有着与在我的家乡德国一样的效用——为一种学习程序作出我的贡献, 在这种程序中, 我们都能够以一种公开的话语对那些我们当代现代化进程中还没有实现的机制性自由许诺进行沟通"③。从这个角度看, 霍耐特与黑格尔之间就有着更亲密的联系, 即他们都将自由视为人的本性。在这个基础上, 社会自由就成为一种跨文化的、可以被普遍认同的价值诉求。

---

① Zurn Christopher: *Axel Honneth.A Critical Theory of the Social*, Cambridge, Polity Press, 2015, p.193.

② Zurn Christopher: *Axel Honneth.A Critical Theory of the Social*, Cambridge, Polity Press, 2015, p.193.

③ [德] 阿克塞尔·霍耐特: 《自由的权利》, 王旭译, 北京: 社会科学文献出版社, 2013年, 第3页。

第五章
"再实现化"的当代效应

霍耐特研究黑格尔实践哲学的目的不是为了逐字逐句解释黑格尔的观点，而是对其进行当下的"再实现化"。这一方面表现为，用全新的概念与话语去展示黑格尔实践哲学的观点与目的，从而对当下实践哲学的焦点问题给出独特的回答；另一方面，"再实现化"能够帮助我们理解并克服当下实践哲学中所遇到的问题。在这里，首先将"再实现化"的成果运用于政治哲学的领域中，立足于承认和社会病态理论去反思主流社群主义与自由主义的局限；其次，借助于社会自由的思想对社会主义的理念给出说明。

第一节　承认理论与当代政治哲学

无论是在早期黑格尔还是在霍耐特那里，承认都是统一主观自由与社会交往机制的基本原则。个体的自我实现与社会正义制度的落实离不开个体与社会机制之间的相互中介与承认。在当代政治哲学的语境中，承认伦理既不能被还原为社群主义，也不能被等同于自由主义，它与二者都有相似之处，但也有着本质区别。

在之前的论述中已经阐明，黑格尔对道德与伦理作出明确划分。伦理是主观道德与特定生活习性与方式的统一。在当代，伦理实体所包含的作用与意义遭到了贬低，人们更愿意接受康德的观点，将道德限定在主观自由的领域中。承认理论并不反对康德的观点，相反，它也将意志的自律视为自由的基本原则，它是个体自我实现的必要条件。"道德被理解为普遍尊重的立场，成为诸种保护措施之一，致力于实现好的生活——一般的目的。"[①] 对康德观点的质疑主要在于，从道德理念中并不能分析出对善与自由的具体规定。为了克服这一问题，黑格尔将康德的道德自由与古典伦理思想相统一。在伦理实体的各环节中，主观自由获得了具体规定。以罗尔斯为代表的当代自由主义坚持康德哲学的原则，强调平等的个体自由权利，并将其视为建构社会正义的基础性原则。与自由主义相对的是社群主义，它们声称自己的观点受到亚里士多德和黑格尔的影响，认为自由主义所坚持的正义原则来自理性的抽象反思，它无法顾忌现实生活中文化的多样性。"承认理论正好居于康德传统的道德理论和社群主义伦理学的中间，与前者一致的地方在于关注最普遍的规范，而这个规范被认为是特殊可能性的条件；与后者一致的地方则是那种一人的自我实现为目的的取向。"[②] 以这一观点为基础，就可以对承认理论与自由主义和社群主义之间的差异作一番辨析。这一工作将围绕两个主题：第一，规范原则的社会起源问题；第二，规范原则对社会现实的适用性问题。[③]

一、承认与社群主义

这一部分重点讨论承认理论对社群主义观点的批判与反思，主要从两个方

---

① [德] 阿克塞尔·霍耐特：《为承认而斗争》，胡继华译，上海：上海人民出版社，2005 年，第 179 页。

② [德] 阿克塞尔·霍耐特：《为承认而斗争》，胡继华译，上海：上海人民出版社，2005 年，第 179 页。

③ 霍耐特总是依据社会生活与政治之间的张力关系中去审视自由主义和社群主义所包含的问题。这种观点在马克思那里已经存在了。在马克思的早期作品中，不仅对观念论哲学进行了批判，也对规范性的政治理论进行了深刻的反思。在对黑格尔法哲学的批判中，马克思认为，黑格尔法哲学的关键问题在于错误地理解了社会与国家之间的关系。不是国家决定社会，而是社会生活决定国家政治。国家作为一个理想性的存在，并没有认识到自己的社会根基。

面展开论述。第一,从社会规范与个体自由的角度展示社群主义的基本观点;第二,论述承认理论对社群主义观点的批判性反思。在霍耐特看来,社群主义最主要的问题是无法消除理论中的相对主义倾向,也就是说,社群主义无法有效协调多元文化与一元价值之间的关系。承认理论的目的是完成普遍规范与多元价值的统一,即确立起一元道德的多元价值构想。

鉴于社群主义与自由主义之间的密切关系,这里尝试从社群主义对自由主义观点的批评出发去论述社群主义的基本观点。自由主义的传统源远流长。在当下,自由主义以个体间平等的自由权利为核心要素,具体地说,它以保障每个社会成员都能平等实现主观意志的自决为最高目标。社群主义者认为,自由主义的理论包含了一个非常重要的问题,它没有讨论个体自由与社会伦理结构之间的问题。这并不是说,自由主义者在本体论上否定主体之间的相互依赖性。作为自由主义观点的代表,罗尔斯曾经对桑德尔的质疑作出回复。它并不反对将"人格身份形成的主体间过程"视为个体自律得以实现的必要条件,罗尔斯意在强调,较之于主体间的交往活动,个体自律作为社会规范的根基是在先的。在社群主义者看来,自由主义的问题主要出在方法上,它无法使政治理想具体落实在社会生活中。与此相对,社群主义认为,主体对自身的实现必须依赖于共同体生活。这个共同体包含得到普遍认同的价值规范,它规定了个体的自我认知与实现。共同体提供了一系列的社会交往与价值前提,主体若想实现自身就必须依赖于这些社会与历史的背景。与社群主义不同,自由主义并没有对这些社会性的背景与前提进行讨论,它希望能对任何一种伦理价值保持中立。

霍耐特的观点与社群主义之间有着明显的联系。比如,他们都同意将道德视为社会整合的核心原则,认为社会规范必须能为所有社会成员所认同。"对基本价值视野的分享是社会生活的前提,由于个体在社会生活的框架中发展他的自主性,它也是自由个体生活的条件。"[1]总的来说,霍耐特和社群主义者都关注这样一个问题:好生活是如何得到实现的。他们都强调共同体价值与个体

---

[1]Deranty Jean-Philippe: *Beyond Communication.A Critical Study of Axel Honneth's Social Philosophy*, Boston, BRILL, 2009, p.383.

自我实现之间的直接关系。尽管如此，不能将霍耐特视为一个标准的社群主义者。首先，社群主义只是一种批判理论，它主要是对自由主义观点的批判性反思，在理论建构方面有不足。霍耐特的目的不仅是反思或者批判自由主义的观点，更是借此去论述自己的承认伦理与社会自由的思想。其次，社群主义坚持普遍规范与多元价值间的对立，而霍耐特并不赞成这一观点。

霍耐特与社群主义者有着基本相同的本体论前提。这表现为，任何一个个体首先都是作为社会成员而存在，他们为了实现自身就必须遵从于社会中所包含的特定价值与规范。在社群主义者看来，这些社会规范与价值具有超主体性（meta-subjective）的特征。这包含两个方面的含义：第一，只有当个体接受社会价值与规范的约束之后，他才被视为社会成员；第二，社会成员的任何判断与行为都依赖于共同体规范与价值，它们是确定评价个体行为的主要依据。社群主义从多元论的角度去理解社会规范，在它看来，不同的文化与民族组织都有其独特的规范话语与视野。尽管社会规范总是伴随着历史的发展而发展，但它并没有跳出具体文化语境的限制，也就是说，无论在何时，对某种社会价值与规范的理解总是需要依据一个具体的话语体系。霍耐特认同社群主义者的观点，即个体的自我发展必须依赖于特定的文化传统，以此为前提，个体通过与他者的交往完成自身的社会化。二者的观点又有着根本性的不同。社群主义关注个体的社会嵌入问题，相比之下，霍耐特更在意社会关系中个体的脆弱性（易受伤害性）。[1]总的来说，“在个体与共同体的辩证关系中，社群主义强调共同体，霍耐特强调个体”[2]。以此为基础，就能对霍耐特和社群主义关注的焦点作出区分。社群主义的首要目的是明确共同体中所具有的基本善，并以此去规定个体的行为实践。在霍耐特看来，个体的自我实现才是首要的。鉴于个体的脆弱性，就需要不停地对社会价值与规范进行改进，以促使每个社会成员都能平等地实

---

[1] 在对霍耐特承认思想的考察中已经说明，承认不是直接的认同，而是争取承认的斗争，是个体对蔑视体验的反抗。为承认而斗争的过程同时也是整个社会走向规范性整合的过程。

[2] Deranty Jean-Philippe: *Beyond Communication.A Critical Study of Axel Honneth's Social Philosophy*, Boston, BRILL, 2009, p.396.

现自身。这一区别是本质性的，它决定了之后的一系列差异。

由于社群主义坚持文化的多样性，它就无法给出一条普遍性的社会规范。面对社群主义的问题，哈贝马斯提供了一种程序主义的解决方案，他认为"正义就是平等参与到规范性商谈中"①。这条形式化的原则并没有对普遍性的规范给出具体的规定，而只是提供使得普遍规范得以可能的条件。霍耐特认同哈贝马斯的观点，认为在价值多元化背景下，这种形式化的构想是确立规范性原则的唯一可能。霍耐特承认理论的目的也是实现一种"伦理生活的形式化构想"，与哈贝马斯不同的是，他强调用为承认的斗争来代替理性的商谈。霍耐特认为，社群主义的主要问题是对共同体概念的错误理解，或者说，社群主义者只看到共同体价值对个体自我实现所起到的积极作用，而没有注意共同体本身所包含的矛盾，与之相对，"承认理论意在保持冲突的不可约性和斗争在社会理论中的重要地位"②。霍耐特是在社会发展的道德逻辑中去理解斗争的问题，也就是说，斗争的目的是推动社会的规范化进程。在社群主义看来，共同体所包含的基本规范与价值是个体自我实现得以可能的条件，规范与个体之间并不存在矛盾与对立。霍耐特并不认同这一观点，他认为，个体的自我实现与社会规范之间存在着张力，可以将这种关系理解为社会病态。在病态关系中，社会的已有价值与规范并不能平等有效地促进所有社会成员的自我实现，相反，它们只起到阻碍的作用。既有的社会规范与个体的诉求之间的矛盾恰恰能推动整个社会的道德进步。通过为承认而斗争可以有效改进社会已有的规范与价值框架，调解社会整体与成员之间的关系。社群主义认为，个体得以实现的社会前提是一系列公共价值与规范，而霍耐特认为，个体实现得以可能的基础在于"未得到满足的社会需求"。德朗蒂认为，霍耐特的观点意图提醒我们，不能将政治领域与社会领域相互分离。根据霍耐特的观点，国家政治中最核心的部分是公共领域。在其中，公民能够对一切公共事务展开讨论，社会的价值与规范也来源

---

①Hauke Brunkhorst: *Habermas-Handbuch*，J.B.METZLER，2015，S.72.

②Deranty Jean-Philippe: *Beyond Communication.A Critical Study of Axel Honneth's Social Philosophy*，Boston，BRILL，2009，p.389.

于此。公共领域反映的是社会的各种需求，这一点在社群主义那里并没有得到反映，毋宁说，在社群主义者那里，政治领域与社会领域是脱钩的，社会的需求无法在政治领域中得到表达，这使政治领域被形式化的政治理想所统治。

从规范起源的角度看，社群主义的问题在于，它只是坚持现有的共同体价值和理想，而不能对社会中各种急需满足的要求给出回应。与之相对，霍耐特的承认思想强调规范的社会起源，认为社会领域中的为承认而斗争是共同体规范与价值得以确立的前提与条件。在这里，否定主义的方法起到了关键性的作用。

根本上说，霍耐特与哈贝马斯一样，面对价值多元化的现状，他们都力图构建形式化的规范原则。在承认理论看来，正义就是对非正义的克服。"正义社会的原则是那些规范性的准则，即扩展、更正、补充、转变现有的正义原则。"[①]尽管霍耐特也对社会各种行动领域的规范性需求给出了具体的规定，但是，"它们不反映具体的历史政治传统，也不是重建所有理性的现代社会主体必须同意的必要的社会原则，它们确定了规范性的方面，当主体遭受到非正义的待遇并参与到社会斗争以反抗不正义时，它们依赖于这些规范内容，因此，这些原则与非正义的否定性经验和克服非正义的企图之间紧密相连"[②]。较之于社群主义，承认理论的优势在于，它能够将规范原则与社会现实紧密联系。尽管社群主义也声称，共同体的规范与价值具有现实意义，是个体实现自身的必要条件，但它强调的重点依然是现有规范与价值的优先性，社会中的具体需求并不能得到及时的满足。换句话说，社群主义是依靠解释学的方法去理解社会规范的问题，这使其无法超越文化背景的限制。霍耐特的承认理论既坚持了社群主义的本体论前提，又能凭借否定主义的方法给出形式化的普遍法则。

霍耐特对社群主义观点的研究与批判也反映出黑格尔对其思想的影响。严格地说，社群主义也受惠于黑格尔，这表现为，他们非常重视伦理规范与价值

---

①Deranty Jean-Philippe: *Beyond Communication.A Critical Study of Axel Honneth's Social Philosophy*, Boston，BRILL，2009，p.393.

②Deranty Jean-Philippe: *Beyond Communication.A Critical Study of Axel Honneth's Social Philosophy*, Boston，BRILL，2009，p.393.

的地位与作用。相比之下，霍耐特的思想与黑格尔左派的观点更为亲近，他们都将个体的自我实现视为最高的要求。这里可以帮助我们更好地理解霍耐特与黑格尔关于承认思想的差异。黑格尔的承认理论包含两个方面的内容：一方面是主体之间的承认关系，另一方面是主体与共同体的承认关系。霍耐特意图将后者还原为主体间的关系，也就是说，他所理解的承认理论以个体的自由实现为第一要义。这一观点有助于承认理论超越特定文化背景的限制。否定主义的方法也受到黑格尔的影响。与社群主义不同，霍耐特认为，规范原则与社会现实之间是辩证的关系。首先，它们都是不完满的，社会规范无法保障每个人的自由权利，而社会现实中的很多问题在开端处并没有被发现；其次，在社会发展的过程中，这种有限的状态将被一步一步地否定。人们在现实的交往活动中体验到的不公正待遇能够促进他们对现有的社会规范与秩序进行反抗，这有助于社会结构向更正义的方向发展。除此之外，黑格尔、霍耐特与社群主义最大的不同在于，前二者都坚持道德的一元论，反对文化相对主义。这并不是说他们无视文化的差异，他们只是认为，规范性的价值必须以个体的自由权利为第一要义。任何一种文化，若与这一原则相悖，就必将被否定或遭到反抗。

二、承认与自由主义

与之前类似，对承认思想与自由主义之间关系的讨论也围绕社会规范的问题展开。"规范原则与社会现实之间的关系构成了霍耐特和正义的自由理论之间的核心差别。"[1] 与当代自由主义相比，霍耐特的承认思想更重视对社会病态的诊断与治疗，因而更具有批判性。

霍耐特的承认思想和以罗尔斯为代表的当代政治自由主义之间有着密切的关联。他们的目的都是为当代的民主社会模式提供规范性理由。无论是霍耐特的承认思想还是罗尔斯的政治自由主义都将普遍性的平等视为现代社会的基础

---

[1]Deranty Jean-Philippe: *Beyond Communication.A Critical Study of Axel Honneth's Social Philosophy*, Boston, BRILL, 2009, p.394.

性规范，这意味着，每个社会成员的尊严感都能够获得平等的满足。罗尔斯的正义论尤其重视个体的尊严，满足它的最重要条件是保证社会基本善的公正分配。霍耐特也有着相同的意图，将一切现实的社会交往机制都视为促成个体自我实现的条件。尽管在本体论的意义上，无论是承认理论还是政治自由主义都将个体的自由权利与正义的社会秩序相互联系，但是，它们在方法论上有着本质性的区别。以罗尔斯为代表的当代自由主义者认为，正义原则来自对当代西方社会主流价值的反思性重构。罗尔斯在《正义论》中采用了"反思平衡"的方法。这种方法立足当下的社会生活与文化语境，通过反思既有价值观念去确定基本的社会规范。"正义的政治观念只是以纯粹的方式表达已经运作的'坚定信念'。"① 这也就是说，罗尔斯在《正义论》中所提出的两个原则本身已然存在于当下的社会中，只要通过理性的反思就能够对其进行把握。与之相反，承认理论通过否定主义的方法去确定当代社会所追寻的规范性理想。这意味着，它并不是从当下的文化传统与价值氛围中析出普遍性的社会价值与规范，而是通过对当前社会的病态与非正义现象的否定去展示规范性的原则与诉求。

如何实现个体自由权利与多元价值的整合，这是自由主义所要解决的关键问题。近代自由主义的代表人物洛克已经尝试提出宽容的原则去调和二者之间的关系。罗尔斯在其《政治自由主义》中也试图对这一问题给出回答。他认为，通过促成个体与社会的理性化发展才能克服这一问题。理性化意味着自由与理性的实现程度被视为衡量社会发展状况的规范性原则。这里暴露出自由主义的一个关键性问题，它只是关注社会发展中规范性的一面，而没有注意到现实社会中存在的非正义情况，简言之，规范价值与社会现实之间存在着对立。针对这一现象，自由主义者可能会说，尽管社会中还存在着各种不正义的现象，比如贫富差距过大，种族、性别、文化歧视等问题，但这都不妨碍社会的理性化发展所取得的进步。这种观点建立在道德优越感的基础上，它会带来一系列的问题，例如，自由主义者可能会向其他文化组织强行灌输这种价值观，进而获

---

① [美]约翰·罗尔斯：《政治自由主义》，万俊人译，南京：译林出版社，2014年，第10页。

得文化价值的霸权。

从方法论的角度看。之前已经说明，罗尔斯所采用的反思的方法强调对当下社会已有的行为原则进行规范性重构。"这种方法建立在这样一种假设之上，即它所构造的原则已经隐含在其所描述的规范性现实中，因此，该原则并不能超越它的社会背景。"① 承认理论首先关注社会历史中所出现的非正义状况，以及对这种状况的反抗。对非正义的反抗必须有一个规范性的前提，它受到社会成员的普遍认可。由于它被视为社会反抗的原则与目标，因而被把握为社会正义的根基。从形式上看，承认理论通过否定主义的方法所肯定的社会规范原则也来自现存的社会秩序，但与自由主义不同，它不是通过理性反思从社会现实中析出规范原则，而是通过对现实中出现的社会斗争进行观察与总结，从而归纳出具有规范性的价值诉求与原则。依据自由主义者的观点，人们可以脱离具体的社会现实，而对于理想的社会秩序作详细的描述，与之相反，承认思想更倾向于对正义的终极景象保持一个开放性的态度，但是，这并不妨碍它对承认的最高目标进行规定。在霍耐特看来，规范原则与社会现实是相互统一的，现实中所出现的对立与斗争恰恰使我们认识到规范性的诉求究竟是什么。

以上从理论的角度分析了承认思想与自由主义之间的异同，接下来将从实践的角度讨论该问题，这里的核心概念是社会病态。霍耐特认为，社会病态并非毫无价值，它构成了社会正义论的前提。社会正义并不是纯粹的理性建构，而首先是指对社会病态的克服。这并不是说自由主义就缺少对社会病态的关注，罗尔斯关于社会正义的第二条原则明显针对当下社会中出现的不平等状况。差别原则要求社会资源的分配能够尽可能倾向于最不利者。这里的问题就在于，是否可以将社会病态归因于社会资源的分配不均？在霍耐特那里，社会病态的主要表征是个体的自由权利无法得到兑现，这包括主观与客观两个方面的原因：一方面，个体错误理解了自由权利的内涵，拒绝参加必要的社会交往活动；另一方面，社会机制并不能向所有社会成员平等开放。霍耐特反对将社会病态的

①Deranty Jean-Philippe: *Beyond Communication.A Critical Study of Axel Honneth's Social Philosophy*, Boston, BRILL, 2009, p.397.

原因还原为资源的分配不均，因为，它可能导致人们将自尊等同于经济收益。在霍耐特那里，社会病态不仅发生在市场经济的领域中，更出现在政治与文化的领域里。自由主义并非没有看到政治与文化领域中的问题，它以为，只要处理好经济领域中的问题，文化领域中的问题也就迎刃而解。在承认理论中，经济领域和政治与文化领域有着不同的规范诉求，后者更涉及自豪的问题。罗尔斯并没有对自尊与自豪进行明确的区分。"只要保障一个人的基本权利与自由，允许一个人从事确定的社会活动，自豪就自然而然地得到实现。"[①] 这意味着，他并没有注意到政治与文化领域中的病态现象，例如，身份的不认同、对信仰的压制、性别歧视等。这些都不能简单地用不公平的分配来理解。在为承认的社会斗争中已经指出，社会发展不只是由经济关系所推动，必须重视社会斗争与发展中所包含的道德逻辑。自由主义缺乏对这些问题的深入认识。在正义论中，罗尔斯回避了多元文化冲突的问题，而只考虑隐含在民主社会中的公共文化，更将社会整体视为"自由和平等人格相互合作的公平体系"。在这一前提下，政治与文化领域中的问题都被悬置了。在承认理论中，政治与文化领域的斗争是实现社会正义的关键性环节，换句话说，这一领域所出现的病态现象严重阻碍了团结型社会的建立。社会团结并不是一种原初的预设，而是积极反抗社会压制与蔑视所获得的结果。

依据霍耐特的思路，当代自由主义的主要问题在于无法统一价值性规范与社会现实。一方面，自由主义所坚持的规范性原则是对现有西方主流价值与文化的抽象；另一方面，这些规范性原则并不能对当代社会的各种病态现象给出有说服力的解释与回应。当然，霍耐特的观点并不是与自由主义背道而驰。首先，他们都重视个体的自由权利，这表现为对个体尊严的重视；其次，他们都认同正义的社会秩序与个体自由权利之间的一致性。

---

①Deranty Jean-Philippe: *Beyond Communication.A Critical Study of Axel Honneth's Social Philosophy*, Boston, BRILL, 2009, p.402

第二节 社会自由与社会主义

在 2011 年出版的《自由的权利》中,霍耐特在对当代学界流行的自由概念进行结构性展示与批判性重构基础之上,最终确立了社会自由的规范性内涵。在 2015 年底,霍耐特出版了新书《社会主义的理念》(*die Idee des Sozialismus*)。这本书包含两个部分的内容:第一,将社会自由确立为社会主义的核心理念;第二,在当下语境中复兴社会主义的理想。复兴不是复古,而是要使社会主义的传统理念适应当下的社会现状。在方法论上,霍耐特利用杜威实验主义的观点改造早期社会主义的历史决定论;在社会本体论上,他接受了黑格尔的观点,将社会视为具有不同功能的诸领域的集合,并用政治机制代替经济机制在早期社会主义理论中所扮演的决定性角色。霍耐特强调,公民在公共领域中的民主决策是推动社会主义复兴的关键。

一、社会自由与公共生活

在《自由的法权》中,霍耐特首次提出社会自由的概念。在《社会主义的理念》中,他深化了对社会自由的认识。依据社会自由的概念,"不是个体,而是博爱(团结)[①]的共同体被把握为实现自由的载体"[②]。与之前的个体主义自由原则不同,社会自由以整体论的个体主义(holistische Individualismus)为基础。因此,社会自由依然以个体自由为前提,而不是对传统自由理论根基的彻底颠覆。霍耐特试图以社会自由为基础,构建一种贯穿所有社会机制的民主

[①] 在此,霍耐特为了强调法国大革命中博爱的理想与早期社会主义之间的联系,更多运用博爱这一表述。其实,团结与博爱在霍耐特那里并没有本质区别,甚至经常被替换使用。参见 Honneth Axel: *Die Idee des Sozialismus*,Berlin,Suhrkamp Verlag,2015,S.30.

[②] Honneth Axel: *Die Idee des Sozialismus*,Berlin,Suhrkamp Verlag,2015,S.35.

的生活方式（demokratische Lebensform）。由于公共领域在这一构想中起到了核心性的作用，这种生活方式亦被视为一种"彻底的协商民主（radical deliberative democracy）" ① 。

霍耐特对"社会""自由"这两个概念都有独特的理解。在德语中，人们一般用 Gesellschaft 来指代"社会"，例如，黑格尔在《法哲学原理》中所讨论的"市民社会"就是 die buergerliche Gesellschaft。但是，Gesellschaft 又与"社会主义（Sozialismus）"以及霍耐特提出的"社会自由（die soziale Freiheit）"中的"社会"有着本质区别。学界早已注意到这个问题，并对其进行了严格区分。法国学者弗兰克·费施巴哈（Franck Fischbach）认为，当我们从 Gesellschaft 的意义上理解"社会"时，其实预先假定了社会领域与政治领域的区分。"有一种社会的自由，也有一种政治的自由，前者是市民的自由（die Freiheit des Bourgeois），后者是公民的自由（die Freiheit des Citoyen）"，Gesellschaft 只是对"社会"的狭义理解。② 费施巴哈将广义上的"社会"概念等同于黑格尔法哲学中的伦理（Sittlichkeit）。在《法哲学原理》中，无论是市民社会还是国家都被纳入到伦理一章内。"如果黑格尔的工作对现代社会哲学的整个历史具有奠基性的意义，那么根据我的观点，原因在于由其所拟就的伦理概念……社会和国家还有家庭都被思考为伦理领域的环节和子系统。对我来说，伦理与我们今天的社会有着同样的含义。"③ 黑格尔的伦理思想的核心不是对各个社会领域所具有的功能进行直观性的描述，而是依据古典城邦理论和近代的主观自由原则对其进行规范性的重构。在《自由的法权》中，霍耐特接受了这一思想。与强

① 霍耐特认为，政治机制由两个方面组成：第一，民主的公共领域（democratic public sphere）；第二，民主的宪政国家（democratic constitutional state）。所谓彻底的协商民主是指，公共领域在政治机制中占据核心的位置。"对于霍耐特的激进（radical）理论来说，民主的宪政国家不仅应当听命于民主的公共领域，更是由民主的公共领域所创立"（Zurn Christopher: *Axel Honneth.A Critical Theory of the Social*，Cambridge，Polity Press，2015，p.183.）。家庭和市场机制的理性化发展同样离不开公民在公共领域中对相关问题的讨论。宪政国家对相关问题的普遍性立法依赖于公民在公共领域中的共识。

②Fischbach Franck: *Hegel und der Sinn des Sozialen*，Frankfurt am Main，Vittrio Klostermann gmbh，2013，S.505.

③Fischbach Franck: *Hegel und der Sinn des Sozialen*，Frankfurt am Main，Vittrio Klostermann gmbh，2013，S.507.

调描述的社会学理论不同,霍耐特意图从社会批判的角度去构建一种社会哲学。"社会哲学是……社会病理学,它的首要任务是对阻碍社会成员过上良好生活(good life)的社会发展过程进行诊断。"[1]

在《自由的法权》中,霍耐特对"自由"概念的演变做了一番梳理。"自由"首先是否定自由,指个体在满足自身欲望的过程中能够免于任何外在力量的约束。不过,由于否定自由坚持个体间的绝对排他性,并且,人类所生活的客观世界中物质资源是有限的,在这种情况下,自由与平等就是一个矛盾体。为对抗否定自由的排他性,以卢梭和康德为代表的理性派学者提出反思自由的概念。这种观点认为"只有在对所有其他主体都承担起道德责任的意义上,我们才能够理解自身的反思自由"[2]。但是,霍耐特强调,反思自由"只是一种象征性的知识体系,而不是行动体系"[3]。反思自由无法认识到"一切社会机制不是外在于个体自由,而是它的构成性环节"[4]。

"社会自由意味着,参与到社会活动中的共同体成员相互之间能够给予对方很多关心,社会成员为了彼此的缘故相互帮助去实现各自有根据的需求。"[5]实现社会自由离不开两个重要条件:第一,社会成员相互间的承认。承认不仅表示同意将个体纳入到某种文化组织中,更意味着认同个体自身的特殊性。在社会自由中,一方面,承认表现为每个人都能在公共领域中自由表达自身独特的诉求;另一方面,承认使得个体间结成紧密的团结关系。第二,包括家庭、市场、国家在内的社会机制。社会自由并不是一个形式化的概念,每个社会领域都是实现社会自由的必要环节。例如,家庭成员相互之间通过爱的原则能够满足内在的自然需求,在劳动力市场中,优秀的产品生产者能获得他人的尊重,

---

[1]Zurn Christopher: *Axel Honneth.A Critical Theory of the Social*, Cambridge, Polity Press, 2015, p.93.

[2][德]阿克塞尔·霍耐特:《自由的权利》,王旭译,北京:社会科学文献出版社,2013年,第75页。

[3][德]阿克塞尔·霍耐特:《自由的权利》,王旭译,北京:社会科学文献出版社,2013年,第156页。

[4]Zurn Christopher: *Axel Honneth.A Critical Theory of the Social*, Cambridge, Polity Press, 2015, p.158.

[5]Honneth Axel: *Die Idee des Sozialismus*, Berlin, Suhrkamp Verlag, 2015, S.35.

在民主决策中，积极促进公共性的事业能让个体获得自豪感。

为了满足不同的规范性期待，社会自由首先要求每个社会成员都能够民主、平等、自由地参与到各种社会机制的交往活动中。"社会诸领域间的关系就像身体的器官，它们依据不同的规范，集中起来服务于对社会再生产具有决定性意义的目标。"① 这就需要实现一种民主的生活方式，它要求在任何一个社会领域中都反映出民主参与的普遍性结构。社会生活中的公共机制结构推动了民主生活方式的落实。因为，"只有聚集在民主公共性中的男性与女性公民能够在所有主要的社会领域中，打破仍然存在的，限制个体间互为存在（团结关系——笔者注）的各种限制"②。

总的来说，霍耐特的社会自由并不反对个人自由，只是他不满足于个人自由，他要消除个人自由的单子式嫌疑，要进一步前行，强调社会团结、共同体生活对于自由实现的重要意义。霍耐特的社会自由可以从正、反两个方面把握：在肯定的意义上，社会自由意图以社会团结为基础构建民主的生活方式；在否定的意义上，社会自由作为批判的力量，反对一切阻碍个体间自由平等交往的社会传统与机制，从而保障每个社会成员都能在共同体中得到完满的自我实现。

二、社会主义的本质是社会自由

在《社会主义的理念》一书的开篇，霍耐特就明确指出"社会自由是社会主义的真正理念"③。在现代社会中，社会主义的普遍性要求在于"扫除一切阻碍自由在团结的互为关系中进行实践化的社会障碍"④。在肯定意义上，霍耐特将构建团结的社会关系理解为社会主义的核心诉求；在否定意义上，社会主义意图克服一切阻碍社会自由发展的障碍。

---

① Honneth Axel: *Die Idee des Sozialismus*, Berlin, Suhrkamp Verlag, 2015, S.71.
② Honneth Axel: *Die Idee des Sozialismus*, Berlin, Suhrkamp Verlag, 2015, S.72.
③ Honneth Axel: *Die Idee des Sozialismus*, Berlin, Suhrkamp Verlag, 2015, S.2.
④ Honneth Axel: *Die Idee des Sozialismus*, Berlin, Suhrkamp Verlag, 2015, S.105.

社会主义一词来自拉丁语 socialis。这一概念最早被用来对抗传统的自然法。"社会的法权秩序不是以神的启示，而是以人的社交本性为基础。"[①] 在德国，以普芬多夫为代表的自然法学者将这种观点视为对自然法理论的重新阐释。从 19 世纪开始，社会主义者（socialist）与社会主义（socialism）等概念在英国逐渐流行。此时的社会主义已经与自然法断去联系，以欧文和傅立叶为代表的学者将社会主义视为"指向未来的运动概念（zukunftsorientierten Bewegungsbegriffen）"，这意味着，社会主义的目标是建立一个集体性的联合体，这个联合体的主要目的是以一种社会的（sozial）状态代替现存的市民社会。莱布尼茨也讨论过社会主义的问题。在 1671 年写就的手稿《集体与经济》（*Sozietaet und Wirtschaft*）中，莱布尼茨从经济学的角度理解社会共同体的构成问题，在他看来，需要给予穷人以经济援助从而保证他们的最低收入，这就要求在经济领域中结束无休止的竞争，以爱和亲密为构建共同体的原则。

霍耐特认为，包括欧文、傅利叶、圣西门、蒲鲁东以及青年马克思在内的早期社会主义者，对社会主义的理念抱有两种不同的看法：一部分认为，社会主义的构想仅仅与劳动生产和资源分配有关；另一部分认为，社会主义的本质是为了实现法国大革命以来对价值理想的诉求。霍耐特本人更倾向于后者的观点。

早期社会主义者面对的是当时最现实的社会问题。资本主义市场的发展已经严重阻碍了社会成员对自由与平等的诉求。针对这一现状，第一种构想认为：随着资本日益渗透到社会的各行各业，经济理性终将统治一切社会行动领域。这种经济决定论会造成社会分配不均，进而使贫富差距扩大。欧文、圣西门和傅利叶都强调，为了不让资本在社会领域中肆意横行，经济领域必须被集体性的力量所支配。在霍耐特看来，这种思想"只关注于市场的社会嵌入问题，而没有关注自由、平等以及博爱的实现问题"[②]。霍耐特不同意将社会资源的公平分配视为社会主义的核心诉求，而是将其视为实现社会伦理秩序的必要前提。

---

①Honneth Axel: *Die Idee des Sozialismus*，Berlin，Suhrkamp Verlag，2015，S.18.

②Honneth Axel: *Die Idee des Sozialismus*，Berlin，Suhrkamp Verlag，2015，S.28.

霍耐特更赞成将社会主义与追求自由、平等、博爱的法国大革命理想联系起来，而这正是早期社会主义者对社会主义理念的第二种构想理路。蒲鲁东和路易·勃朗①认为，"社会主义的目标与任务是祛除法国大革命理想中的问题，即，博爱与自由之间的矛盾"②。个体自由并不是单纯去追求个体的兴趣与偏好，而是被理解为博爱的自身补充。因此，社会主义并不是建立一个新的社会分配秩序，而是要构建一种有益于实现道德目标的集体化生产方式，它与资本主义生产方式有着本质性区别。蒲鲁东主张，从社会的角度看，自由与博爱是统一的，前提是自由不再被视为对他人的限制，而是被把握为帮助他人自由得以实现的手段。尽管如此，对于如何实现个体自由与博爱的统一，蒲鲁东依然摇摆不定。这就导致了一个关键性的分歧：究竟社会是由已经得到自由的人所组成，还是社会合作被视为实现自由的条件，个体通过参与社会合作完成相互间的补充？马克思在早年关于政治经济学的作品中曾经对第一种观点展开了批判。他认为，在资本主义市场中，每个劳动力都以金钱为中介，在一个匿名的市场中被交换。在这个关系中，个体的行为只专注于抽象的财产和个人的兴趣。"在这样的社会中，每个成员对他人来说都只是一个买家，人们只是相互欺诈，而不是相互帮助。"③只有在贯彻社会主义理念的共同体中，个体自由与博爱之间才能达到真正的和解。

博爱是当代政治哲学的关键词之一。罗尔斯在《正义论》中指出，"差别原则看来正相应于博爱的一种自然意义，即相应于这样一种观念：如果不是有助于状况较差者的利益，就不欲占有较大的利益"④。针对博爱在政治领域中可能具有不现实性的质疑，罗尔斯回答道："许多人都感到博爱在政治事务中并没有合适的地位。但如果把他解释为差别原则的各种要求的联合，它就不是

---

①路易·勃朗（Louis Blanc）法国著名空想社会主义者，历史学家。代表作：《劳动组织》。主要观点包括：主张国家干预社会经济生活，批判自由竞争，推动阶级合作，赞成社会改良。

②Honneth Axel: *Die Idee des Sozialismus*，Berlin，Suhrkamp Verlag，2015，S.26.

③Honneth Axel: *Die Idee des Sozialismus*，Berlin，Suhrkamp Verlag，2015，S.32.

④[美]约翰·罗尔斯：《正义论》，何怀宏、何包钢、廖申白译，北京：中国社会科学出版社，2009年，第79页。

一个不现实的观念了。"① 由此可见，博爱对应于《正义论》中的差别原则，被用来协调自由与平等间的关系。尽管都将博爱视为构建共同体的关键理念，但马克思与罗尔斯之间仍有着重要差别。对此，霍耐特赞同丹尼尔·布鲁德尼（Daniel Brudney）的观点，认为罗尔斯与马克思观点的差别在于，"共同体成员是通过重叠的（ueberlappend）目标还是交错的（ineinandergreidend）目标相互联系"②。虽然罗尔斯引入了差别原则以保证社会资源尽可能向社会最弱势群体倾斜，这依然无法改变他以经典的自由市场理论为基础去构建共同体。与之相对，目标之间相互交错的关系意味着"在自由生产者的联合体中，共同目标以社会成员有意为他人的行动而得到实现，因为，社会成员相互肯定对方个别的需要，并为了需要的满足安排自己的行动"③。两种交往形式的差异构成了社会共同体与资本主义社会的本质区别。霍耐特将二者的差异进一步明确为"共在（Miteinandersein）"与"互在（Fuereinandersein）"的对立。"共在"指以个体自由为基本原则的资本主义社会。在其中，每个个体都坚持抽象的自由权利，他们为自身追求最大的利益，反对平等的社会交往。在"互在"中，每个个体都将他者视为自身实现的前提，在这一条件下，每个成员都拥有平等参与社会交往的权利。这一方面指，任何社会成员和组织都能在公共领域中明确表达自身合理的诉求；另一方面指，每个社会成员与群体都会尽力帮助对方完成其所追求的理性目标。只有在互在的关系中才能建立起团结的共同体。

　　霍耐特将社会自由视为社会主义的理念，并不意味着他无条件赞成早期社会主义者的观点，相反，他反对早期社会主义者将社会自由限定在经济领域的做法。早期社会主义者没有注意到，"人际关系以及民主决策中的暴力、控制和强制的克服需要通过社会主义来达到"④。

---

①［美］约翰·罗尔斯：《正义论》，何怀宏、何包钢、廖申白译，北京：中国社会科学出版社，2009年，第80页。

②Honneth Axel: *Die Idee des Sozialismus*, Berlin, Suhrkamp Verlag, 2015, S.98.

③Honneth Axel: *Die Idee des Sozialismus*, Berlin, Suhrkamp Verlag, 2015, S.102.

④Honneth Axel: *Die Idee des Sozialismus*, Berlin, Suhrkamp Verlag, 2015, S.110.

三、对早期社会主义思想的质疑

工业化的时代背景严重限制了早期社会主义者的理论视野。若想在当下复兴社会主义的理想，不能简单照搬早期学者的观点，必须立足当下社会发展的具体现状给出相应的回答。霍耐特强调，在对传统社会主义的"改建过程中，最重要的是，通过民主的生活方式去更替社会是由经济所决定的过时观点"[①]。

对于如何实现社会主义的理想，早期社会主义者的基本观点是"创立团结社会关系的关键在于对资本主义市场的改革或者革命性的克服"[②]。它包含三个子论点：第一，社会主义的合法性。早期社会主义者认为，社会主义的合法性来自历史决定论。第二，实现社会主义的方式。包括家庭和国家在内的所有社会关系都以经济原则为基础，因此，需要以合作型的经济生产方式代替市场经济。第三，实现社会主义的主体。早期社会主义者明确将无产阶级确定为革命的中坚力量。霍耐特认为，在当代，以上的观点必须得到更新。第一，早期社会主义者的历史决定论必须被社会实验所代替。第二，公民在公共领域中的民主决策是实现社会主义的关键。第三，公民代替无产阶级成为实现社会自由的主体。

"社会实验主义"（回答社会主义的合法性问题）和"社会差异"（确立实现社会主义的方式以及行动主体）是理解霍耐特复兴传统社会主义的关键。

霍耐特"社会实验主义"的观点主要受惠于杜威。杜威曾明确指出，"传统形态的社会主义无法对历史的变化过程做实验主义的理解"[③]。这表现为：在早期的社会主义理论中，历史发展的下一个环节已经被提前给出，即资本主义必然被社会主义所代替。这就导致，我们究竟应该采用什么样的措施去完成

---

①Honneth Axel: *Die Idee des Sozialismus*, Berlin, Suhrkamp Verlag, 2015, S.103.

②Honneth Axel: *Die Idee des Sozialismus*, Berlin, Suhrkamp Verlag, 2015, S.115.

③[美]约翰·杜威：《杜威全集·晚期著作（1925—1953）·第十一卷（1935—1937）》，朱志芳等译，上海：华东师范大学出版社，2015年，第40页。

社会的变革与改良,这完全不需要通过考察当下社会所包含的发展潜能来确定。作为一种方法,实验主义意图对社会中出现的问题给出最具普遍性的答案。"问题的涉事者越广泛地被包含到实验的考察中,历史—社会的实验就能得出更好、更稳定的答案。"①杜威的实验主义所坚持的规范性原则与社会自由相似,都试图"克服一切阻挠社会成员为了明智地解决问题的目的而进行的自由交往"②。通过引入社会实验主义,霍耐特试图澄清社会主义的合法性地位。与早期社会主义者不同,社会主义的合法地位并不来自历史决定论的预设,而在于其能有效克服当下具体的社会问题。

霍耐特不是在自然意义上而是在功能意义上理解社会差异。"社会主义的奠基者没有能力,甚至没有意愿去关注正发生在他们眼前的各个社会领域的功能差异化过程。"③"早期社会主义者普遍相信,即使在未来,所有社会领域的整合也只被工业生产的要求所规定。"④与之相区别,以休谟和洛克为代表的早期自由主义者确定了道德性与合法性的差别,并在此基础上区分了社会(Gesellschaft)与国家(Staat),除此之外,还有纯粹以情感中的喜爱为基础的婚姻和友谊关系。霍耐特所理解的社会功能性差异包含三个方面的内容:第一,不同的社会领域包含独立的规范性原则。"家庭关注于自然需求的满足与社会化,市场社会保障生活资源的足够供给,整体的伦理—政治整合最终在国家中得到完成。"⑤第二,这些规范原则的实现都以社会自由为前提。"在爱、婚姻和家庭的领域中可以认识到,只有所有成员的实际需求和兴趣不受限制地得到表达,并通过他人的帮助得到实现,(家庭关系中)所承诺的互为的存在才得以可能。在民主决策的领域中,只有每个参与者都能将各自的意见视为对普遍意志的贡献,国家才能完成伦理—政治整合。"⑥第三,不同社会领域必须

①Honneth Axel: *Die Idee des Sozialismus*, Berlin, Suhrkamp Verlag, 2015, S.113.
②Honneth Axel: *Die Idee des Sozialismus*, Berlin, Suhrkamp Verlag, 2015, S.113.
③Honneth Axel: *Die Idee des Sozialismus*, Berlin, Suhrkamp Verlag, 2015, S.118.
④Honneth Axel: *Die Idee des Sozialismus*, Berlin, Suhrkamp Verlag, 2015, S.118.
⑤Honneth Axel: *Die Idee des Sozialismus*, Berlin, Suhrkamp Verlag, 2015, S.121.
⑥Honneth Axel: *Die Idee des Sozialismus*, Berlin, Suhrkamp Verlag, 2015, S.121.

相互和谐以利于社会再生产。这意味着，不同领域之间并不是独立的，相反，它们致力于构建以社会团结为原则的民主的生活方式。霍耐特强调，政治领域所具有的公共性是复兴社会主义的关键。"在公共领域中，来自社会生活每个角度的弊端都可以明确地向所有人传达，只有这样，这些弊端才能被视为需要被共同解决的任务而得到协商。"①

由上可见，霍耐特在三个方面明显区别于早期社会主义思想。第一，社会主义的合法性来自"社会实验"。早期社会主义的合法性来自历史决定论。圣西门、欧文和路易·勃朗都将"以科学为基础的对环境的占有"视为衡量历史进步的标准，而蒲鲁东"将社会阶级的斗争视为社会发展的推动力"。霍耐特认为以上二者构成了马克思历史唯物主义的核心，并指出这两种发展模式包含一个共同点，"它们在即将到来的阶段里设想一种名为社会主义的生产方式，在这种生产方式中，之前存在的矛盾都得到了克服"②。但在这克服矛盾过程中"行为者的参与和行动都只扮演次要的角色，因为，他们仅仅是历史必然性的单纯表现"。早在20世纪初，柯亨就指出，历史唯物主义本质是一种技术决定论（technologischer Determinusmus），它会导致人们采用一种政治观望主义（politischer Attentismus）的态度消极地等待社会主义的实现。霍耐特认为，在当下，社会主义的合法性在于它是否能够解决当前社会中出现的问题，能否有效推进社会自由的落实。在社会实验中，人们首先通过大众传媒以及文献资料等渠道获得关于社会的各方面信息；其次，在公共领域中对社会中存在的各种问题展开讨论；最终，为一致性的公意寻求宪政国家在立法层面的支持，通过法律保证每个社会成员自由实现自身的目标。

第二，公共领域是实现社会主义的关键。早期社会主义者将转变经济关系视为实现社会主义的核心方法。这种做法会导致两个问题：首先，忽视不同社会领域所具有的独特的规范性要求。青年马克思在对黑格尔法哲学的批判中已经接受了黑格尔将社会划分为家庭、市民社会和国家的观点，但是，马克思并

①Honneth Axel: *Die Idee des Sozialismus*, Berlin, Suhrkamp Verlag, 2015, S.128.
②Honneth Axel: *Die Idee des Sozialismus*, Berlin, Suhrkamp Verlag, 2015, S.101.

没有为每个不同领域确定不同的原则，而是认为所有的社会领域都被市民社会中个体自利的原则所控制。这意味着，无论是家庭中的妇女地位问题，还是政治领域中无产阶级的平等权问题，都被归因为资本主义市场经济所带来的财产私有制。其次，忽视不同社会领域对实现社会主义所起的作用。"只要社会主义者将无论是好的还是坏的自由都仅仅置放在经济行动的领域中，他们就没有机会把握到在自由的范畴中去思考对于共同目标进行民主协商的全新政体的观点。"[①]"当一个国家的命运与繁荣由关于分配与信贷的决定所规定时，任何一种政治调控在未来都是多余的。"[②] 不同领域功能差异化的事实决定了，转变生产关系只能克服劳动中的异化关系，却无法克服家庭和政治领域中的病态现象。霍耐特将公共领域确立为实现社会主义理想的关键。在公共领域中，个体摆脱性别、阶级、种族的差异，以公民的身份参与到公共事务的讨论中，其目的是打破社会中的各种障碍，保证每个社会成员都能自由平等地参与到不同社会领域的交往活动中，使个体在不同领域中获得他者的承认。以此为基础，人们才能结成普遍团结的关系。在这个意义上，霍耐特将当代的社会主义理解为一种民主的生活方式。

第三，公民取代无产阶级成为实现社会主义的行动主体。依据圣西门的观点，"在工业领域中工作的人，从一般的体力劳动者到工程师与经理人都期待着这样的时刻，为了能在一个促进生产力的、自由的、不受压迫的联合会中发挥作用，所有人的行动与能力从封建—市民的财产秩序的压迫中解放出来"[③]。欧文、路易·勃朗和蒲鲁东也认为，只有雇佣工人才能被纳入到自由联合体之中。联合体的成员希望"社会的发展向着生产者都不被压迫的共同体化方向前进"[④]。"每个人依据其本性所应拥有的最根本的需求在他的劳动产品中得到对象化并能够被确认，依据马克思的信念，在资本主义中，这种根本性的需求只能为雇

①Honneth Axel: *Die Idee des Sozialismus*，Berlin，Suhrkamp Verlag，2015，S.58.

②Honneth Axel: *Die Idee des Sozialismus*，Berlin，Suhrkamp Verlag，2015，S.57.

③Honneth Axel: *Die Idee des Sozialismus*，Berlin，Suhrkamp Verlag，2015，S.78.

④Honneth Axel: *Die Idee des Sozialismus*，Berlin，Suhrkamp Verlag，2015，S.58.

佣工人的联合体所辩护，因为，只有他们从事于对象性的劳动并且在他们当下的异化中认识到与他们自身所渴望的梦想之间的距离。"[1] 但是，随着资本主义发展的深入，这一观点的有效性发生了动摇。在第二次世界大战之后，欧洲大陆的劳动力市场结构发生了根本性的转变，产业工人开始在劳动力市场中占据主导位置。伴随着生产力的发展，雇佣工人的数量大幅减小，劳动者同时是资产所有者，这使得他们已没有之前那种革命热情与需求。霍耐特认为"社会主义只能在政治公共性的舞台中寻找为其规范要求而斗争的同盟者，只有在这个舞台中，社会主义才会面对这样的社会成员，他们具有致力于对他们自身的利益没有直接关联的领域进行改善的能力"[2]。由于公民在公共领域中所进行的民主决策针对整个社会的普遍利益，他们将扮演复兴社会主义理想的角色。

当下的国内学界已然习惯于在经济学语境中讨论与社会主义相关的问题。霍耐特研究的最大成果是揭示出社会主义与社会自由之间的联系，换句话说，从道德哲学的角度阐释了社会主义的理想。这并不是指，霍耐特无视经济活动与社会主义的关联，相反，他只是将克服异化劳动及遏制资本的负面效应视为实现社会自由的必要而非充分条件。

霍耐特复兴社会主义的尝试给予我们两点启示。第一，提升博爱（团结）在政治哲学中的地位。虽然霍耐特将博爱整合到个体自由的实现中，甚至可以说，没有团结的社会关系就没有自由的个体，但是，霍耐特的自由理论依然以个体自由而不是博爱为基础。我们可以承认每个人都有不受压迫的自由权利，却无法用普世性的爱来对待每一个他者。例如，无法在现代自由民主国家与奉行恐怖主义的地区组织之间构建起以爱为纽带的团结关系。霍耐特关于博爱的思想指向具有某种价值共识的共同体，更具体地说，被限定在欧洲文化中。跨文化维度的缺失是其思想的缺点。第二，明确政治参与与社会主义间的关系。霍耐特指出，所谓社会主义的经济决定论来自工业化的时代背景。在当下语境中，积极促进公共领域的发展才是克服社会病态、实现社会主义的关键。不过，

①Honneth Axel: *Die Idee des Sozialismus*, Berlin, Suhrkamp Verlag, 2015, S.59.
②Honneth Axel: *Die Idee des Sozialismus*, Berlin, Suhrkamp Verlag, 2015, S.127.

包括霍耐特本人都对这一观点能否具体落实抱有悲观的态度。这一方面是因为人们对政治事务的关注度以及公共参与意识都已大不如前，另一方面，大众传媒的庸俗化阻碍了社会成员对社会问题的认知。

结　语

　　本书尝试对黑格尔与霍耐特之间的关系作详尽的阐释，尤其关注霍耐特对黑格尔实践哲学的"再实现化"问题。本书认为，承认是"再实现化"得以可能的关键性原则。无论是在社会正义还是社会自由中，承认都扮演了关键性的角色。社会自由的提出是"再实现化"得以实现的标志。借助于它，个体实现自身的诉求与各种具体的社会机制完成了紧密的统一。黑格尔所追求的近代主观自由与古典城邦伦理相统一的理想在当下得到理论再现。

　　本书主要包含以下三点结论。第一，霍耐特对黑格尔的理解与阐释受到当代学术文化的影响。无论是里特尔、西普还是哈贝马斯，都对霍耐特观点的确立发挥了一定的作用。里特尔的主要贡献在于，明确了黑格尔实践哲学的主要目的，这为霍耐特的工作确立了基本框架。西普对黑格尔承认问题的研究帮助我们认识到霍耐特的承认理论与黑格尔的历史原像之间的区别。哈贝马斯对霍耐特的影响尤甚。哈贝马斯从主体间交往关系的角度对黑格尔精神概念的解读塑造了霍耐特的基本研究范式，该影响贯穿了"再实现化"工作的始终。

　　第二，无论是研究目的、方法与前提，黑格尔的实践哲学与霍耐特的观点间都有着密切的联系。黑格尔实践哲学的基本目的是统一近代的主观自由与古典城邦理论。霍耐特对黑格尔思想进行"再实现化"的主要目的是对抗新自由主义的负面效应，以求将个体的自由权利与具体的社会机制相统一。受黑格尔的影响，霍耐特的研究运用了否定主义的方法，即无论是个体层面还是社会层面，争取承认的斗争都由道德逻辑所主导，目的是否定任何形式的蔑视与压迫。霍耐特强调从否定方面理解社会正义。正义不仅是指从社会制度与文化层面保障所有社会成员自我实现的权利，它更是对社会病态的诊断与治疗。在《自由的法权》中，否定主义的方法进一步发展为一种社会分析。社会分析并非对社会现实的经验性描述，而是通过强调社会发展中的否定性因素（如集体性的社会反抗与斗争），揭示出社会发展背后的规范性目标。受黑格尔伦理思想的影响，霍耐特的研究以社会本体论为前提，这意味着，个体"总是已经"生活在具体的社会关系中。只有在具体的社会机制中，个体的自我实现才能得到现实的满足。

第三，霍耐特对黑格尔实践哲学的"再实现化"是一个从可能到现实的过程。承认原则的确立是"再实现化"得以可能的条件，对社会自由的阐释标志着"再实现化"的完成。通过对承认问题的讨论，霍耐特揭示了社会机制与个体自由之间关系。社会发展的道德逻辑奠基于个体对自我实现的追求。在之后的作品中，承认概念依然扮演着关键性的角色。在霍耐特看来，脱离承认就无法充分理解社会正义与社会自由。对社会正义与社会自由的讨论构成了对"再实现化"的两次具体尝试。尽管在《不确定性的痛苦》中，霍耐特已经清晰地阐释了自己的社会正义思想，并在其中统一了个体的自由权利与社会的制度正义，但这项研究依然基于对黑格尔文本的阐释。在《自由的法权》中，霍耐特创造性地提出社会自由的概念。通过对自由概念的全新理解，"我"与"我们"完成了统一。基于此，黑格尔实践哲学的最高理想在当下获得了"再实现化"。

我们必须正视霍耐特思想中存在的问题。与黑格尔相似，霍耐特在理论层面上完成了个体自由与社会机制的统一，但不同的是，他清楚地意识到理论成果的现实局限。在《自由的法权》中，霍耐特明确指出，当代社会自由的实现状况并不理想，尤其体现在政治领域中。当然，这并不能否认社会自由在理论上的价值与意义。在国家政治日益保守的时代背景下，社会自由的理想能在多大程度上得以实现，仍是一个值得我们持续关注的问题。

参考文献

一、霍耐特的著作

[1] Axel Honneth：*The Struggles for Recognition：The Moral Grammar of Social Conflict*, trans. Joel Anderson.Cambridge：The MIT Press，1995.

[2] Axel Honneth：*A Critique of Power：Reflective Stages in a Critical Social Theory*, trans. Kenneth Baynes.Cambridge：The MIT Press，1985.

[3] Axel Honneth：*The Fragmented World of the Social：Essays in Social and Political Philosophy*, ed. Charles W Wright.Albany：SUNY Press，1995.

[4] Axel Honneth and Nancy Fraser：*Redistribution or Recognition? A Political — Philosophical Exchange*, trans by Joe Golb，James Ingram and Christiane Wilke. Verso，2003.

[5] Axel Honneth：*The Morality of Recognition*, Cambridge：UK Polity Press，2004.

[6] Axel Honneth：*Disrespect：The Normative Foundations of Critical Theory*, Cambridge：Polity Press，2007.

[7] Axel Honneth：*Leiden an Unbestimmtheit*, Stuttgart：Reclam，2001.

[8] Axel Honneth：*Die Idee des Sozialismus*, Berlin：Suhrkamp Verlag，2015.

[9] [德] 阿克塞尔·霍耐特：《自由的权利》，王旭译，北京：社会科学文献出版社，2013 年。

[10] [德] 阿克塞尔·霍耐特：《为承认而斗争》，胡继华译，上海：上海人民出版社，2005 年。

二、黑格尔的著作

[1] G.W.F.Hegel：*Jenaer Systementwürfe III：Naturphilosophie und Philosophie des Geistes*，（Neu hrsg.von Rolf-Peter Horstmann）Felix Meiner Verlag，Hamburg，1987.

[2] [德] 黑格尔：《耶拿体系 1804—1805：逻辑学和形而上学》，杨祖陶译，北京：人民出版社，2012 年。

[3] [德] 黑格尔：《逻辑学：哲学全书·第一部分》，梁志学译，北京：人民出版社，2002 年。

[4] [德] 黑格尔：《精神哲学——哲学全书·第三部分》，杨祖陶译，北京：人民出版社，2006 年。

[5] [德] 黑格尔：《哲学史讲演录第 1—4 卷》，贺麟、王太庆译，北京：商务印书馆，1997。

[6] [德] 黑格尔：《精神现象学》，贺麟、王玖兴译，北京：商务印书馆，1979 年。

[7] [德] 黑格尔：《法哲学原理》，范扬、张企泰译，北京：商务印书馆，1961 年。

三、其他外文资料

[1] Brunkhorst Hauke：*Habermas-Handbuch*，J.B.MeETZLER，2015. Christopher Zurn，*Axel Honneth.A Critical Theory of the Social*，Cambridge，Polity Press，2015.

[2] Christopher Zurn：*Axel Honneth.A Critical Theory of the Social*，Cambridge，Polity Press，2015.

[3] Franck Fischbach：*Hegel und der Sinn des Sozialen*，Frankfurt am Main，Vittrio Klostermann gmbh，2013.

[4] Jurgen Habermas：*Moral Consciousness and Communication Action*. Trans. Christian Lenhardt and Shierry Weber Nicholsen.Cambridge，The MIT Press，1993.

[5] Jurgen Habermas：*Justification and Application：Remarks on Discourse Ethics*. Trans，Ciaran Cronin. Cambridge，Polity Press，1993.

[6] Jurgen Habermas：*The Structural Transformation of the Public Sphere：an Inquiry into a Category of Bourgeois Society*. Cambridge，The MIT Press，1989.

[7] Jurgen Habermas：Between Facts and Norms：Contributions to a Discourse Theory of Law and Democracy. Cambridge，MIT Press，1996.

[8] Jurgen Habermas：*Theory and Practice*，Boston，Beacon Press，1973.

[9] Jurgen Habermas：*Communication and the Evolution of Society*. trans. Thomas McCarthy. Heinemann Educational Books Ltd. London，1979.

[10] Jean-Philippe Deranty：*Beyond Communication.A Critical Study of Axel Honneth's Social* Philosophy，Boston，BRILL，2009.

[11] Joachim Ritter：*Metaphysik und Politik*，Frankfurt am Main，Suhrkamp Verlag，2003.

[12] Ludwig Siep：*Anerkennung als Prinzip der praktischen Philosophie*，Hamburg，Felix Meiner Verlag，2014.

[13] Ludwig Siep：*Anerkennung als Prinzip der praktischen Philosophie*，Hamburg，Felix Meiner Verlag，2014.

[14] Manfred Riedel：*Materialien zu Hegels Rechtsphilosophie*，band 2，Frankfurt am Main，Suhrkamp Verlag，1974.

[15] Robert R.Williams：*Hegel's Ethics of Recognition*，California：University of California Press，1997.

[16] Robert Dostal：*The Cambridge Companion to Gadamer*，Cambridge，

Cambridge University Press. 2002.

[17] Terry Pinkard：*German Philosophy 1760‐1860，The Legacy of Idealism*，Cambridge：Cambridge University Press，2002.

[18] Walter Jaeschke：*Hegel Handbuch*，Stuttgart，J.B.METZLER，2010.

[19] Elisabeth Weisser‐Lohmann：*Rechtsphilosophie als praktische Philosophie*，Wilhelm Fink Verlag，2013.

四、其他中文资料

[1] [德] 马克思：《资本论》第 1—3 卷，北京：人民出版社，2004 年。

[2] [德] 马克思：《1844 年经济学哲学手稿》，北京：人民出版社，2004 年。

[3] [古希腊] 亚里士多德：《形而上学》，李真译，上海：上海人民出版社，2005 年。

[4] [古希腊] 亚里士多德：《尼各马可伦理学》，廖申白译注，北京：商务印书馆，2003 年。

[5] [德] 康德：《纯粹理性批判》，邓晓芒译，杨祖陶校，北京：人民出版社，2004 年。

[6] [德] 康德：《道德形而上学原理》，苗力田译，上海：上海人民出版社，2005 年。

[7] [德] 康德：《实践理性批判》，邓晓芒译，杨祖陶校，北京：人民出版社，2003 年。

[8] [德] 费希特：《自然法权基础》，谢地坤、程志民译，北京：商务印书馆，2003 年。

[9] [德] 奥特弗里德·赫费：《实践哲学：亚里士多德模式》，沈国琴、励洁丹译，浙江：浙江大学出版社，2011 年。

[10] [德] 卡尔·洛维特：《从黑格尔到尼采：19 世纪思维中的革命性决裂》，李秋零译，北京：生活·读书·新知三联书店，2006 年。

[11] [意] 多梅尼克·洛苏尔多：《黑格尔与现代人的自由》，丁三东等译，

吉林: 吉林出版集团有限责任公司, 2008 年。

[12] [加拿大] 威尔·金里卡:《自由主义、社群与文化》, 应奇、葛水林译, 上海: 上海译文出版社, 2005 年。

[13] [法] 卢梭:《社会契约论》, 何兆武译, 北京: 商务印书馆, 2003 年。

[14] [美] 汤姆·罗克摩尔:《黑格尔: 之前和之后》, 柯小刚译, 北京: 北京大学出版社, 2005 年。

[15] [美] A. 麦金太尔:《追寻美德: 伦理理论研究》, 宋继杰译, 南京: 译林出版社, 2000 年。

[16] [美] 约翰·杜威:《杜威全集·晚期著作(1925—1953)·第十一卷(1935—1937)》, 朱志芳等译, 上海: 华东师范大学出版社, 2015 年。

[147] [法] 福柯:《必须保卫社会》, 钱翰译, 上海: 上海人民出版社, 1999。

[148] [法] 福柯:《规训与惩罚》, 刘北城、杨远婴译, 北京: 生活·读书·新知三联书店, 2007 年。

[19] [法] 福柯:《疯癫与文明》, 刘北城、杨远婴译, 北京: 生活·读书·新知三联书店, 2007 年。

[20] [法] 萨特:《存在主义是一种人道主义》, 周煦良、汤永宽译, 上海: 上海译文出版社 2005 年。

[21] [法] 萨特:《存在与虚无》, 陈宣良等译, 杜小真校, 北京: 生活·读书·新知三联书店, 2007 年。

[22] [法] 亚历山大·科耶夫:《黑格尔导读》, 姜志辉译, 南京: 译林出版社 2005 年。

[23] [法] 皮埃尔·勒鲁:《论平等》, 王允道译, 北京: 商务印书馆, 1996 年。

[24] [德] 弗里德里希:《科学的反革命: 理性滥用之研究》, 冯克利译, 南京: 译林出版社, 2012 年。

[25] [加拿大] 查尔斯·泰勒:《黑格尔》, 张国清、朱进东译, 南京: 译林出版社, 2002 年。

[26] [加拿大] 查尔斯·泰勒:《自我的根源: 现代认同的形成》, 韩震等译,

南京：译林出版社，2001年。

[27] [加拿大] 查尔斯·泰勒：《现代性之隐忧》，程炼译，北京：中国编译出版社，2001年。

[28] 刘小枫：《黑格尔与普世秩序》，北京：华夏出版社，2009年。

[29] [美] 罗尔斯：《道德哲学史讲义》，张国清译，上海：上海三联书店2003年。

[30] [美] 罗尔斯：《政治自由主义》，万俊人译，南京：译林出版社，2014。

[31] [美] 罗尔斯：《正义论》，何怀宏、何包钢、廖申白译，北京：中国社会科学出版社，2009年。

[32] [法] 乔治·索雷尔：《论暴力》，乐启良译，上海：上海世纪出版集团，2005年。

后　记

　　犹记得在 2013 年 9 月 6 日，我来校报到的那一天。当时的自己充满了各种天真的想法，完全没有预料到之后四年所走的道路会如此的艰难。

　　与流俗的观点相似，我曾经也将哲学与人性和世界的神圣状态联系在一起，仿佛哲学就应该是超越的、永恒的。通过对康德道德哲学的阅读与学习，这种认知得到进一步的确立。我是抱着这样一种哲学观念与态度开始自己博士阶段的学习。通过这四年，我的哲学观有了重要的改变。我不再将哲学视为对某种彼岸世界的形式化描述；也不再纠结于人性究竟是善还是恶。哲学是面向当下的，它关注的是一种善的生活形式（Lebensform）。这意味着，在生活的方方面面中，哲学都应该是切实在场的。正如黑格尔所言："哲学的任务是要把握这个现在所是的东西，因为这个所是，就是理性。"这并不是要求我们安于现状，而是希望在理解现实的同时更加奋力地去让理想在当下现身。

　　感谢我的导师高兆明教授。考入高门实乃我之幸。在这四年中，无论是在学习还是生活方面，高老师都给予我莫大的鼓励与帮助。高老师为人豁达，待人和蔼，对待学术问题极为严谨。他不仅关注学术界的前沿问题，也对鲜活的生活世界充满关怀与期待。高老师将与学生的交流称为苏格拉底式的"精神助产术"。通过这种方式反复锤炼我们的问题意识。这些经历将使我终身受用。

　　感谢中国社会科学院哲学所朱葆伟教授，复旦大学哲学学院邓安庆教授，南京师范大学哲学系陈真教授、徐强教授、翟玉章教授和林丹教授参加我的毕业论文答辩。诸位老师对我的论文给出了很中肯的评价。这能帮助我更好地完善论文。

　　感谢妻子肖密。在过去的四年中，她承担了家中大部分的"实务"，使我能够在哲学的世界中安心遨游一番。我相信，婚姻不是一种契约，它是以爱为基础所建立的精神性认同。愿我们在以后的生活中平平安安、相濡以沫。

补 记

七年之后再读这本博士论文感慨良多，首先，当年指导我论文写作的高兆明先生已于2020年初驾鹤西去；其次，近年来，我的研究重点已经转向对莱纳·弗斯特宽容思想的阐释。

初识高先生是阅读他的著作《黑格尔〈法哲学原理〉导读》。在攻读硕士学位期间，我对黑格尔哲学产生了浓厚兴趣，黑格尔对一般事物之内在目的的洞见深深吸引了我。在"导读"中，高先生对人之自由精神的高扬鼓舞了我，因此，读完此书后，我决定给高先生写信，表达拜入高门以深入学习黑格尔哲学的意愿，高先生回信鼓励我认真准备考试。考试通过后，在2013年暑期，我第一次见到高先生本人。当时的我完全无法想到，与高先生的师生缘分仅有不到七年的时间。

对于学术研究，高先生有着他那一代严肃学者的共同特质，即强烈的责任感和使命感。这直接表现为，他的研究选题总是与社会现实中既有或将有的疑难相关，例如，道德冷漠现象、智能机器人的应用等。最让我印象深刻的是，在2019年底，先生的身体状态已相当不佳，但在病榻前，他依然提醒我们这些弟子关注民族主义和反全球化思潮的兴起对个人行为、国家政策和世界格局的影响。高先生曾多次对我说，学术研究从来不是一份"沉重的"工作，相反，它给先生带来了极大的快乐与幸福，只有在哲思与写作中，他才是真正自由的。

入学后，先生结合我对黑格尔哲学的兴趣，要求我围绕霍耐特关于病态社会的论点去做博士论文。当时，我只是将它视为一个纯粹学理的问题，甚至逐步超出社会病态论题，做到了霍耐特与黑格尔思想之关系，现在看来，这有悖于先生最初的期望。社会诸病态本质是现代性危机的表现。近代以后，人自认为是自然和社会的主人，随着技术的进步和观念的解放，人却在各种生活领域中感受到孤独、苦闷和压抑，当下热议的"躺平"和"内卷"皆与其有关。先生让我以此问题为题，就是希望我能够借理论研究去深入探讨现实的疑难。在此意义上，我必须承认，本书的内容没有达到先生的要求。

毕业之后，我的研究重点逐渐从霍耐特转向莱纳·弗斯特，这固然有追逐"热点"的原因——弗斯特被公认为法兰克福学派第四代的核心，他的思想受到学术界广泛关注，更重要的是，弗斯特的观点更适合回应我在研究中关注的疑难。

高先生立足现实疑难推进学术研究的风格影响了我，我开始尝试从日常的生活体验中挖掘值得深入研究的哲学话题，这使社会整合问题进入我的视野。在我少年时，家中的长辈们都在南京市的各家国有企业工作，每个周末，长辈们会带着各家的孩子聚会，这种亲密的关系给我留下深刻印象。之后，受各种因素的影响，聚会的次数越来越少，家庭之间的矛盾却愈来愈多，最后发展到相互之间几年不曾见面的状态。这种现象也出现在更为广泛的社会关系中。作为一名哲学研究者，在内心中，我依然想念"大家庭"中的欢声笑语和相互关爱，反感"小家庭"之间为了各种利益的明争暗斗。我希望重新建立个体在"大家庭"中的统一。

关于社会整合，霍耐特与弗斯特之间的分歧似乎是对"要康德，还是要黑格尔"这一经典问题的延续。现代社会团结的基础究竟是一个可被共享的"好生活"观念，还是更为形式化的原则，如对人格的普遍尊重？当传统的伦理善观念崩塌之后，前一种选择似乎为当代人所抛弃，但是，后一种观点同样存在问题，对异质性观念的无差别尊重与宽容会败坏——自由人格和理性精神——人类启蒙运动之伟大成就。对此，霍耐特推动批判理论的政治伦理转向有着重要意义。政治伦理不同于以封建宗法和宗教信仰为基础的传统伦理，它以自由人格和理性精神为核心，将现代人的好生活奠基在正义、平等、博爱的多元共同体秩序之上。此观点亦能在弗斯特的正义构想中获得呼应，具体表现为：尽管弗斯特坚持个人拥有说"不"的权利，他同时亦反对无底线地宽容他者。这种立场使得弗斯特的正义构想既涵盖了对自由与平等的捍卫，又防止了无限度宽容所可能带来的道德和社会风险。因此，我认为，尽管存在不同的理论倾向，霍耐特与弗斯特的社会整合构想同样是"既要康德，更要黑格尔"。

多年之后再读这本博士论文，我甚至不能认同其中的一些观点，但正如海德格尔所言，"Wege-nicht Werke（道路，而非著作）"，我亦愿将这本著作视作求真之路上的一个路标。